Dem Baugeschichtler und Lehrer Goerd Peschken

Zum Erscheinen des Buches haben Freunde, Schüler und Verehrer von Goerd Peschken beigetragen. Die Herausgeber danken

Gina Angress, Günter Anlauf, Georg Augustin, Sibylle und Ernst Badstübner, Ilse und Winfried Baer, Hinrich Baller, Inken Baller, Henriette Beal, Thomas Becker, Walter Beltz, Burckhard Bergius, Dieter Besch, Christian Beutler, Peter Bippus, Thomas Bley, Wilhelm von Boddien, Nina Bode, Harald Bodenschatz, Theo Böll, Eva und Helmut Börsch-Supan, Franziska Bollerey, Klaus Brake, Annette und Siegfried Brandenfels, Reinhard Breit, Eva Brües, Jean-Luis Cohen, Ulrich Conrads, Jürgen Dahl, dem Deutschen Kunstverlag, Eleonore Ditzen, Ulrich Dunker, Paul Dluzniewski, Jürgen Eckhardt, Tilo Eggeling, Ursula Eilsberger, Klaus Eschen, Gerhard Fehl, Marianne Fischer, Hartmut Frank, Ute Frank, Dieter Frick, Janos Frécot, Helmut Geisert, Anne Greub, Alberto Grimoldi, Sonja Günther, Kai Haberland, Hardt-Waltherr Hämer, Gertrud Hampf, Kristiana Hartmann, Manfred Hecker, Karolus Heil, Thomas Hinrichs, Waltraud und Jürgen Holstein, Ines und Ulrich Holzlöhner, Grit Hottenträger, Ursel und Thomas Immich, Hans Jessen, Hans Junecke, Günter Kempf, Margret und Declan Kennedy, Hans Kiemstedt, Marietta Killinger, Martin Kirchner, Hans-Werner Klünner, Inge Knothe, Christian Koch, Matthias Koch, Gerda Kock, Barbara und Rudolf Köhler, Erich Konter, Michael Kraus, Margarete Kühn, Günther Kühne, Gisela und Ralf

Kürer, Karin Kupsch-Jindra und Gottfried Kupsch, Peter Lehrecke, Ludwig Leo, Wolfgang Liedtke, Wilfried Limberg, Irene und Joe Löffler, Ingrid Lübcke-Besch, Dittmar Machule, Gretl und Klaus Mai, Folkwin Marg, Friedrich W. Marten, Michael Meier, Uwe Meyer-Brunswick, Sünke und Hans Michel, Marco de Michelis, Hans-Ernst Mittig, Jürgen von Moeller, Hans Heinrich Moldenschardt, Lena Muda, Adriaan von Müller, Mitarbeitern des Museumspädagogischen Dienstes Berlin, Georgije Nedeljkov, Walter A. Noebel, Andreas Orth, Annemarie Peschken, Christel und Jobst Peschken, Monika Peschken, Klaus Pfeffer, Marco Pogacnik, Ottmar Poloscheck, Eberhard Pook, Julius Posener, Jan und Rolf Rave, Falk Redecker, Andreas Reidemeister, Gottfried Riemann, Hans-Henning Ritter, Richard Röhrbein, Manfred Sack, Heinz Schade, Karl-Heinz Schäfer, Martin Schäfer, Hannelore Schlenzig-Juckel, Ute Schmidt-Kraft, Hilde Schramm, Bernhard Schröter, Ulrich Schubert, Ursulina Schüler-Witte und Ralf Schüler, Susanne Schulz, Horst Schumacher, Ulrich Schwarz, Michael Seiler, Marie Josée Seipelt, Roswitha und Horst H. Siewert, Hartmut Solmsdorf, Cornelia und Martin Sperlich, Otto Steidle, Hans Stimmann, Anna Teut, Rudolf Alexander Thiessen, Karl Thomanek, Falk Trillitzsch, Sabine Vahlefeld, Klaus Vierneisel, Wolfgang Voigt, Helmut Weckwerth, Fred Weigert, Jürgen Wenzel, Liselotte Wiesinger, Clemens Alexander Wimmer, Bernhard Winking, Arnold Wolf, Dietrich Worbs und anderen.

Besonderen Dank schulden wir Tilmann Johannes Heinisch.

GESCHICHTE UND PFLEGE

Herausgegeben von
Frank Augustin, Vroni Heinrich
und Dieter Radicke

Gebr. Mann Verlag
Berlin 1991

Die Deutsche Bibliothek – CIP-Einheitsaufnahme

Geschichte und Pflege /
hrsg. von Frank Augustin ... – Berlin: Gebr. Mann, 1991
ISBN 3-7861-1648-2
NE: Augustin, Frank [Hrsg.]

Printed in Germany. ISBN 3-7861-1648-2

Die Zeichnung auf dem Umschlag ist eine Zueignung von Günter Anlauf.

Vorwort

Diese Schrift für Goerd Peschken, der am 22. Juni sechzig Jahre alt wird, besteht aus Beiträgen, die unterschiedliche Gegenstände der Baugeschichte behandeln. Der besondere Impuls, welcher der Geschichte des bauenden Menschen durch die Arbeit von Goerd Peschken verliehen wird, ließ uns die Form der Zueignung von Arbeit für seine Ehrung wählen. Der Widerspruch des Baugeschichtlers gegen die Affirmation des Bestehenden, gegen die gewordene und fortwährende Beschädigung des Lebens wird zu häufig mit Befremden und sprachloser Konsequenz bedacht. Wenn Baugeschichte ohne die tautologische Doppelung in Bau- und Sozialgeschichte die uneingelöste Geschichte an den Gegenständen sichtbar macht, weil es ihr um die Freiheit und nicht nur um die Phrase von ihr geht, erhellt immer auch – manchem zu klar – sich unsere Zeit.

Baugeschichte, wie Goerd Peschken sie schreibt, fand bei der Fachwissenschaft in ihrer bestallten Form, der Architektur- und Stadtgeschichte, der klassischen Archäologie, der Denkmalpflege und der Kunstgeschichte, selten ohne falsche Brechungen und Ausbeute Widerhall, kaum je die mündige Antwort. Der verdinglichte Wissenschaftsbetrieb scheint durch die gestrenge und zugleich behutsame Ausübung der Disziplin und getreuliche Hingabe an den Gegenstand die Gefährdung des etablierten Apparates besonders zu befürchten. Der Betrieb unterdrückt seine eigene Befreiung fürs Bessere und befleißigt sich, der Ideologie des Werteausgleichs die fachgerechte Bemäntelung zu besorgen. Wer solcher Praxis nicht erliegt, erscheint verdächtig.

Die vorliegenden Beiträge lassen mal deutlicher, mal eher im Verborgenen Momente der Ausprägung von Goerd Peschkens Baugeschichte erkennen. Daß in der Pflege der Baugeschichte die Anerkennung, Verehrung und Liebe zum Menschen aufgehoben sei, hat die Auswahl geleitet. Das Medium der Zueignung an den Architekten ist die Architektur. Die innere Spur der Verbundenheit liegt also den Vergegenständlichungen der Architektur als Garten, als Städtebau, Stadtbau und Hausbau, als Theorie und Denkmalpflege ein. Die Auffassung, es veränderten sich mit den geschichtlichen Veränderungen der Materialien der Baugeschichte auch ihre Themen, erfährt ironisch verkehrte Aktualität, da erneut eine Zeit des »Raub-Baus« zu gewärtigen ist. Müßig die Frage beantworten zu wollen, ob damals oder heute der Trümmerberg höher sei; Paul Klees Engel der Geschichte wird vom Sturmwind der Ereignisse ihrer Trümmer angesichtig rückwärts in das Dunkel der Zukunft getrieben. Des Bildes eingedenk: Geschichte und Pflege.

Für die Herausgeber

Frank Augustin

Berlin, im Juni 1991

Tagebuchnotiz vom 28. 5. 1982

von

Hans Heinrich Moldenschardt

Im D-Zug 337, 17^{32} ab Hamburg Hbf, an Berlin-Zoologischer Garten 21^{17}, wie fast jeden Freitagabend auf der »Heim«-Reise nach Berlin – irgendwo zwischen Ludwigslust und Neustadt an der Dosse. Zumindest während des Semesters sind diese Bahnfahrten zu einer reinen Routine geworden; kaum daß die durchfahrene schöne Landschaft Mecklenburgs noch wahrgenommen würde, oder deren die Schönheit bewahrenden Entwicklungsdefizite.

Obwohl der »Fliegende Hamburger« schon während der 30er Jahre auf dieser völlig ebenen und kilometerlang schnurgeraden Strecke kaum länger als 2^{h} Fahrzeit benötigt hatte, versuchen wir, die sich knapp 4^{h} hinziehende heutige Reisezeit wie die einer Art Vorort-Verkehr zu vernachlässigen.

Wenn ich »wir« sage, so gilt das dem Umstand, daß, außer mir, noch drei meiner Kollegen vom Fachbereich Architektur der hamburger Hochschule für bildende Künste (nicht ganz zufällig) einer nach dem anderen aus Westberlin nach Hamburg berufen wurden und sich dennoch – bis vor kurzem ausnahmslos – weigerten, einer wie der andere, ihren Wohnort ernsthaft zu wechseln.

Hinrich Baller, der älteste dieser Berufungs-Fälle, pendelt schon 10 Jahre lang. Sofern er überhaupt jemals mit der Bahn gefahren war, wurde ihm dergleichen längst zu langwierig. Der spürbare Erfolg seines und seiner Frau, Inken Baller, berliner Büros ließ sein hamburger Zeit-Budget schwinden: also zog er, der »typische Reiseprofessor«, es vor zu fliegen, manchmal nur für einen Tag, es sei denn, es hielte ihn in Hamburg etwas. Hartmut Frank, der Zweite in dieser Reihe, mein beinahe regelmäßiger Reise-Kumpan, hört gerade auf zu pendeln; doch das ist eine Geschichte für sich. Unsere Kumpanei besaß jahrelang fast ritualisierte Züge; wozu gehörte, daß uns am Bahnhof Zoo in Berlin ein liebevoller Empfang ziemlich sicher und das anschließende Nacht-Mahl in der Paris-Bar lieb und ziemlich teuer war. Ich gestehe, daß ich auf diese Bräuche mit einer gewissen Wehmut zurückblicke.

Goerd Peschken, der Dritte im Bunde, bzw. der, nach mir, letzte Fall einer leidlich ordentlichen Berufung nach Hamburg, Goerd also, ist zwar nicht minder Pendler und Bahnreisender wie ich (und wird es voraussichtlich am längsten bleiben), aber von Kumpanei zwischen uns konnte nie die Rede sein.

Goerd am Freitag Nachmittag am Bahnsteig in Hamburg überhaupt zu treffen, blieb zufällig. Zwar wußte auch er, daß die hinteren Wagen (der letzte vor allem), die am wenigsten frequentierten zu sein pflegten. Aber sei es, daß Goerd gleich den Speisewagen bestieg, welcher viel weiter vorn war, sei es, daß er den ganzen Zug absuchte, um ein Abteil mit »stoff«-bezogenen Sitzen zu finden.

Tatsächlich nutzt die Bundesbahn diese offensichtlich für bedeutungslos gehaltene Strecke, um ihre ältesten Waggons dort noch laufen zu lassen: mit jenen mit gräulich-blaßrosa Plastik bezogenen Sitzen, denen gewiß niemals irgendeine Nostalgie zukommen wird. In den »Reichs«-Bahn-Waggons, die auf dieser Strecke alternierend eingesetzt werden, herrschen ohnehin Plaste und Elaste aus Schkopau, auch in den allerneuesten; deren Sitzkomfort ist jedoch schon deshalb keinesfall höher einzuschätzen, als in den Abteilen – genau wie zu Zeiten des unseligen Reiches – 8 Personen Platz finden sollen, statt der üblich gewordenen 6. Goerds Sitz-Bedürfnisse sind also durchaus nachvollziehbar; seine Art, damit umzugehen, ist hingegen eigenwillig zu nennen.

Gelegentlich einer solchen Notlage, daß er einen stoffbezogenen Sitz weder hatte entdecken noch besetzen können, traf ich ihn heute: hockend auf seinem alten, zusammengefalteten Parka, den er zwischen sich und das verhaßte Material gebracht, mit untergeschlagenen Beinen (ich hielte das keine Viertelstunde aus): durch seine traditionswidrig orientalische Sitzweise nicht nur leibhaftig gegen sein Ungemach demonstrierend, sondern Inbild einer Person, die in ihrer Würde verletzt ist.

»Würde« würde Goerd es selber kaum genannt haben. Sein alter Parka und die auf diese Weise schon bald nicht mehr frisch gebügelte Hose zerstreuten allein schon jeden Argwohn, er sei ein auf Äußerlichkeiten bedachter Mensch. Vielmehr schien ein ihm innewohnendes Prinzip, eine Haltung betroffen zu sein. Unmißverständlich hatte Goerd, solange ich ihn ein wenig kannte, seine Rolle, Professor zu sein, immer sehr bewußt wahrgenommen; und, dabei zeigte er – weniger aus Koketterie als in anachronistischer Selbstgewißheit – stets, auf so etwas wie jene Würde bedacht zu sein.

»Du kannst sagen, was du willst; ich finde, es ist eine Sauerei, daß ein Professor so leben soll . . .«, so ungefähr vernahm ich Goerds spürbar weiter ausholenden Kommentar zu meinem Erstaunen, ihn in der beschriebenen Situation vorgefunden zu haben. Vielleicht litt seine Würde nicht so sehr, auf kalten und später klebrig werdenden Bezügen sitzen, sondern überhaupt und obendrein auf eigene Kosten in der preiswertesten Klasse reisen zu müssen. »Ein Professor«, hieß natürlich nicht irgendeiner, sondern jemand wie Goerd es ist: promoviert, habilitiert und durchaus namhaft. Weniger an dem gemessen, was von ihm in Hamburg erwartet wurde, als daran, was »wir« ihm dort »zu bieten« hätten, dürfte Goerd sich in Hamburg überqualifiziert, mißbraucht, zumindest deplaziert fühlen.

Sein früher schon (und nicht besonders diskret) geäußertes Mißbehagen galt allein schon dem Umstand, nicht nach Berlin berufen worden zu sein, wo ihm allenfalls zugekommen wäre, was einem »Ordinarius« zustehe: Assistenten zu haben, d. h. wissenschaftlichen Nachwuchs heranziehen zu können, über einen eigenen Forschungsetat zu verfügen etc.

Offensichtlich waren es nicht diese Umstände allein, die seine Erwartungen trügerisch werden ließen, sondern es waren die Personen, denen er diesen Trug glaubte zuschreiben zu müssen, durch die er sich gedemütigt fühlte. Bitterkeit, mitunter fast so etwas wie Haß wurden spürbar, wenn Goerd darüber sprach.

Unglücklicherweise wurde Goerd auch in Hamburg nicht von solchen Enttäuschungen verschont: Nicht genug damit, daß es wenig befriedigt, an einer Hochschule zu lehren, die noch nicht einmal oder fast am wenigsten in Hamburg selbst angesehen ist; wogegen auch trotzige Arroganz nicht viel hilft. Zur Demütigung geriet dort die anmaßende Weigerung unseres Präsidenten Vogel, die vom Fachbereich jahrelang und mühevoll für Goerd eingeworbene und schließlich auch bewilligte C4-Stelle ihm auch zuzuweisen; und das nur Vogels höchst eigensüchtigen Stellen-Manipulationen zuliebe.

Selbst als Goerd gegen seinen eigenen Präsidenten eine »Dienstaufsichts-Beschwerde« anstrengte, fand er für seinen Gerechtigkeitssinn, für eben jene Würde, keine Genugtuung. (Solche »Fälle« werden »verglichen«, d. h. über eine Abfindung vergolten.) Aber Goerd wollte sich nicht abfinden lassen, noch weniger sich damit abfinden; freilich unterließ Goerd auch etwas Näherliegendes, das womöglich eher Erfolg versprochen hätte: den Personalrat der Hochschule einzuschalten. Gebot seine Würde, nicht zum Personalrat zu gehen, z. B. weil dieser auch für die Belange der Hausmeister zuständig ist? Da ich Goerd eigentlich nicht für borniert halten kann, muß es etwas anderes sein.

Goerd schwieg – ich ahnte nicht, ob verdrossen oder nur nachdenklich. Normalerweise versucht er, wie ich auch, die erzwungene Muße der langen Fahrt zu nutzen, indem er liest: seien es eigene, seien es fremde Texte. Heute zeigte er ein gewisses Bedürfnis, unsere kurze Unterhaltung über sein Ungemach, falsch zu sitzen, mit einer Reise-Erinnerung fortzusetzen, d. h. das Thema, zunächst wenigstens, zu wechseln: »Neulich bin ich – auf der Fahrt nach Hamburg – mit drei DDR-Rentnern (einschließlich zweier Rentnerinnen) zusammengeraten, die in Schwanheide (dem DDR-Grenzbahnhof) in mein Abteil zugestiegen sind. Kaum daß der Zug in Büchen (dem BRD-Grenzbahnhof) angelangt, ist nur noch von Schmähungen gegen die DDR die Rede, von naiver Bewunderung für den Westen und vom Traum einer friedlichen Wiedervereinigung der DDR mit der BRD. Als ich ihnen, weil es nicht länger auszuhalten war, endlich widersprochen und vorgehalten habe, diese beiden Staaten auf deutschem Boden seien eine notwendige Folge der größenwahnsinnigen Nazi-Geschichte, und die Grenze zwischen beiden Staaten für den Frieden in Europa ein wahrer Segen, sind sie erst böse und schließlich stumm geworden: wahrscheinlich, weil sie geglaubt haben, ich sei ein Kommunist . . .«

Goerds Miene während dieser Erzählung drückt Ergötzen aus; fast eine Art von Selbst-Genuß in der Erinnerung an diese gelungene Camouflage: als Kommunist verdächtigt zu werden, in Wahrheit jedoch ein veritabler deutscher Professor zu sein. Ich denke, daß Goerds Regungen gar nicht sehr viel mit der Delikatesse zu tun gehabt haben muß, daß hierzulande kein Kommunist Professor werden kann, geschweige denn umgekehrt. Vielmehr mochte er sich radikal gefühlt haben im Hinblick auf eine viel ältere Schicht von bürgerlicher Aufklärung. Schon mehrmals verblüffte und beeindruckte mich Goerd damit, darauf zu bestehen, einer historisch längst obsolet gewordenen, wenn auch in Deutschland niemals ausgelebten, bürgerlich-revolutionären Gesellschaft zuzugehören. Goerd kann regelrecht räsonnieren, z. B.: preußisch-deutsche Geschichte sei endlich anders zu verstehen denn als Folge dynastischer Macht-Prozeduren; Friedrich II. sei weder der »Große« noch ein Ausbund monarchischer Aufgeklärtheit gewesen, sondern ein kriegslüsterner, machtbessener und rücksichtsloser Intrigant. Seinem notorisch mißachteten, schwachen, glücklosen Nachfolger, Friedrich Wilhelm II., dem Weiberhelden und Kulturförderer, dem es zwar gegen Bonaparte an der Fortune, sonst aber an Vernünftigem keinesfalls gefehlt habe, gelte es, endlich Gerechtigkeit widerfahren zu lassen. Bismarck hingegen verdiene es nicht, als »Schmied des Reiches«, d. h. der Einheit gefeiert zu werden; sein eigentlicher Triumph habe darin bestanden, das deutsche Bürgertum endgültig zu korrumpieren: es an der ökonomischen Macht zwar partizipieren, jedoch mit seinen demokratischen Rechten scheitern zu lassen.

An Marx mochte Goerd – in diesem Kontext – nicht so sehr der Verfasser des Kommunistischen Manifestes oder des Kapitals interessieren, wodurch sich jenes andere »Revolutionäre Subjekt«, das Proletariat, instrumentiert sehen sollte, als vielmehr der Werdegang eines unabhängig denkenden, bürgerlichen Wissenschaftlers; vielleicht interessierte ihn sogar besonders, daß Marx dabei alles andere denn eine Karriere durchlief.

So dürfte es auch beim »Bürger Liebknecht« nicht nur die Ausrufung der Deutschen Sozialistischen Republik vom Balkon des Hohenzollernschlosses in Berlin (1919) sein, die Goerd für bedeutend hielt, sondern auch das überlieferte erfolgreiche Intervenieren Liebknechts gegen die revolutionären Soldaten, Matrosen und Arbeiter (den »Mob«, die »Canaille«), die das Schloß hatten plündern wollen.

Das anekdotische Verdikt Lenins über die deutschen »Revolutionäre« drängt sich auf, die sich, vor der Erstürmung eines Bahnhofes, erst einmal Bahnsteigkarten kaufen würden; und damit die Vermutung, in Goerd zwar einen Revolutionär, aber eben einen bürgerlichen vor sich zu haben.

Goerd ist jedenfalls kein »68er«, was nicht nur eine Generationsfrage zu sein brauchte, sondern ein »48er« – wohlverstanden einer von 1848! Es reimt sich für mich durchaus, daß Goerd mit dieser entlegenen Attitude DDR-Rentner zu erschrecken vermochte. Welches Maß von Brechungen mit dieser Haltung hervortreten und wie wenig hierbei erlaubt ist, Goerd schlicht zu verdächtigen, ein Fossil zu sein, wurde mir überdeutlich, als Goerd eine weitere, ganz aktuelle Erinnerung wiedergab: die öffentliche

Vorstellung einer Teil-Fassung seines wissenschaftlichen Hauptwerkes, der sozial- und baugeschichtlichen Rekonstruktion des Berliner Schlosses.

Während alle anderen Redner stereotyp darauf nicht verzichten mochten, Ulbricht zu schmähen, der dieses Kernstück preußisch-imperialistischer Geschichte, nachdem es im Krieg zerschossen worden und ausgebrannt war, schließlich hatte abreißen lassen, habe er, Goerd, das deutsche Bürgertum für korrumpiert erklärt, die eigene Revolution vergessen und die eigene Stellung an den jeweils herrschenden, den wilhelminischen, den groß- und den bundesdeutschen Imperialismus verraten zu haben; also dreimal in einem Jahrhundert! Und, daß es sich nicht wundern dürfe, diese imperiale Hochburg schließlich zerstört zu finden.

Wo hätten denn die geschmähten Arbeiterführer lernen sollen, die überlieferte Kultur als ihre eigene zu erkennen, sie aufzuheben, d. h. sie zu bewahren und sich anzuverwandeln? an deutschen »Volks«schulen, wo Imperialismus indoktriniert worden sei? warum wohl stünden Louvre und Winterpalais noch? was sei dort anders verlaufen als hier, wo sich das Volk niemals seiner blutigen Herrschaft selbst hätte entledigen können?

Solche Fragen stellt nur ein kämpferischer Citoyen, der mit seiner eigenen Klasse hadert, mit den rettungslosen Bourgeois, seien sie nun DDR-Rentner oder, wie hier, das Publikum der »gebildeten Stände«.

Gelegentlich zitiert Goerd Gramsci (oder war es Togliatti?): Fortschrittliche Wissenschaft müsse erst einmal alle Qualitäten bürgerlicher Wissenschaft erreichen, bevor daran zu denken sei, diese aufzuheben und zu überschreiten. So verstanden ist es nur folgerichtig, daß Goerd Bau-Geschichte über Sozial-Geschichte zu vermitteln sucht. Hierbei erreicht er inzwischen unter seinen hamburger Studenten nicht nur eine wachsende Zahl wirklich Interessierter, sondern es sind oft auch die Nachdenklicheren, die sich ihm bewußt zuwenden. Vielleicht entsteht für Goerd hiermit sogar ein Erfahrungszusammenhang, der ihn mittelfristig mit Hamburg und seinem »Ungemach« versöhnen könnte.

Für diesen Augenblick unserer gemeinsamen, denkwürdigen Eisenbahnfahrt versöhnte uns der Mitropa-Kellner, der uns eine Flasche Erlauer Stierblut und zwei Plaste-Becher bringt: Auf Dein Wohl, mein Lieber!

Raub-Bau und dergleichen

von

Günther Kühne

Die leicht veränderte, wiewohl nicht leichtfertige Übernahme eines bekannten Buchtitels von Heinrich Tessenow ist mit Bedacht gewählt. Ein Zitat – das allerdings nicht aus dem 1916 zuerst erschienenen Buch »Hausbau und dergleichen« stammt – belegt nicht nur die unveränderte Aktualität des Themas, sondern auch die prophetische Gabe des Meisters, dem es nie um Aufsehen erregende Dinge ging, sondern um das Bauen und seine Qualitäten, um den Dienst an den Menschen.

Übrigens hat auch der junge Hans Scharoun, als siebzehnjähriger Schüler, einem Kirchenentwurf das bedenkenswerte Motto beigegeben: »Ein selbstständiger« – so! – »Architekt soll sich nicht von Sensationen, sondern von Reflexionen leiten lassen«. – Doch zurück zu Tessenow:

»Und so sind auch unsere Altstädte heute sehr gefährdet, durch ihren Wiederaufbau noch die letzten Reste ihres Bestehens zu verlieren. Unsere sogenannte moderne Welt hatte nie besonders viel Bedenken, ihren Göttern und Halbgöttern von dem kulturellen Reichtum ihrer Altstädte zu opfern, und sie hat sich hierin bis heute kaum geändert: [. . .] Unsere sogenannte moderne Welt ist – wenn auch sehr unbewußt – unseren Altstädten solange schon tief feindlich, und so wie ihr dies immer schon sehr unbewußt war, so ist sie auch heute den Altstädten feindlich, ohne es recht zu wissen . . .« (Aus einem für die Stadt Lübeck 1948 geschriebenen Gutachten.) Die Erfahrungen der letzten Jahrzehnte haben indes erwiesen, daß aus dem von Tessenow noch so bezeichneten »Unbewußten« ein hartes und rücksichtslos bewußtes Handeln geworden ist, nicht nur gegenüber den Altstädten.

Um bei Tessenow noch ein bißchen zu bleiben: Der Umbau der Schinkelschen Neuen Wache zum Preußischen Ehrenmal (1931) – erst die Herren des Tausendjährigen Reiches haben es zum »Reichsehrenmal« befördert – zeugt von der Sensibilität, mit welcher der Meister des Einfachen einen klassizistischen Bau, den für mich überzeugendsten klassizistischen Bau Berlins, zum beeindruckenden Erlebnis machen konnte, ohne die lauten Fanfarenstöße der nachfolgenden Stümper zu benutzen. Dem Umbau der Neuen Wache aus einem militärischen Zweckbau zum Mahnmal ging ein kleiner Wettbewerb voraus, dessen Ergebnis Tessenows Entwurf war. Paul Ortwin Rave schrieb im Schinkelwerk (Berlin III, S. 169) dazu: »Der Vorschlag von Tessenow überzeugte durch seine fast rührend schlichte und doch feierliche Art, wie er sich in die Schinkelsche Formgebung einfügte.« Rührend schlicht – das ist eine Tugend, über die heute kaum noch jemand verfügt. Stark erinnere ich mich an den schwer angeschlagenen Bau, wie er vor seiner äußerlichen Wiederherstellung (1952) noch mehr beeindruckt hat. Seine Einrichtung nach 1960 als »Mahnmal für die Opfer des Faschismus und Militarismus« blieb eine Peinlichkeit – besonders durch den Mißbrauch als Kulisse für ein militärisches Imponiergehabe. Heute fehlt uns ein Mann Tessenowschen Geistes, um dem Schinkelschen Bau einen angemessenen Inhalt zu geben, dem eine adäquate Form entsprechen sollte.

*

Im Herbst 1959 erreichte uns in der Bauwelt-Redaktion ein zorniger Brief aus Theben/Griechenland. Sein Verfasser war Goerd Peschken, uns nicht ganz unbekannt durch einen früheren Brief, mit dem er zur Wiederherstellung und damaligen Ausstattung des Schlosses Bellevue eindeutig Stellung bezogen hatte. Kennengelernt hatte ich ihn zuvor in Frei Ottos erster kleinen Glashütte, die er sich am Türksteinweg in Zehlendorf gebaut hatte. An Goerd Peschken gefiel mir seine unbekümmerte Heiterkeit, der er ebenso freien Lauf lassen konnte wie dem Ärger – wenn es um »das Thema« ging; sein Thema: die Achtung vor der Vergangenheit, die Achtung vor dem künstlerischen und geschichtlichen Erbe. Dabei ist er nie dem verbreiteten Irrtum verfallen, daß alles »Alte« pauschal als gut und erhaltenswert anzusehen sei. Denn ein Haus kann, wie Brecht den Untersetzten in seinen Flüchtlingsgesprächen vom Menschen sagen läßt, ». . . überall zustande kommen, auf die leichtsinnigste Art und ohne gescheiten Grund . . . « Das gilt, übertragen, auch für Häuser. Wie die Erfahrung lehrt.

Anhalter Bahnhof. Blick durch das linke Gleisportal in die ehemalige Bahnsteig-Halle. Aufnahme: 7. 1. 1960. (Landesbildstelle Berlin)

Der Brief aus Theben galt dem sträflichen Unfug, der mit den immer noch sehenswerten Resten des Anhalter Bahnhofs angestellt wurde. Er schloß mit den Worten: »Liebe Redaktion, mit einer Schar kluger Archäologen grabe ich hier ein provinzielles griechisches Heiligtum aus, und zu Hause werden erstrangige Dinge abgerissen, einfach irre.« Proteste gab es indes in großer Zahl – ohne jeden Erfolg. Argumente gegen den Abbruch gab es zuhauf; doch dreimal läßt Lessing im Nathan den Patriarchen sagen: »Tut nichts, der Jude wird verbrannt.«

Bis 1960 war der Abbruch der bedeutendsten der Berliner Bahnhofsgebäude beendet. Nur der klägliche Rest des Portikus steht – immer noch – einsam und verlassen da, wie einst der Operettensoldat am Wolgastrand. Zu jener Zeit kam aus Braunschweig Dr. Kurt Seeleke als erfahrener Landeskonservator, Spezialist für Traditionsinseln, nach Berlin; auch er machte sich qua Amt Gedanken und hätte gern den kläglichen Rest auf ein, nicht gerade silbernes, Tablett in einem ovalen Wasserbecken postiert. Ein

Anhalter Bahnhof. Abbruchphase. 27. 1. 1961. (Landesbildstelle Berlin)

solches Mal hätte die Funktion des bei Touristen so beliebten Trevibrunnens in Rom übernehmen können. Doch blieb dieser Vorschlag zur Berliner Denkmalpflege unausgeführt ...

Angemerkt sei noch ein bemerkenswertes Aperçu: »Hinzu kommt«, so schrieb ein Bundesbahnoberrat aus Berlin, »daß Westberlin dringend altbrauchbare Steine und Ziegelsplitt benötigt ..., damit einst neues Leben aus den Ruinen blühe.«

»Lieber Gott«, sprach die pommersche Bäuerin, »du kannst mir alles nehmen, nur laß mir meine Ausrede!«

*

Schon das Jahr 1961 fängt schlimm an: Im ersten Bauweltheft des neuen Jahrgangs (S. 23) hat Goerd Peschken Grund zur Klage. Als »Nachruf auf das Berliner Reichspräsidentenpalais«, Wilhelmstraße 73, das »gegenwärtig abgerissen« wird, schreibt er: »... in dem ganzen Stadtteil gibt es nun kein Haus mehr von originalem Größenverhältnis ...« Mein Gott, da sieht's jetzt anders aus: Die Plattenindustrie hat vielgeschossige Hochhausscheiben hingesetzt; mit Deko-Platten aus Sonderproduktion, versteht sich. Im 1. Band der »Schicksale deutscher Baudenkmale im zweiten Weltkrieg« kann man beruhigend lesen: »Das Balkongitter am Haus Bahnhofstraße 4 in Berlin-Köpenick wiederverwendet, die Löwen vom Portal und einige Vasen im Tierpark Berlin-Friedrichsfelde.« Tiere gehören eben in den Tierpark, das ist eben Ordnung. Dieses war der erste Streich ...

... und der zweite folgt sogleich: Die Veränderung der Kaiserdammbrücke wegen des Stadtautobahnbaus konnte trotz mancher Einsprüche nicht verhindert werden.

In Heft 9/1961 erscheint dann Goerd Peschkens warnender Artikel »Zum für März geplanten Abbruch der Bauakademie in Berlin«. Er stellt den Bau in seiner städtebaulichen Bedeutung dar: »Die Bauakademie wurde wieder ein Würfel, vier Flügel mit Innenhof [...] Schinkel stellte die Bauakademie möglichst weit von der Schloßbrücke und ließ den Platz davor offen, so daß man freien Blick hat über den Spreearm und Bauakademie und Zeughaus sich mit Distanz gegenüberstehen. An der Schleusenbrücke steht die Bauakademie dafür eng in der Flucht und schließt den Werderschen Markt mit seinem intimen Maßstab vor der Weite ab. Die Backsteinfronten machen hier das besondere Bindemittel (die Werdersche

Kirche ist Schinkels erster großer Blendziegelbau, die Bauakademie sein letzter) . . .« Was soll's: Die Kirche stand noch als Ruine herum, das Schloß als Bezugspunkt war längst wegrasiert, dafür gab es eine riesengroße öde Fläche, für die man – als vorweggenommenes Gegenstück zum geplanten Parteihochhaus am Spreeufer – eine hohe Begrenzung brauchte: der 145 m lange und 44 m hohe Bau des Außenministeriums sollte just an der Stelle stehen, die von der Bauakademie eingenommen wurde. »Wir sind gespannt«, lautete die bange Frage, »ob sich die Planer Ost-Berlins wirklich zutrauen werden, das, was in 150 Jahren vom ersten Architekten der Nation entwickelt worden ist, in 15 Jahren ganz neu ebensogut zu machen. Wir sind gespannt, ob die Bauakademie im März wirklich abgerissen werden wird –«: sie wurde abgerissen, allerdings erst ein Jahr später; dafür entstand die gewünschte Allerweltsscheibe des Außenministeriums, für deren Details hatte man sich vom Düsseldorfer Thyssenhaus beeinflussen lassen. Eine ergänzte Kopie des linken Portals der Bauakademie ist jetzt an der Werderschen Rosenstraße zu sehen, dort hat man sie dem Eingang zur »Schinkelklause« – wie sinnig! – vorgeklebt. – Von einem zuverlässigen Gewährsmann hörte ich damals eine andere Version als Motiv des Abbruchs: Im Parteihaus am Werderschen Markt, der ehemaligen Reichsbank – einem Bau der frühen NS-Zeit – saß zu jener Zeit ein hoher Funktionär der harten Riege, der den Abbruch forderte, weil der Bau ihn an alte preußische Schul-, Kasernen- und Gefängnisbauten erinnerte. – »Weißt du denn nicht, mein Sohn«, soll der alte Schwede, Kanzler Axel Oxenstjerna, seinem Sohn geschrieben haben, »mit wie wenig Verstand die Welt regiert wird?« Oder: Se non è vero, è molto ben trovato.« (Giordano Bruno).

Erfolge sind selten: die Zerstörung der Eßlinger Pliensaubrücke, einer alten Steinbrücke aus dem 13. Jahrhundert, zugunsten des motorisierten Verkehrs, konnte immerhin verhindert werden – zahlreiche Einsprüche aus allen Teilen des Landes haben zur Einsicht geführt.

Der Jerusalemer Kirche, einem der interessantesten Kirchbauten der Stadt, konnte Peschken nur noch einen Nachruf widmen (Heft 20/1961). Die älteste Kirche der späteren Friedrichstadt, schon 1484 – wohl aufgrund eines Wallfahrergelübdes – als Kapelle gebaut, erhielt 1731 einen Neubau von Philipp Gerlach, gleichzeitig mit seinem Kollegienhaus, dem heutigen Berlin-Museum. Die Lage im Straßensystem wurde der Kirche, die 1878/79 von Edmund Knoblauch mehr neu- als umgebaut worden ist, zum Ver-

Jerusalemer Kirche, Linden- Ecke Oranien- und Kochstraße, vor dem Abbruch.
Aufnahme: 28. 6. 1954. (Landesbildstelle Berlin)

hängnis; die Kreuzung der Lindenstraße mit der Koch- und Oranienstraße mußte »autogerecht« gestaltet werden, zumal an dieser Stelle Axel Springer sein Berliner Hochhaus bauen wollte. Also geschah es: ». . . gesprengt am 9. März 1961« war in der Bauwelt zu lesen. Als Ersatz für die Kirche stiftete der Verleger einen belanglosen Neubau an der Einmündung der Markgrafenstraße in die Lindenstraße – Architektin war die heute so gut wie vergessene Sigrid Kreßmann-Zschach: Sic transit gloria mundi.

*

Lemgo und kein Ende: »Behörden verpfuschen eine alte Stadt« lautete der Untertitel des Raub-Bau-Berichtes in Heft 20/1961. Der hier nicht zu wiederholenden Auflistung zahlreicher Planungs- und Bausünden fügte Goerd Peschken Gottfried Kellers Ratzenburg-Gedicht bei:

Ratzenburg

Die Ratzenburg will Großstadt werden,
Und schlägt die alten Linden um;
Die Türme macht sie gleich der Erden
Und streckt gerad, was traulich krumm.
Am Stadtbach wird ein Quai erbauet
Und einen Boulevard man schauet
Vom untern bis zum obern Tor;
Dort schreitet elegant hervor
Die Gänsehirtin Katherine,
die herrlich statt der Krinoline
zu aller Schwestern blassem Neide,
trägt einen Faßreif stolz im Kleide.
So ist gelungen jeder Plan,
Doch niemand sieht das Nest mehr an.

»Aber wer könnte überhaupt helfen? Wo sind die systematischen Untersuchungen der Städtebaulehrstühle unserer Hochschulen über die Art, heute Altstädte zu bewirtschaften und zu erschließen? Wo ist der Forschungsauftrag des Bundes dazu? . . . Die Denkmalpflege allein kann das nicht schaffen ...« Das Echo in Lemgo war dementsprechend. In aller Hilflosigkeit mokierte man sich darüber, daß der Autor in seinem Raub-Bau-Artikel der Stadt 25 000 Einwohner nachgesagt hat, obwohl es doch nur 21 300 sind ... Der Hilfe suchende Stadtdirektor wandte sich an den Verein »Alt-Lemgo« und an den Lippischen Heimatbund: »Man möge dafür sorgen, daß diese Dinge« (sprich: die Verschandelung der Lemgo-Stadtbilder, so erläuterte Ulrich Conrads in seinem Kommentar) »von liebenden Sachkennern und Historikern, nicht aber den leidenschaftlichen Hysterikern öffentlich behandelt werde«. »Wir wollen versuchen, den verantwortlichen Herrn dieser Zeitschrift nach hier einzuladen und ihn zu bitten, sich alles einmal anzusehen, wie es wirklich ist. Er kann sich dann ja auch davon überzeugen, wie es wirklich ist.« Das ist indes nicht geschehen – erst drei Jahre später ist Peschken mit einem Redaktionskollegen nach Lemgo gefahren; vorher wollte man ihn in der Stadt nicht sehen. Der ausführliche Bericht »Lemgo, zum Zweiten ...« kommt zu dem Fazit: »Uns interessiert aber lediglich die Zukunft Lemgos. Verfahrensmängel in der Verwaltung sind deswegen vollkommen uninteressant, weil Lemgo völlig legalerweise auch das Recht hat, ein gleichgültiges Dreidutzendnest zu werden, wenn es absolut will ...« (Heft 42/1964). – In den Nachträgen zum Dehio-Band Westfalen (1986) kann man lesen: »Im Umraum des Rathauses nachzutragen: Ballhaus, Markt 3. Großer Steinbau, wohl um 1250 errichtet, 1975 restauriert ... Zeughaus, Papenstraße 9/9a. Erbaut 1548 ... Streifenputzdekoration am massiven Südgiebel 1976 nach Befund erneuert, im unteren Teil frei ergänzt ... Annenhof (jetzt Volkshochschule und Jugendmusikschule). Schlichtes steinernes Traufenhaus um 1600, zur jetzigen Gestalt 1976 umgebaut. Geschwungene Freitreppe 1960 in schmalerer Form erneuert ...« (S. 288).

Jahre später (1969, Heft 28) kommt Goerd Peschken noch einmal auf Lemgo zurück. Sein Fazit lautet: »Ich habe noch keine gute moderne Planung gesehen, bei der die alte kulturelle Substanz noch gewonnen hätte. Die Frage ist nun nicht: alt oder modern, die Frage ist: provinziell oder auf dem heutigen Stand, schlecht oder gut, inhuman oder schön. Gute Planung resultiert aus guter Zusammenarbeit, sagen wir ruhig: aus demokratischer Zusammenarbeit.«

*

»Auch das ist Denkmalpflege!« Mit Ralf Schüler protestiert Peschken gegen die verfälschende Renovierung der Häuser Bruno Tauts in der Waldsiedlung Zehlendorf (»Onkel Toms Hütte«), erbaut 1920–31: ». . . leider wird mal wieder statt gepflegt ›korrigiert‹ . . .« Der alte Putz war glatt – zugunsten der Klarheit der kubischen Baukörper, der neue ist Kieselkratzputz. Die alten Farben waren strahlend weiß und blau, die neuen sind sandbeige und popeline-graublau . . . Scharoun und Max Taut haben sich für die Siedlung verwendet. Dr. Peters (seinerzeit Chef der Gehag): »Wenn auch Max Taut anderer Meinung ist, sind wir doch sicher, im Sinne Bruno Tauts zu handeln . . .« Diese bornierte Sicherheit ist es, mit der Städte und Häuser kaputtgemacht werden. – Viele Jahre später hat Helge Pitz (Bauwelt 1977, Heft 20, S. 676) erneut den Anstoß gegeben – anläßlich einer sorglosen »Restaurierung« –, der Sache auf den Grund zu gehen und die Quellen zu erforschen. Inzwischen ist die Siedlung wieder in einem Zustand, den Bruno Taut wiedererkennen könnte. Auch die Denkmalpflege muß immer wieder ihren Erkenntnisstand infrage stellen. Jetzt ist es an der Zeit, den Zustand Tautscher Bauten in den östlichen Bezirken unter die Lupe zu nehmen – aber auch die anderer Architekten, etwa Mebes, Goettel oder Gutkind.

*

Die nächste Raub-Bau-Attacke galt dem kleinen Mendelsohn-Bau am Lehniner Platz, dem alten »Kabarett der Komiker« (1962). Die seinerzeit gut beschäftigten Architekten Sobotka & Müller – in Studentenkreisen respektlos »Klamottka & Knüller« genannt – haben vom Bauherrn, dem Kölner Gerling-Konzern, den Auftrag erhalten, die Teilruine des Mendelsohnschen Komplexes abzubrechen und wiedererstehen zu lassen – wie Phoenix aus der Asche? »An der Stelle soll ein Supermarkt (andere Version: ein achtgeschossiges Geschäfts- und Bürohaus) entstehen.«

»Während der Interbau war das nun für den Preßlufthammer bestimmte Café passend befunden worden, die Corbusier-Ausstellung aufzunehmen. Da sollen unsere Ämter jetzt nicht so tun, als wäre das einfach irgendeine Ruine . . .«

Die aus Wien stammenden Architekten, Strnad-Schüler, waren höchst gekränkt; bei einem Besuch in der Redaktion stieß sich einer der Herren an dem »unmöglichen« Vornamen des Raub-Bau-Schreibers. Ergebnis: Der

Bau wurde abgebrochen und wiederaufgebaut, so gut es die Architekten konnten, im Oberstock wurde eine Bowlingbahn eingerichtet. Dies Verfahren wurde zum Vorbild für die Wiederschöpfung des benachbarten großen Mendelsohn-Baus, den Jürgen Sawade auskernen und zum großen Teil abbrechen ließ, um der Schaubühne Peter Steins eine Spielstätte nach Wunsch einzurichten: Abkehr von der traditionellen Guckkastenbühne. Das Motiv ist anerkennenswert, das strenge vis-à-vis von Akteuren und Spektateuren ist eben nur eine Möglichkeit des Theaterspiels: doch das Flair des Originals, das ja ein Kinosaal gewesen ist, ist nicht zu retten: es ist ein für allemal dahin.

*

Goerd Peschkens nächste Raub-Bau-Attacke galt dem Schicksal der alten Steintorbrücke in dem hessischen Kleinstädtchen Treysa, an »deren Stadtende zum Überfluß noch malerisch ein zinnenbekrönter Turm steht« (Bauwelt 1962, Heft 20). Er »gehört zur Mauer um eine mittelalterliche Stadterweiterung, die Brücke hat ein Landgraf von Hessen 1701 bauen lassen«. Die Brücke sollte abgebrochen werden, um eine normgerechte Führung der Bundesstraße 454 zu ermöglichen. Die Kritik hat einen hessischen Landtagsabgeordneten, Dr. Ernst Holtzmann, zugleich Bürgermeister in Darmstadt, veranlaßt, eine »Kleine Anfrage« an den zuständigen Minister zu richten – »eine Kleine Anfrage ist für uns eine Große Sache«, kommentierte Ulrich Conrads diesen Vorgang.

In der Antwort vom 23. 4. 1963 heißt es: »Auf Anweisung meines Hauses hat das . . . Straßenbauamt eine Variante untersucht, die eine Beibehaltung der Steintorbrücke ermöglicht . . .« Abschließend heißt es: »Eine Klärung auf ministerieller Ebene wird erfolgen . . .« Da verliert sich die Spur (Bauwelt 1963, Heft 21, S. 582).

*

»Renäsangse – Renäsangse« lautete die Überschrift – in gotischen Buchstaben! – eines Berichtes über die stark zerstörte St. Michaelskirche in München, 1583–97 von Friedrich Sustris, Wendel Dietrich und Wolfgang Miller erbaut. (Bauwelt 1962, Heft 41, S. 1160). Beim Wiederaufbau 1953 baute Sep Ruf eine neue Orgelempore ein, in angemessener Zurückhaltung:

»Für ungeübte Augen ist die Orgelempore das einzige, was an unsere unruhigen Zeiten erinnert. Sie ist nämlich schlicht und einfach . . . Was nicht stört: daß die Renäsangse-Empore zu tief sitzen würde . . ., doch daß sie einfach eine gemeine Fälschung sein würde, daß die Bauleute von 1580 als

Görlitzer Bahnhof vor dem Abbruch. Aufnahme: 24. 10. 1961. (Landesbildstelle Berlin)

Stümper erscheinen würden, weil sie borniert genug sind, zu meinen, wir könnten in ihrem Stil entwerfen . . .«

Im Buch »Kriegsschicksale Deutscher Architektur« (1988) liest man: »Rekonstruktion der barocken Empore mit Orgel . . . 1982«.

Im Dehio-Band Oberbayern (1990) heißt es nun: Rekonstruktion . . . der Orgelempore von 1697 und des gesamten Gewölbestücks 1980–83.«

Hans Wichmann schreibt im Werkverzeichnis seines Katalogbuches »In memoriam Sep Ruf« lapidar: »Äußerst zurückhaltende Lösung, die inzwischen abgebrochen worden ist«. Sic transit gloria mundi: Geschichte kann man nach Belieben vergessen.

»In Berlin wird gerade der Görlitzer Bahnhof abgerissen, als letzter von sechs großen Kopfbahnhöfen«. So beginnt Goerd Peschken seinen Nachruf (1963, Heft 1, S. 18) auf den letzten der sechs Berliner Kopfbahnhöfe, deren Zahl einst zehn gewesen ist. Peschken benutzt gern das Wort »abreißen«

Görlitzer Bahnhof, Abbrucharbeiten. Aufnahme: Juli 1963. (Landesbildstelle Berlin)

– es klingt härter und grausamer als die Wörter »abbrechen« oder gar »abtragen«: die Wortwahl drückt die Stimmung aus. »Das ist das Ende eines großen Kapitels großer Architekturgeschichte.«

Alle europäischen Hauptstädte haben ihre alten großen Fernbahnhöfe erhalten – gegebenenfalls nach Kriegsschäden modernisiert, was man auch darunter verstehen mag. Es gibt Ausnahmen wie die Euston Station in London, deren klassizistische Bauten 1964 abgebrochen worden sind. Die Berliner Bahnhöfe gehörten in ihrer äußeren Erscheinung sichtbar einer Familie an, mit Bezügen auf die Schinkel-Schule – lediglich der Lehrter Bahnhof bildete eine Ausnahme: »Ein Außenseiter: nicht Schinkel-Schule, sondern die französisch-akademische Auffassung«. Pikanterweise wurde er während des deutsch-französischen Kriegs erbaut: 1869–71.

Peschken erkennt am Görlitzer Bahnhof deutlich Kennzeichen – »eine gewisse Nüchternheit und Sachlichkeit, die mit dem Ziegelstil und der Schinkeltradition zusammenhängen mag«. Der zur Zeit seines Nachrufes (1963) noch unzugängliche Hamburger Bahnhof – und sein kostbarer Inhalt, »der einer völlig vagen Kanalplanung zum Opfer gebracht werden soll« – die ist glücklicherweise vergessen – »muß als Eisenbahnmuseum endlich instandgesetzt werden und gehört unter Denkmalschutz«. Das ist zwar inzwischen geschehen; doch in der Praxis bedeutete das, wie man sieht, nicht viel, wie auch schon am Beispiel des Gropiusschen Kunstgewerbemuseums leidvoll zu erfahren ist. Das Eisenbahnmuseum zieht um, auf den alten Anhalter Rangier- und Güterbahnhof; und die Halle des Hamburger Bahnhofs soll nach einem ehrgeizigen, nichtsdestoweniger banalen Entwurf eines sich selbst hoch einschätzenden Architekten durch riesige Anbauten erweitert werden – nur um einem steinreichen Privatsammler den Spaß zu verschaffen, seine teuer erworbene zeitgenössische Kunstsammlung unterbringen und zeigen zu können – mit den heute üblichen Formaten, die jeden Museumssaal sprengen müßten. Zitat: Oxenstjerna, s. o.

*

Hochhäuser müssen her, wenn eine große Stadt, und das ist Berlin wohl, nicht nur Hauptstadt, sondern Weltstadt sein will! Nach einer erholsamen Abstinenz, nicht zuletzt hervorgerufen und gefördert durch einen amtlich geforderten, aus Minderwertigkeitskomplexen entstandenen »Dominanten«-Ehrgeiz, der vor anderthalb Jahrzehnten schon einmal zusammengebrochen ist. Die Affäre um den Steglitzer Kreisel, privat erbaut mit Hilfe sogenannter »GmbH & Co KG usw.«, für die der Name der jüngst verstorbenen Architektin Sigrid Kreßmann-Zschach stand. Goerd Peschken hat seine Gedanken in einem »Abschied von der Idylle« zusammengefaßt (Bauwelt 1974, Heft 23, S. 859) – er hat aber die Vergeßlichkeit der Menschen nicht genügend einkalkuliert, als er resümierte: Die Idylle ist vorbei. »Die kleine Spekulation mag künftig keine so große Rolle mehr spielen. Der Steglitzer Kreisel dürfte das monumentale Ende der Provinz-Idylle bedeuten, in der die Behörden in trauter Verfilzung mit ein paar netten Privatleuten fragwürdige Verkehrsknoten mit überflüssigen Hochhäusern dekorierten. Für beides ist das Geld längst zu teuer. Nur leider, zur Genugtuung ist nicht der geringste Anlaß. An die Stelle der Baupolitik des Senats mit kleinen Unternehmern begann eine andere zu treten: die Baupolitik der Großbanken mit den großen Baugesellschaften, die sich dann unpersönlich, fast anonym vollzieht ...« Wahrlich: Die Zeit der Idylle ist vorbei.

Ein paar Wochen zuvor hat Peschken in einem Leserbrief zum Abbruch einer Fabrik am Charlottenburger Salzufer Stellung genommen (Bauwelt 1974, Heft 11, S. 427): »Die Stadt zahlt den Abbruch ... Vielleicht ließe sich das vorgeschlagene System der Nichtbau-Finanzierung verfeinern und auf die Wohnungs-Sanierung sinngemäß übertragen: Der Verfasser beansprucht für diese Erfindung nur einen Lehrstuhl für Nichtbauwesen«.

Daraus ist leider nichts geworden. Drei Jahre später in Heft 23/1977, S. 735, konnte die Bauwelt melden: »Dr.-Ing. habil. Goerd Peschken, bisher Assistenzprofessor an der TU Berlin, wurde zum Professor für Baugeschichte an der HfbK Hamburg berufen«.

Fazit: »Das Gute – dieser Satz steht fest – ist stets das Böse, was man läßt«. (Wilhelm Busch)

Goerd Peschkens Bauwelt-Bibliographie

zusammengestellt von Günther Kühne

Die bauliche Idee. Leserbrief zu einer von Ulrich Conrads verfaßten Kritik des Schlosses Bellevue in Berlin.
Bauwelt 1959, Heft 36, Seite 1056.

Abbruch des Anhalter Bahnhofs. Leserbrief (aus Theben/Griechenland).
Bauwelt 1959, Heft 40, Seite 1173.
Dazu weitere Leserbriefe, von H. P. Korth, Berlin, Heft 43, Seite 1262, und von Dr.-Ing. Hans Bock, Bundesbahnoberrat, Berlin, Heft 47, Seite 1374.

Abbruch des Anhalter Bahnhofs. Leserbrief.
Bauwelt 1960, Heft 34, Seite 969.
Ebenda: Leserbrief von W. Ritschl, Hamburg.

Von der Wiege bis zur Bahre. Zum Thema Design.
Bauwelt 1960, Heft 42, Seite 1214.

Nachruf auf das ehemalige Reichspräsidentenpalais in Berlin, Wilhelmstraße 73.
Bauwelt 1961, Heft 1, Seite 23.

Nachruf zu Lebzeiten. Zum Abbruch der Kaiserdammbrücke in Berlin.
Bauwelt 1961, Heft 3, Seite 62.

Zum für März geplanten Abbruch der Bauakademie in Berlin.
Bauwelt 1961, Heft 9, Seite 240 f.

Raub-Bau! Zur bevorstehenden Zerstörung der Eßlinger Pliensaubrücke. Eine Kontra-Attacke.
Bauwelt 1961, Heft 12. Seite 344.
Nachtrag in Heft 31/32, Seite 883.

Zum 150. Geburtstag von Friedrich Hitzig.
Bauwelt 1961, Heft 17/18, Seite 522.

Nachruf auf die Jerusalemer Kirche in Berlin West, gesprengt am 9. März 1961.
Bauwelt 1961, Heft 20, Seite 587.

Raub-Bau! Behörden verpfuschen eine alte Stadt. Lemgo.
Bauwelt 1961, Heft 23, Seite 664 ff.
Dazu: 21.300. Von Ulrich Conrads. Bauwelt 1961, Heft 31/32, Seite 883 f.

Zur Restaurierung des Speyerer Domes.
Bauwelt 1961, Heft 35, Seite 995.

Auch das ist Denkmalpflege! Waldsiedlung Zehlendorf – »Onkel Toms Hütte« – in Berlin. Mit Ralf Schüler.
Bauwelt 1961, Heft 43, Seite 1226.

Raub-Bau! Zur Bauakademie in Berlin.
Bauwelt 1961, Heft 44, Seite 1272.

Prospectus auff eyn Parck-Hauß. Text und Zeichnung: Peschken.
Bauwelt 1961, Heft 48, Seite 1394.

Raub-Bau! Wird wieder ein Mendelsohn-Bau abgerissen? Kabarett der Komiker in Berlin.
Bauwelt 1962, Heft 10, Seite 257.

Altstädte. Säckingen.
Bauwelt 1962, Heft 14, Seite 363.

Raub-Bau! Die Steintorbrücke in Treysa.
Bauwelt 1962, Heft 20, Seite 565.
Dazu: Kleine Anfrage. Von Ulrich Conrads. Bauwelt 1962, Heft 37, Seite 1029.

German Bestelmeyer. Sein Leben und Wirken für die Baukunst. Von Heinz Thiersch. Rezension.
Bauwelt 1962, Heft 34, Seite 958.

Altstädte als Museen? Gedanken zu einem Vortrag in Regensburg.
Bauwelt 1962, Heft 39, Seite 1086.

Renäsangse. Renäsangse. Dreimal Michaelskirche in München.
Bauwelt 1962, Heft 41, Seite 1160.

Der Baustreit im schweizerischen Freiburg.
Bauwelt 1962, Heft 45, Seite 1250.

Nachruf auf den Görlitzer Bahnhof.
Bauwelt 1963, Heft 1, Seite 18 f.

Zur Denkmalpflege in Lübeck.
Bauwelt 1963, Heft 2, Seite 34.

Der kleine Finger und die ganze Hand. Hertie in Konstanz.
Bauwelt 1963, Heft 10, Seite 269.

Berliner Denkmalpflege.
Bauwelt 1963, Heft 12, Seite 326.
Der Münchener Viktualienmarkt.
Bauwelt 1963, Heft 30, Seite 847 f.
Berliner Porzellan.
Bauwelt 1963, Heft 49, Seite 1453.
Denkmalschutz für das 19. Jahrhundert. Vortrag Grundmann im Außeninstitut der TU Berlin.
Bauwelt 1964, Heft 18/19, Seite 496.
Lemgo, zum Zweiten ...
Bauwelt 1964, Heft 42, Seite 1126 ff.
Chemie im Dienste der Archäologie, Bautechnik, Denkmalpflege. Von J. Arvid Hedval. Rezension.
Bauwelt 1965, Heft 5, Seite 133.
Versprochene Paradiese. Leserbrief an Schulze-Fielitz.
Bauwelt 1968, Heft 5, Seite 101 f.
Die Stadt als Denkmal. Über das Leben mit und in alten Städten.
Bauwelt 1968, Heft 43/44, Seite 1336 ff.
Francesco Borromini 1559–1667. Von Heinrich Thelen. Rezension.
Bauwelt 1968, Heft 50, Seite 1598 f.
Mitteilung über die Verleihung der Doktorwürde an Goerd Peschken. Titel der Dissertation: Die Bedeutung der Technik für Schinkels Architektur-Ästhetik.
Bauwelt 1969, Heft 15, Seite 503.
Lemgo. Fazit.
Bauwelt 1969, Heft 28, Seite 949.
Denkmalschutz: Brief aus Straßburg.
Bauwelt 1969, Heft 31, Seite 1081.
Lemgo. Leserbrief.
Bauwelt 1969, Heft 33, Seite 1119 f.
Denkmalpflege: Politische Aufgabe. Über den Kongreß in Köln.
Bauwelt 1970, Heft 19, Seite 733.
Peter-Joseph Krahe. Leben und Werk Band 1. Von Reinhard Dorn. Rezension.
Bauwelt 1970, Heft 23, Seite 930.

Brief aus Straßburg. Über die Politik des Europarates zum europäischen Kulturerbe.
Bauwelt 1970, Heft 29, Seite 1133.

Stadtgestaltung als neue Komponente der Planung. Paris, Le Marais. Brief.
Bauwelt 1970, Heft 49, Seite 1887.

Zustand und Zukunft der Lübecker Wohn- und Stiftshöfe. Brief.
Bauwelt 1972, Heft 43, Seite 1617 f.

Reinhard Dorn: Peter Josef Krahe – Leben und Werk Band II. Rezension.
Bauwelt 1973, Heft 21, Seite 927.

Berliner Baupolitik, ein Detail. Fabrik am Salzufer. Brief.
Bauwelt 1974, Heft 11, Seite 427.

Abschied von der Idylle. Affäre Berliner Kreisel.
Bauwelt 1974, Heft 23, Seite 859.

Antikenabteilung der Berliner Museen Preußischer Kulturbesitz.
Bauwelt 1974, Heft 25, Seite 878 ff.

Stadtquartiere. Vier Beispiele in Berlin. Werkbundarbeitsgruppe in Berlin. Gesamtkonzept zusammen mit Karl Heinz Schäfer.
Bauwelt 1976, Heft 37, Seite 1133 ff., bzw. Stadtbauwelt, Heft 51, Seite 161 ff.

Beispiel 2 Buckow. Zusammen mit Vroni Heinrich, Walter Nöbel und Horst Siewert.
Bauwelt 1976, Heft 37, Seite 1138 f., bzw. Stadtbauwelt, Heft 51, Seite 166 f.

wer wo was wann. Meldung: »Dr.-Ing. habil. Goerd Peschken, bisher Assistenzprofessor an der TU Berlin, wurde zum Professor für Baugeschichte an der HfbK Hamburg berufen.«
Bauwelt 1977, Heft 23, Seite 735.

Friedrich als Bauherr. Von Hans-Joachim Giersberg. Rezension.
Bauwelt 1987, Heft 9, Seite 278.

Kurfürstinnen und Königinnen

von

Erich Konter

Bei Untersuchungen zur funktionalen Raumstruktur des Berliner Schlosses zwischen 1650 und 1810 ist mir aufgefallen, daß die Appartements der kurfürstlichen und königlichen Paare bezüglich ihrer jeweils charakteristischen funktionalen Grundstruktur eine erstaunliche Kontinuität aufweisen. Dagegen sind nicht nur ihre räumliche Ausdehnung, ihr Gesamtaufbau sowie ihre baulich- und sozialräumlichen Beziehungen zueinander dauernden Wandlungen unterworfen. Auch weichen die beiden geschlechtsspezifischen Appartementtypen nicht nur hinsichtlich ihrer Raumzahl und ihrer räumlichen Erstreckung voneinander ab. Sie unterscheiden sich vor allem deutlich in ihrer sozialräumlichen Organisation, d. h. in ihrem jeweiligen inneren funktionalen Aufbau – ein Unterschied, der sich auf den ersten Blick nicht an den baulichen Phänomenen nachvollziehen läßt.

Diese Erscheinungen sind zweifellos keine realhistorischen Zufälligkeiten; sie sind auch nicht einfach nur auf subjektive Vorlieben und Entscheidungen der Konzeptoren und Nutzer der Appartements zurückzuführen. Gerade an der Spitze der gesellschaftlichen und staatlichen Hierarchie und im räumlichen Machtzentrum des in dieser Zeit vorherrschenden Feudalabsolutismus fielen Entscheidungen entgegen dem Anspruch auf absolute Herrschaft und freie Verfügungsgewalt nicht ausschließlich nach Launen, Vorlieben oder Marotten des Souveräns. Die große Bedeutung der Architektur und der sozialräumlichen Organisation des Residenzschlosses im personalen Herrschaftskonzept des Absolutismus zwang ihre Konzeptoren und Nutzer zu rationalem, wohl durchdachtem und diszipliniertem Umgang mit diesen nach innen und außen gerichteten ostentativen Herrschafts- und Legitimationsmitteln. Hypothetisch können die Appartements der kurfürstlichen und königlichen Paare definiert werden als Äußerung von Ansprüchen und Anforderungen der kurfürstlichen oder königlichen Nutzer an den Sozialraum und deren Beziehungen zur *Außenwelt*, als Äußerlichkeit des Alltagslebens der Regentenpaare und ihrer Hofgesellschaft sowie als Medium der Besonderung der herrschaftlichen Lebensweisen und -stile der Herrscherpaare, der realen Ausübung, Ostentation und Legitimation von Herrschaft (oder Herrschaftsansprüchen).

Die Appartements stellen kleinräumliche Materialisierungen damals allgemein üblicher Raumschemata dar. Solche Raumschemata entwickeln sich in der Regel historisch auf der Grundlage von notwendigen und möglichen praktischen Anforderungen an den Raum, von möglichen Raumvorstellungen sowie von entsprechenden notwendigen und möglichen, in der Regel hierarchischen Beziehungen einzelner Handlungsorte untereinander. Sie werden mittels der vorherrschenden Verfügungsrechte über den Raum in der räumlichen Organisation, Ordnung und Gestaltung durchgesetzt. Die zu dieser Zeit in Mitteleuropa materialisierten Raumschemata sind trotz einiger Modifikationen und Überformungen in ihrer Grundstruktur im großen und ganzen sehr einheitlich und verweisen auf einen gemeinsamen Ursprung sowie auf ein gemeinsames Vorbild. Es ist kein Zufall, daß sich in der Hochphase des europäischen Absolutismus eine ausgeprägte kulturelle Hegemonie herausgebildet hat, die selbst ihren Geburtshelfer und Katalysator, die politische und militärisch-ökonomische Hegemonie, überdauert: Der französische Absolutismus, das am reinsten entwickelte absolutistische System, seine Hofkultur, sein Städtebau, seine Architektur und Gartengestaltung errangen internationale Geltung und wurden zum integrativen und vereinheitlichenden Vorbild für die zeitgenössischen Potentaten, vor allem auch für diejenigen, die sich erst zu Souveränen etablierten bzw. etablieren wollten. Gerade für die Fürsten in den Randregionen des sich ungleichzeitig und ungleichmäßig entwickelnden europäischen Staatensystems schien dieses offenbar erfolgreiche Vorbild Möglichkeiten zu eröffnen, wie die Aufgaben zur Überwindung der Krise des Feudalismus und die Probleme der staatlichen Zentralisierung, der Durchsetzung und Ostentation souveräner Herrschaftsansprüche gelöst werden könnten. Das französische Vorbild trat nach einem persönlich geprägten Intermezzo des holländischen Vorbilds zu Beginn der Regentschaft des Großen Kurfürsten auch in der Durchsetzungs- und Konsolidierungsphase des brandenburg-preußischen Absolutismus in den Vordergrund. Dieser Absolutismus östlicher Variante gehörte zu den verspäteten auf dem europäischen Parkett und war gekennzeichnet durch Besonderheiten seiner politischen Form, seiner inneren Struktur und Verhältnisse.

Die Raumschemata der geschlechtsspezifischen Appartements

Die Suiten des regierenden Fürsten- oder Königspaares waren in der Regel im zentralen räumlichen Fixpunkt des neuzeitlichen Schloßkomplexes positioniert und erschlossen durch gemeinsame oder getrennte Zeremonialwege. Ihnen angegliedert waren üblicherweise Galerien entweder als interne Verbindung oder als eigenständige Flügelbauten. Idealtypisch war das Appartement des Souveräns in den Distanz- und zugleich Fluchtpunkt des inneren perspektivischen Raumschemas des Schlosses gerückt – der eigentliche Ort der Residenz, d. h. der Ort der Formulierung und Ostentation absolutistischer Herrschaftsansprüche und Legitimität sowie der Herrschaftsausübung. Alle wesentlichen Raumgruppen, Raumelemente des Zeremonialweges und Gestaltungsmerkmale sind auf diesen Ort hin orientiert bzw. pointiert. Folgen wir dem Zeremonialweg bis zum Ende des Appartements, so erschließt sich uns das Raumschema der absolutistischen Herrschaftssuite: cour d'honneur, Portal, Halle, escalier d'honneur, grande salle, antichambre, chambre de parade und cabinet. Es ist kein Zufall, daß französische Begriffe verwendet werden: es ist das entwickelte Raumschema des französischen Appartements auf dem Höhepunkt des westlichen Absolutismus, das zum Vorbild, zur Orientierung des zeitgenössischen Schloßbaus, -umbaus oder der Schloßmodernisierung geworden war.* Äußerlich gleichrangig erscheint das Appartement der Gemahlin des Souveräns. Auf gleicher Ebene ist es oftmals spiegelbildlich zu jenem des Gatten angeordnet und hat manchmal sogar die gleiche Anzahl von Räumen. Der wesentliche Unterschied zwischen beiden Appartementtypen liegt vor allem in der sozialräumlichen Organisation, der nicht am äußerlichen Aufbau der Raumfolge zu erkennen, sondern vorrangig nur an den Raumfunktionen nachzuweisen ist:

* In England und im deutschen Raum hatten sich auch andere Raumschemata der herrschaftlichen Appartements, in welchen sich schon bemerkenswerte Privatisierungstendenzen durchgesetzt hatten, entwickelt, deren Einflüsse auf die Appartements im Berliner Schloß jedoch ohne größere Bedeutung blieben.

Escalier d'honneur

Die Ehrentreppen zu den Appartements waren baulich ähnlich ausgebildet und besaßen im wesentlichen die gleichen funktionalen und symbolischen Funktionen: Hauptzugang zu den Appartements und Symbol für das Aufsteigen in eine höhere gesellschaftliche Sphäre. Sie waren konzipiert für die prunkvollen Einzugszeremonielle nach dem Prinzip des Sehens und Gesehenwerdens.

Grande Salle oder Salle des Gardes

An der Nahtstelle zwischen escalier d'honneur und salle begann – worauf der zweite Name hinweist – der geschützte, im Falle des weiblichen Appartements der geschützte und kontrollierte Bereich der inneren Residenzen; hier agierten die Schloßgarden. Gegenüber der männlichen salle, die eine ganze Reihe staatlicher und höfischer Funktionen zu erfüllen hatte, wie z. B. als Empfangssaal für hochgestellte Gäste und Abgesandte, als Gerichtsstätte, als Ort höfischer Zeremonien, Feste und Rituale, als Warteraum rangniedrigerer Stände, fehlten der weiblichen salle zwangsläufig die Funktionen, die aus den dem Gatten allein zustehenden Herrschaftsrechten resultierten. Die salle der Fürstin oder Königin diente in der Regel nur als Versammlungsort ihres Hofstaates. Auf diese salle trifft die Begriffsverbindung salle des gardes in ihrer eigentlichen Bedeutung zu.

Antichambre

Die Vorkammer des Souveräns war ausgestattet mit einem den hohen Rang anzeigenden Herrschaftssymbol, dem von einem Baldachin, einem Thronhimmel, überdachten Thron des Herrschers. Hier speiste der Fürst oder König öffentlich inmitten seines Hofes, wurden in An- oder Abwesenheit des Herrschers Eingaben, Gesuche und Bittschriften entgegengenommen und Hofbälle veranstaltet. Die Vorkammer fungierte zugleich als Warteraum des Hofes für das Paradeschlafzimmer und manchmal auch als hoföffentlicher Ankleideraum des Souveräns. Die Vorkammer seiner Gattin war hingegen auf die Funktionen eines Speisezimmers und Warteraums für die zur Audienz vorgelassenen Hofstaatsmitglieder oder herrschaftlichen Gäste beschränkt.

Männliche Chambre de Parade / Weibliches Grand Cabinet

Das Paradeschlafzimmer des Souveräns war der zentrale Empfangs- und

Zeremonialraum des Schlosses. Hier stand auf einem Sockel, umgrenzt von einer Balustrade und überdacht von einem Baldachin, das Parade- oder Staatsbett – das unberührbare geheiligte Zentrum. In diesem Raum vollzogen sich das zeremonielle Lever und Coucher. Auf seinem Paradebett sitzend, abgehoben durch Sockel, Balustrade und Baldachin von seiner *Umgebung*, empfing der Herrscher öffentlich seine Staatsgäste, die Abgesandten der Königs- und Fürstenhäuser und die Vertreter der Stände. Hier wurden in Abwesenheit des Souveräns die dynastischen und zwischenstaatlichen Vertragsabschlüsse verkündet. Die überragende Bedeutung des Paradeschlafzimmers des Souveräns gründete auf dem feudalen Prinzip der Personalität der Herrschaft, auf der Legitimität des Herrschers durch seine legitime Abstammung, ihre Weitergabe durch die Zeugung legitimer Nachfolger sowie auf der Notwendigkeit, in der latent prekären politischen und sozialen Situation in Staat und Gesellschaft bei allen staatlichen und höfischen Aktionen auf diese Legitimität durch Entäußerung der persönlichen Sphäre zu verweisen. Vor dem Paradeschlafzimmer seiner Gemahlin lag ihr Grand Cabinet. Im Unterschied zum Appartement des Souveräns war dieses Zimmer – ausgestattet mit Thron und Baldachin – der zentrale Ort der Residenz der Fürstin oder Königin. Es war faktisch eine antichambre; ihre Funktionen waren nicht die des männlichen Kabinetts, sondern die eines Audienz-, Empfangs- und hoföffentlichen Gesellschaftszimmers. Die Umkehrung von Grand Cabinet und Paradeschlafzimmer im weiblichen Appartement ist vor dem Hintergrund der anderen Bedeutung des weiblichen Paradeschlafzimmers zu sehen.

Männliches Grand Cabinet / »Chambre de la Reine«

Das Grand Cabinet war das Arbeits- und Studierzimmer des Souveräns, in dem Schaukästen für vielerlei Kuriositäten und Raritäten aufgestellt waren und das zumeist einen direkten Zugang zu den königlichen Sammlungen und Bibliotheken hatte. Dies war der Ort der Regierungsgeschäfte; hier fanden die Staatsratsversammlungen statt, mußten die Minister Bericht erstatten, wurden Botschafter empfangen und Höflinge beiderlei Geschlechts dem Souverän vorgestellt. Die in das Kabinett beorderten Räte, Minister, Botschafter und Höflinge durchschritten das Paradeschlafzimmer, erwiesen durch Verbeugung dem leeren Paradebett die Ehre und traten so vorbereitet vor den Herrscher. Das im weiblichen Appartement an entsprechender Stelle liegende weibliche Paradeschlafzimmer war ein rangniedrigeres *privatisiertes* Schlafzimmer. Dieser Unterschied sowie die angesprochene Umdrehung der männlichen Folge Paradeschlafzimmer – Kabinett sind auf die rangniedrigere Position der legitimen Gattin des Souveräns und die geringere Bedeutung ihres Paradeschlafzimmers zurückzuführen: Der eigentliche öffentliche bzw. symbolische Ort der dynastischen Reproduktion ist das Paradeschlafzimmer des Gemahls.

Die hier beschriebenen Raumschemata und Raumprogramme der herrschaftlichen Appartements können an den Beispielen ihrer konkreten Materialisierungen in den Residenzen des sich auf seinem Höhepunkt befindlichen französischen Absolutismus im Louvre und in Versailles nachvollzogen werden. Die Übernahme des französischen Modells hieß aber nicht seine deckungsgleiche Kopie. Imitiert wurde seine Grundkonzeption; diese wurde überlagert und modifiziert durch lokale Traditionen und spezifische praktische Bedürfnisse der Anwender. Diese Modifikationen und Überlagerungen lassen sich auf die unterschiedlichen Verhältnisse, Rhythmen und Zeitlichkeiten der politischen und sozialen Entwicklungen in den Territorien und Regionen Europas sowie auf die unterschiedlichen Positionen der herrschenden Geschlechter in den Gesellschaften zurückführen. Alle Appartementtypen, auch diejenigen, die vom französischen Raumschema abwichen oder weniger von diesem Schema beeinflußt waren, d. h. eigenständige Raumstrukturen entfalteten, hatten einen gemeinsamen Ursprung in der sozialräumlichen Organisation des mittelalterlichen feudalen Haushalts. Die absolutistischen Appartementtypen waren differenzierte und erweiterte Abkömmlinge der Raumfolgen der Hausherren in den mittelalterlichen Turmburgen, Donjons oder Keeps, und Palasburgen, domus: Saal mit tribunal, Festsaal und Gerichtsstätte, im ersten Obergeschoß, und Kemenaten, Kammern und gemeinsames Schlafzimmer des Herrscherpaares im zweiten Obergeschoß; bzw. Saaltreppe, Saal und Kammern, »Großes Gemach« der Eheleute, Schlafkammern der Kinder und Dienerschaft im ersten Obergeschoß und Kammern der Söhne und Töchter mit Wachstube im zweiten Obergeschoß – in der Regel im Dachgeschoß. Deutlich abgegrenzt war ein *öffentlicher* – der Saal – von einem *nicht öffentlichen* Bereich – den Kammern; nur aus Anlaß großer christlicher und dynastischer Festlichkeiten drang die *öffentliche* in die *private* Sphäre vor. Von hier aus ging die Entwicklung zu den in Ansätzen erkennbaren Raumschemata, salle, chambre und cabinet oder salle, cabinet und chambre, bei gleichzeitig sich durchsetzender geschlechtsspezifischer Trennung der ehemals gemeinsamen Raumfolge. Die Raumorganisation der absolutistischen Suiten stellt den Endpunkt der feudalen Ordnung der Residenz dar.

Es ist schon bemerkenswert, daß das Phänomen der geschlechtsspezifischen Organisation der herrschaftlichen Appartements in den architekturgeschichtlichen oder kunstwissenschaftlichen Abhandlungen über die Genese des Bautyps Schloß bisher keine besondere Beachtung gefunden hat. Erstaunlicher noch: In den feministischen Sozial- und Planungswissenschaften scheint dieses Phänomen nicht einmal bekannt zu sein. Die offensichtliche Existenz eines weiblichen und eines männlichen Appartements im neuzeitlichen Schloßkomplex steht meines Erachtens in einem deutlichen Zusammenhang mit der *Öffentlichkeit* aller Alltagshandlungen und besonderen Aktionen des feudalabsolutistischen Hausherrn. Eine solche *Öffentlichkeit* stand im patriarchalen Haushalt der domina nicht zu.

Für den absolutistischen Souverän gab es im Grunde keine ausgesprochen intime Sphäre: Alle seine persönlichen Aktivitäten hatten immer den zeremoniellen Charakter von Staatsaktionen erhalten, und zugleich wurde jede Staatsaktion zu seiner persönlichen Aktion. Grundsätzlich alles, was mit der Person des *moderator mundi* und seiner Tätigkeit zusammenhing, war von größter politischer Bedeutung geworden. Diesen Anforderungen an den Souverän lagen Vorstellungen über den Aufbau von Gesellschaft und Staat zugrunde, in denen die Geometrie und insbesondere die Perspektive die vorherrschenden Prinzipien waren: Im *punto della distanza* von Staat und Gesellschaft stand der absolutistische Souverän als idealer Betrachter bzw. Beobachter. In den zeitgenössischen ideologischen Konstruktionen der absolutistischen Monarchie avancierte der legitime Monarch zur wirklichen Allgemeinheit der Nation, zur personifizierten Staatsgewalt und subjektivierten Gebietsnation. Im Prozeß der Territorialisierung feudaler Herrschaft hatte die Familie eine überragende Bedeutung gewonnen: Modell für die Gesamtgesellschaft ist die Familienstruktur. Der fürstliche oder königliche Hof erscheint so als differenzierter Abkömmling der patriarchalischen häuslichen Gemeinschaft. Er bestand in der Regel aus höfischen Zirkeln der im Schloß residierenden Mitglieder der Dynastie, die sich bereits in der Phase der Konstituierung des absolutistischen Regimes zu Hofstaaten verfestigten. Das gesamte Leben am Hofe, selbst die Routine des Alltags wurden bestimmt von einem streng nach Rangordnung gegliederten, komplizierten und aufwendigen Zeremoniell. Das gesamte höfische Disziplinarsystem diente der Demonstration der herrscherlichen Ansprüche des Souveräns, der neuen gesellschaftlichen Ordnungsprinzipien, der dynastischen Kontinuität und der Formulierung und Legitimierung ihrer Ewigkeitsansprüche. Zugleich erzwang die so sich vollziehende Vergesellschaftung des Souveräns eine Einheit von Darstellung herrscherlicher Ansprüche und Legitimität einerseits und von Selbstbeherrschung in seiner Lebensführung andererseits.

Der *Veröffentlichung* des Oberhauptes der herrschenden Dynastie konnte und durfte die legitime Gemahlin nicht folgen. Sie wurde sogar im Zuge der rapiden Vergrößerung des höfischen Haushaltes von ihren Haushaltsaufgaben als domina vollständig *entlastet*. Der Verlust ihrer Haushaltsfunktionen und der damit verbundenen Rechte hatte schon mit der ersten Erweiterungsperiode des feudalen Haushalts begonnen: In dem sich ständig vergrößernden Haushalt wurden die häuslichen Tätigkeiten professionalisiert; die Kontrollfunktionen der Hausherrin über die Ökonomie und das Personal des Haushalts und selbst über das »Frauenreich« delegierte ihr Gemahl an spezielle höfische Funktionsträger und -trägerinnen sowie an höfische Verwaltungsämter. Nun oblag die Zentralverwaltung des gesamten Hofstaates, Naturalökonomie, Finanzen und Personal, eigens dafür geschaffenen Verwaltungsinstanzen, die ihre Vertreter in die einzelnen höfischen Zirkel des Souveräns, seiner Gemahlin und der übrigen Familienmitglieder entsandten. Selbst dem eigenen Hofstaat der Fürstin oder Königin standen dem patriarchalen Prinzip folgend immer – wenn auch nur formal – männliche Inhaber von Ehrendiensten vor, ein Symbol für die Eingliederung dieses Hofstaates in die Hofgesellschaft des Gatten. Die Frau von Adel war eben ihrem Gemahl nicht ranggleich und blieb auch unter den neuen Bedingungen und Verhältnissen des absolutistischen Regimes im *Bannbezirk* der Muntgewalt ihres Gatten. In der neuzeitlichen Feudalgesellschaft, in der die Ehe und die eheliche Fruchtbarkeit das Fundament der Gesellschaft bildeten, war der Frau ihr »wirklicher« Platz im Schlafzimmer zugewiesen – im abgeschiedenen, geschützten und kontrollierten Ort der Fortpflanzung; das Bett wurde als »Schoß der Familie« begriffen. Sie stand ganz unter der Gewalt des Hausherrn, der ihre unbedingte Treue einforderte; andererseits hatte der Hausherr aber die Pflicht, sie zu schützen und zu versorgen. Die vollständige Dominanz des Oberhauptes einer Dynastie über seine Gemahlin und die anderen Frauen seines Haushaltes gründete zum einen auf seiner Verpflichtung zur Bewahrung und Vermehrung seiner Dynastie und zum anderen auf der Furcht der Männer vor der »Gefährlichkeit« der Frauen, die nach ihrer Überzeugung von Natur aus verderbt, von zwanghafter Unruhe erfüllt und ständig von Fleischeslust befallen waren, zudem Wissen über schreckliche Geheimnisse und Zauberei hatten. Die häusliche Gesellschaft zerfiel somit in zwei Sphären, in eine öffentliche männliche und in eine intime, kontrollierte weibliche.

Die besondere Stellung der legitimen Gattin des adligen Hausherrn beruhte zunächst auf ihrer Abstammung; d. h., die Frau von Adel bildete eine besondere Gruppe innerhalb des Frauenstandes. Ihre Besonderung resultierte nicht nur aus ihrer Funktion als Gebärerin der legitimen Nachfolger und Erben, sondern auch aus ihrem Status als Territorial- oder Grundbesitzerin. Seit der Umwandlung der Lehen zu vererbbarem Eigentum konnte dieses trotz des Vorranges der männlichen Erbfolge auch auf weibliche Familienmitglieder übergehen. Aufgrund der Prinzipien feudaler Herrschaft, Bindung feudaler Herrschaftsrechte an Bodenbesitz oder -eigentum und Personalitätsprinzip, fielen der Frau mit ihrem Erbe oder ihrer Mitgift landesherrliche und grundherrliche Rechte zu. Die Frau von Adel wurde somit nicht nur wegen ihrer Abstammung und ihrer Reproduktionsfunktion, sondern vor allem aus macht- und wirtschaftspolitischen Gründen zum begehrten Objekt der »vernünftigen« Heiratspolitik der Dynastien. Mit ihr ließen sich ohne militärische Aktionen Territorialgewinne erzielen sowie Macht und Einfluß auf zwischenstaatlicher Ebene vergrößern; ebenso konnten durch dynastische Verbindungen bilaterale Bündnisse enger und dauerhafter geschlossen werden. Die Ehefrau wurde in den Haushalt des Gemahls eingegliedert; sie besaß in der Regel keine eigene Kanzlei zur Verwaltung ihres Besitzes, ihres Erbes, ihrer Mitgift, ihres Heiratsgutes oder ihrer Apanagen, und die landesherrlichen Hoheitsrechte ihres Territorialbesitzes gingen in die Verwaltung ihres Gatten über.

Im Verhältnis zwischen den Geschlechtern im Zeitalter des Absolutismus spielte noch ein weiterer Aspekt eine Rolle: der höfische Kult der Frau. In der damaligen ehelichen Verbindung zwischen Dynastien spielte die Liebe der Partner zwangsläufig kaum eine Rolle. Hier standen sich konfliktreich konkurrierend schon seit dem frühen Mittelalter zwei Rahmensysteme gegenüber, das schon erwähnte weltliche mit den Zielen Bestandssicherung, erweiterte standesgemäße Reproduktion und Repräsentation der Dynastie und das kirchliche mit den Zielen Zügelung der »sinnlichen Triebe«, Abwehr des Bösen und Eindämmung sexueller Ausschweifung. Eindeutig dominierte in der dynastischen Heiratspolitik das weltliche System der arrangierten Ehe, in der Ungleichheit zwischen Mann und Frau herrschte. Aufgrund der Sachlichkeit der Eheverbindungen waren die Beziehungen zwischen den Ehepartnern in der Regel recht kühl. Dem kirchlichen System nach durfte die Ehe sogar nicht einmal der Ort heftiger und leidenschaftlicher Umarmung der Ehegatten sein. Die »freie Liebe« zu Frauen, d. h. die Wollust, die im Mittelalter als illegitime Liebe nur heimlich blühen durfte, war einer der begehrtesten Genüsse des Herrn. Nun herrschten auch im Geschlechtlichen, d. h. in der Liebe als genußvollem Spiel, die Prinzipien des öffentlichen Schaukampfes, der öffentlichen Pose und Repräsentation. Diese Liebe war ein fast schon rituelles Kriegsspiel, Eroberung, Niederwerfung, Inbesitznahme und Beherrschung der »weiblichen Natur«, das dem Eroberer Ruhm und als Lohn Genuß versprach. Der höfische Kult der Frau, in dem die Frau nur wegen ihrer Schönheit als »kostbarstes Gefäß der Wollust« und als Werkzeug der Lust verherrlicht wurde, beschränkte sich aber keineswegs auf Frauen vornehmer Abstammung. Da der Herrscher das Staatsterritorium als seinen persönlichen Besitz ansah und seine Untertanen zum weiteren Kreis seines Haushalts zählte, beanspruchte er gewisse Verfügungsrechte über alle Frauen seiner Untertanen. Seine außerehelichen Liebschaften zu schönen Frauen, die Eroberung und die Liebe als Genuß möglichst ohne Konsequenzen für den Liebhaber, trugen zum Glanz und Ruhme des fürstlichen oder königlichen Eroberers und Liebhabers bei und wurden als Ausdruck von Luxus und Ostentation herrscherlicher Ansprüche zum Politikum; die Mätressen gehörten zum Ornat des Herrschers. Maitresse en titre zu sein, hatte somit nichts Verächtliches an sich; für ihre Dienste am Herrscher wurde sie verehrt und, wenn sich die Gunst des Fürsten oder Königs einer anderen Dame zuwandte, mit Pensionen und Geschenken *entschädigt.* Die einzigen Äußerungsformen der Frauen in dem für sie verlustreichen *Spiel* waren passiv oder reaktiv, Hingabe oder Verweigerung. Es versteht sich von selbst, daß die Rechte der »freien Liebe« für die legitime Gattin des Herrn nicht galten – Ehebruch oder Verlassen des Ehemannes waren weiterhin schlimmste Vergehen; ihre Liebe sollte sich am »rechtmäßigen« Ort erfüllen – im Rahmen der Ehe.

Die Verdrängung der adligen Frau aus der auch für sie potentiell öffentlichen Sphäre ihres Gemahls hat sich auch im Schloßbau räumlich manifestiert: Im Mittelalter wurden die Frauen des Haushalts in den entlegendsten Teil der Burg oder des Schlosses, in die chambre des dames verbannt, zu der nur der Hausherr und zuweilen seine Söhne, ausgewählte Freunde und Gäste Zutritt hatten. Die Dame des Hauses, die legitime Bettgenossin des Hausherrn und Mutter seiner Erben, war für Zucht und Ordnung im »Frauenreich«, zu dem auch die Kinder gehörten, zuständig (weibliche Sphäre). Die Entwicklung der Kriegstechnik, die Herstellung eines relativen inneren Friedens, die Stabilisierung der territorialen Herrschaft sowie das Wachsen des angeeigneten bäuerlichen und städtischen Mehrprodukts ermöglichten auch im Inneren grundlegende Änderungen in der Raumstruktur der feudalen Herrensitze: Differenzierung der Raumfunktionen, Trennung in deutlich voneinander unterscheidbare Raumbereiche und Erweiterung der engeren Sphäre der Residenz. Ursachen dieser inneren Veränderungen waren die Verfeinerung der Lebensführung und -stile der nun seßhaft gewordenen Herren und vor allem ihr gestiegenes Bedürfnis nach Ostentation ihrer Macht- und Herrschaftsansprüche. In dieser Transformationsperiode der Herrensitze zu Frühformen des Schlosses wurden neben der Ausdehnung der Raumbereiche zur Demonstration von Macht und Reichtum erstmals auch Raumaufteilungen in Suiten vorgenommen. Hierdurch erweiterte sich zwangsläufig die öffentliche männliche Sphäre gegenüber der privaten weiblichen. Die domina mußte vor dem sich erweiternden öffentlichen Bereich des nun eindeutig männlichen Appartements zurückweichen; so erhält z. B. in Frankreich der geheiligte Ort dynastischer Reproduktion und Legitimität, die chambre, schon im 16. Jahrhundert ihren öffentlichen Charakter (Chambre de Parade). Der Prozeß der räumlichen Trennung zwischen der weiblichen und männlichen Sphäre ist mit Sicherheit schrittweise von der gemeinsamen Sphäre der Kammern des Ehepaares über die Erweiterung nun geschlechtsspezifisch getrennter Raumeinheiten unter Vorhalt von weiterhin gemeinsam genutzten Räumen verlaufen. Noch in der Hochphase des absolutistischen Regimes sind in den Residenzschlössern vom Herrscherpaar gemeinsam genutzte Raumbereiche – zumeist Verbindungsglieder zwischen den geschlechtsspezifischen Raumsphären – zu entdecken.

Das weitgehende Fernhalten der Fürstin oder Königin vom sich ständig erweiternden staatsöffentlichen Bereich des Gemahls und ihre *Entlastung* von den Haushaltsaufgaben schufen der Betroffenen für eine gewisse Zeitspanne aber auch Möglichkeiten, eine eigene Sphäre zu schaffen sowie Selbständigkeit und Eigenverantwortung zu entwickeln. Gerade in der Durchsetzungsperiode des absolutistischen Regimes gegen die aufgesplitterte feudale Souveränität, in der das Neue noch nicht die Hegemonie errungen hatte, herrschte wie zu allen Zeiten gesellschaftlichen Umbruchs eine gewisse Offenheit der weiteren Entwicklung im Feld des historisch Notwendigen und Möglichen. Diese Offenheit, die latente gesellschaftliche Instabilität und der steigende Druck des Öffentlichen auf den sich zum absoluten Herrscher etablieren wollenden Fürsten oder Monarchen eröffneten für seine Gemahlin Nischen und Freiräume, in die sie sich, aus dem direkten *Bannkreis* des Gatten gelöst, zurückziehen konnte. Sicherlich konnte die Fürstin oder Königin schon früher, obgleich ihr Verfügungsrecht über ihr Erbe, ihre Mitgift usw. auf ein Mitbestimmungsrecht eingeschränkt war, die grundherrlichen Rechte, die mit ihrem Besitz verbunden waren, ausüben und daraus materiellen Nutzen ziehen (relative ökonomische Selbständigkeit). Nun traten unter den neuen Bedingungen offensichtlich neue Möglichkeiten hinzu. So waren ihr als der legitimen Gemahlin des Souveräns einige notwendige Tätigkeitsfelder auf der politischen und politisch-administrativen Ebene zugestanden: die Vertretungspflicht bei Abwesenheit des Gatten und – wenn auch nur in den westlichen Staaten – die Regentschaft für den unmündigen Thronerben. Ihre herausragende Stellung, ihre relative ökonomische Selbständigkeit und die Rückendekkung eines eigenen Hofstaates ermöglichten ihr zudem eine gewisse Eigenständigkeit in ihrer Lebensführung, Mobilität und eine eigene *Öffentlichkeit* sowie je nach Persönlichkeit, eigener Machtfülle und Einsatz höfischer Instrumente, Intrigen, Bestechung usw., die Einflußnahme auf die Politik des Gatten. Bis zum Ende des 17. Jahrhunderts hat sie – meist weit gebildeter als ihr Gemahl – als Kulturträgerin zur Entwicklung von Kultur, Kunst und Wissenschaft am Hofe und auch zur Einheit der europäischen Hofkultur beigetragen. Die Verselbständigung der Fürstin oder Königin in der Durchsetzungsperiode des Absolutismus bestätigt die im Geschlechterverhältnis noch nicht vollständig aufgehaltene Tendenz zur Aufsplitterung der Souveränität im Feudalismus. Die Phase der Öffnung von Nischen und Freiräumen für die Frau in einer noch nicht abgeschlossenen Gesellschaftsformation war nur von kurzer Dauer; die Männer reagierten schon in der Konsolidierungsphase ihrer Herrschaft mit neuer Eroberung und Unterwerfung der Frau mit Hilfe der bürgerlich-aufklärerischen

Konstruktion einer neuen »Weiblichkeit« und deren juristischen Sanktionierung durch ein neues Recht, in dem sich nun eindeutig bürgerliches Gedankengut niedergeschlagen hatte. Zugleich kehrte sich im Zuge des Verfalls der einheitlichen Hofkultur und mit der Entwicklung der höheren Bildungseinrichtungen – Universitäten und höhere Lehranstalten –, die nur Männern offenstanden, zunehmend das Bildungsgefälle zwischen den Ehegatten um. In der Niedergangsphase des absolutistischen Regimes ging dann auch die Epoche des höfischen Kults der Frau zu Ende, in der auch für die legitime Gemahlin des Souveräns – wenn auch in aller Heimlichkeit – gewisse Freiräume im Geschlechtsleben vorhanden waren; das kirchliche Verdikt über die Sexualität, das auch das männliche Sexualverhalten miteinbezog, hatte merklich an Bedeutung gewonnen.

Die Materialisierungen des Raumschemas des weiblichen Appartements im Berliner Schloß

Während der Regierungszeit des Großen Kurfürsten, der Durchsetzungsperiode des spezifischen absolutistischen Regimes östlicher Variante, residierten die beiden Gemahlinnen des Kurfürsten, Louise Henriette und Dorothea, in den für die Kurfürstinnen seit dem 16. Jahrhundert angestammten Raumgruppen des Berliner Schlosses, in den Appartements im 2. Obergeschoß des südlichen Spreeflügels und im angrenzenden 3. Obergeschoß des »Herzoginnenhauses« an der Spree. Diese Raumgruppen waren direkt am Gardesaal des Gemahls gelegen, nur von ihm aus zugänglich. Die Paradesuite der Kurfürstinnen im Spreeflügel war ein um den escalier d'honneur und den Vorsaal verkürztes weibliches Appartement (Vorkammer, »Galerie« und Paradeschlafzimmer). Aus Gründen der überkommenen Baustruktur im ältesten Schloßteil konnte nur von der sogenannten »Galerie« aus eine Verbindung über eine Garderobe (über der Erasmuskapelle) und das Gemach im »Grünen Hut« (eingebauter Turm der alten Cöllner Stadtmauer) zur zweiten Raumgruppe im vormals selbständigen »Herzoginnenhaus« geschaffen werden. Diese Raumgruppe, an die sich Louise Henriette einen oratoire, eine Betkammer, hatte anbauen lassen, war zunächst die gemeinsame *Wohnung* des Kurfürstenpaares. Diese *Wohnung* überließ der Kurfürst nach Erweiterung seiner Paradesuite durch ein zweites, weniger öffentliches Appartement, ein Logement, im neuen Kurfürstenflügel seiner zweiten Gemahlin Dorothea; eine direkte Verbindung zwischen den Logements des Paares über eine Galerie an der Spree war begonnen, wurde jedoch erst während der Regierungszeit des fürstlichen Nachfolgers fertiggestellt.

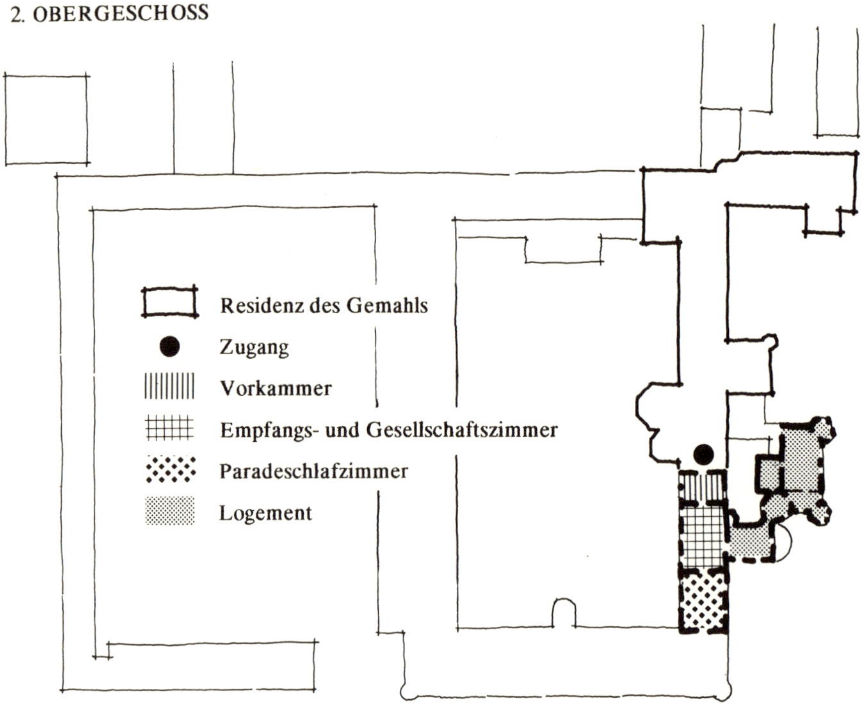

Residenzen der Kurfürstinnen Louise Henriette und Dorothea.
Zeichnung des Verfassers.

An der Lage der Appartements der Kurfürstinnen im Schloßkomplex sowie an ihrem inneren Aufbau und ihrem Bedeutungsgehalt werden einige Aspekte des Ranges und der Position der legitimen Gemahlin des Souveräns in der sich erst durchsetzenden absolutistischen Hofgesellschaft erkennbar. Die Lage der Appartements in der unmittelbaren Umgebung des Gemahls, im engsten *Bannbezirk* (Gewalt- und Schutzbezirk) des Herrn, signalisiert deutlich die Zugehörigkeit der Kurfürstinnen zum feudalen patriarchalen Haushalt sowie ihre eigentlichen materiellen Funktionen für die Dynastie. Die Unvollständigkeit und die geringere Raumzahl der weiblichen Paradesuite deuten auf die rangniedrigere Position dieser Raumgruppe gegenüber dem unmittelbar angrenzenden Staatsapparte-ment des Gemahls hin; sie hatte im wesentlichen nur die Funktion einer

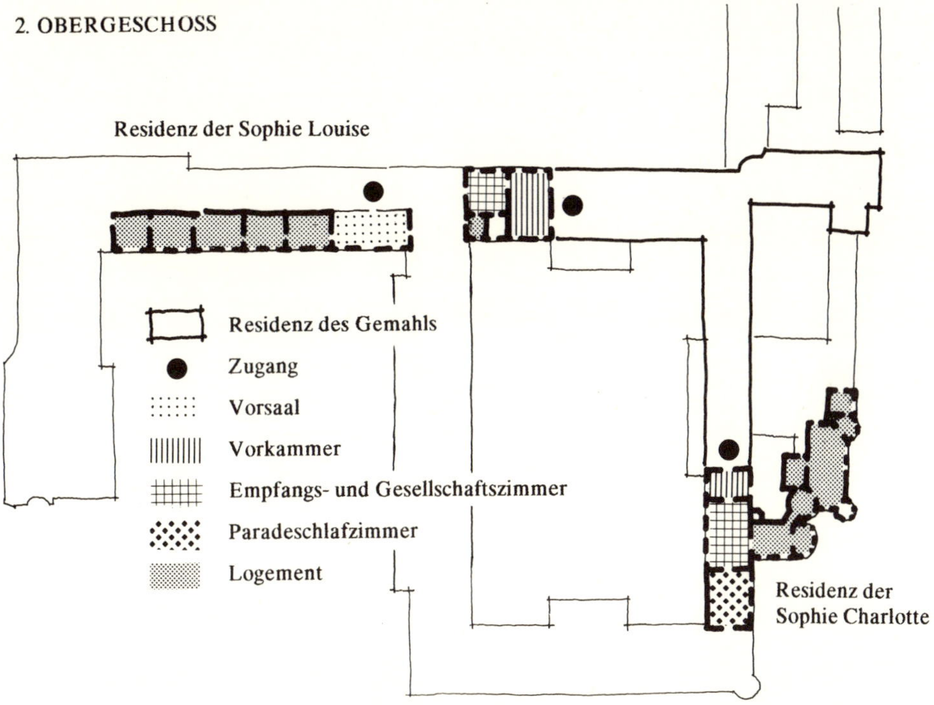

Residenzen der ersten Königinnen Sophie Charlotte und Sophie Louise.
Zeichnung des Verfassers.

Zeremonialwohnung zu erfüllen, zumal ihre Besitzerinnen faktisch von der Regentschaft und – soweit mir bekannt – selbst vom Vertretungsrecht bei Abwesenheit des Gatten ausgeschlossen waren. Nach dem Tode Louise Henriettes schien sich in der Trennung der ehemals gemeinsamen *Wohnung* des Herrscherpaares eine gewisse Tendenz zur Eigenständigkeit der Kurfürstin auszudrücken, zumindest wurde sie ihr, wenn auch unbeabsichtigt, als Potential zugestanden. Ihre Nischen und Freiräume auf ökonomischem Gebiet, die ihre verbliebenen Rechte als Grundherrinnen und ihre

Mit- bzw. Selbstbestimmungsrechte über ihre Mitgift oder ihr Heiratsgut ihnen eröffneten, haben beide Kurfürstinnen genutzt: Louise Henriette verwaltete das ihr vom Gatten geschenkte Amt in Bötzow (Oranienburg) als Gutsherrin ökonomisch erfolgreich und Dorothea gründete auf ihrem Hochzeitsgeschenk außerhalb der Mauern der Doppelstadt Berlin/Cölln eine für sie recht profitable Privatstadt (Dorotheenstadt).

Entgegen den ursprünglichen Plänen, nach denen sie nach dem Versailler Vorbild eine vollständige Paradesuite – ergänzt durch ein zusätzliches Logement – erhalten sollte, residierte die Kurfürstin und spätere Königin Sophie Charlotte in den alten Paradekammern und »Winterkammern« ihrer Vorgängerinnen. Die Inbesitznahme dieser Kammern war möglich geworden, da die verwitwete Kurfürstin Dorothea nach dem Tode ihres Gatten ihre Residenz in Potsdam nicht aufgegeben hatte. Desgleichen veränderten sich die Lage dieser Residenz und ihre *Umgebung* trotz der Umbaumaßnahmen im Schloßplatzflügel gegenüber der ursprünglichen Disposition nicht entscheidend. Die innere Raumorganisation des »Appartement de la Reine« blieb bis auf die Einrichtung einer Bibliothek und eines Lesezimmers anstelle der ehemaligen Garderobe die gleiche; nun war auch die Verbindung zwischen den herrschaftlichen Logements hergestellt. Demgegenüber hatte sich aber die rangmäßige Distanz zur Residenz ihres Gemahls, Friedrich III., augenscheinlich verändert: Gegenüber der faktischen Verdreifachung des königlichen Appartements in Staatssuite, Zeremonialappartement und Logement konnte die Residenz der Königin weder einen rangmäßigen noch räumlichen *Zugewinn* verzeichnen.

Somit waren offenbar die traditionellen Verhältnisse des kurfürstlichen bzw. königlichen Haushalts gewahrt, da auch die vollendete Verbindung zwischen den Logements des Paares den Wiedereinbezug der Königin in den *Bannbezirk* des Königs anzudeuten schien. Die Königin fand aber offenbar die *Nachordnung* ihrer Residenz ihrem Range und ihrem Lebensstil unangemessen. Auf ihrer Besitzung Lützenburg in der Nähe des Dorfes Lietzow ließ sie sich das Sommerschlößchen herrichten und erhob es zu ihrer wirklichen Residenz; hierher zog sie sich aus dem Berliner Alltag zurück. Die neue Residenz gestattete ihr die Führung eines dem französischen Vorbild entsprechenden höfischen Lebensstils in einer eigenständigen Hofgesellschaft. Der König blieb gegenüber dieser Verselbständigungstendenz nicht untätig; er erhob nach dem Tode Sophie Charlottes 1705 das

Schloß Lützenburg (Charlottenburg) offiziell zur zweiten Residenz des Königshauses und zum Ort der großen Staatsempfänge und Feste. Die Residenz war nun wieder eingegliedert in den erweiterten *Bannbezirk* des Gemahls.

Nach dem Tode der ersten Königin rückte die Residenz der dritten Gemahlin Friedrichs I., Sophie Louise, wieder in die Nähe der Königsresidenz. Interessanterweise war es nicht die Residenz Sophie Charlottes, sondern das ehemals für den König gedachte, nun in ein weibliches Appartement umfunktionierte »Grand appartement« im neuen Lustgartenflügel jenseits des Rittersaales und die Kabinettsuite entlang der »Großen Galerie«. Sophie Louise residierte somit horizontal zwischen dem Staatsappartement ihres Gatten und der Kapelle sowie, an letztere angrenzend, entlang der »Großen Galerie«. Diese Lage unmittelbar am königlichen Staatsappartement war deshalb möglich geworden, weil die großen Staatsempfänge und -feste in der zweiten Residenz, Schloß Charlottenburg, veranstaltet wurden. Vermutlich waren es vor allem persönliche Gründe, die Friedrich I. veranlaßt haben, die nur aus Staatsräson geheiratete dritte Gemahlin von seinem Refugium sowie von den Parade- und Winterkammern Sophie Charlottes fernzuhalten.

Mit Friedrich Wilhelm I. begann in der Geschichte des Berliner Schlosses die Zeit, in der sich die Residenzen des Königspaares aus dem traditionellen Residenzbereich des Schloßkomplexes lösten, oder anders ausgedrückt: die Zeit, in der sich der jeweils nachfolgende Regent aus unterschiedlichen Motiven oder Gründen von der Residenz des Vorgängers räumlich distanzierte. Nachweisbar hat das Königspaar Sophie Dorothea und Friedrich Wilhelm I. im Berliner Schloß drei Residenzen besessen; bis zur Fertigstellung des Schloßneubaus (1716) ihre alten kronprinzlichen Residenzen im 2. Obergeschoß des Schlüterschen Schloßplatzflügels und danach im Erdgeschoß und 1. Obergeschoß des Eosanderschen Lustgartenflügels. Die Verlegungen der Residenzen waren gekennzeichnet nicht nur durch eine ständige Vergrößerung der königlichen Residenz (bis zum dreifachen Appartement im Lustgartenflügel), sondern auch durch ein räumliches Wachstum der Residenz Sophie Dorotheas und durch die vertikale Schichtung ihrer zwei teils vollständigen (escalier d'honneur und Vorsaal) Residenzbereiche, einer Zeremonialwohnung und eines Logements weiblichen Typs, im Lustgartenflügel.

Überraschend sind nicht nur die Umzüge des Königspaares innerhalb des Schloßkomplexes und die sie begleitenden ständigen Erweiterungen der Residenzen, die doch dem vorherrschenden Bild vom sparsamen »Soldatenkönig« zu widersprechen scheinen. Vor allem die räumliche Nähe der Königin zu ihrem Gemahl ist bemerkenswert; bis dahin hat noch keine Kurfürstin oder Königin so im Bannkreis des *Überblicks* und *Durchblicks* des Gatten residiert. Selbst in ihrer neuen ostentativen Residenz im Lustgartenflügel schien sich die Königin nicht aus dem *Bannkreis* ihres Gatten lösen zu können. Hier wird jedoch eine andere, eine vertikale Trennung sichtbar. Die sozialräumliche Distanz zwischen den Residenzen des Königspaares wurde also nicht mehr wie bisher in der Horizontalen, sondern in der Vertikalen gesucht.

Offensichtlich hat Friedrich Wilhelm I. versucht, die Tendenz der wachsenden räumlichen Distanzierung zwischen den Residenzen rigide zu unterbrechen und umzukehren. Sein Eingriff in den Verselbständigungsprozeß der weiblichen Residenz ist im Zusammenhang mit seinen Maßnahmen zur Konsolidierung des absolutistischen Regimes bis hin zur Durchsetzung der Selbstregierung und gegen die Zersplitterung der höfischen Gesellschaft sowie mit seiner Ablehnung des höfischen Lebensstils zu sehen. Die enge sozialräumliche Anbindung der Residenz seiner Gemahlin an seine eigene entsprach weit mehr seinen streng patriarchalen Lebensauffassungen. Es scheint, als wollte er im Rahmen seiner Konsolidierungsmaßnahmen in Hof, Staat und Gesellschaft mittels sozialräumlicher Maßnahmen im Schloß die Autonomiebestrebungen und Auflösungstendenzen der Herrscherfamilie unterdrücken und, im Zusammenhang mit der Durchsetzung der Selbstregierung, das patriarchale Haushaltsprinzip stärkend, seine Souveränität auch in der Familie konsolidieren. Die durch die Literatur überlieferten Spannungen zwischen dem Despoten und seiner Gemahlin in Erziehungsfragen, die gleichfalls bekannten Auseinandersetzungen zwischen beiden in bestimmten Politikbereichen, insbesondere in der Heiratspolitik, sowie der häufig getrennte Aufenthalt des Königspaares in ihren Schlössern außerhalb der Residenzstadt können Belege dafür sein, daß anscheinend der innerfamiliären Politik des Königs nur ein relativer Erfolg beschieden war.

Die sozialräumliche Distanzierung zwischen den Residenzen des Königspaares in der Vertikalen wurde unter dem Nachfolger Friedrich Wilhelms I., Friedrich II., nun vollständig vollzogen. Die Residenz der Königin Elisabeth Christine erstreckte sich im 2. Obergeschoß des Spreeflügels über der ihres Gatten und stieß über diese weit hinaus bis zum »Schweizersaal« und zum »Gemach« im »Grünen Hut« vor. Diese Residenz bestand hauptsächlich aus drei vollständigen Raumbereichen, aus einer männlichen

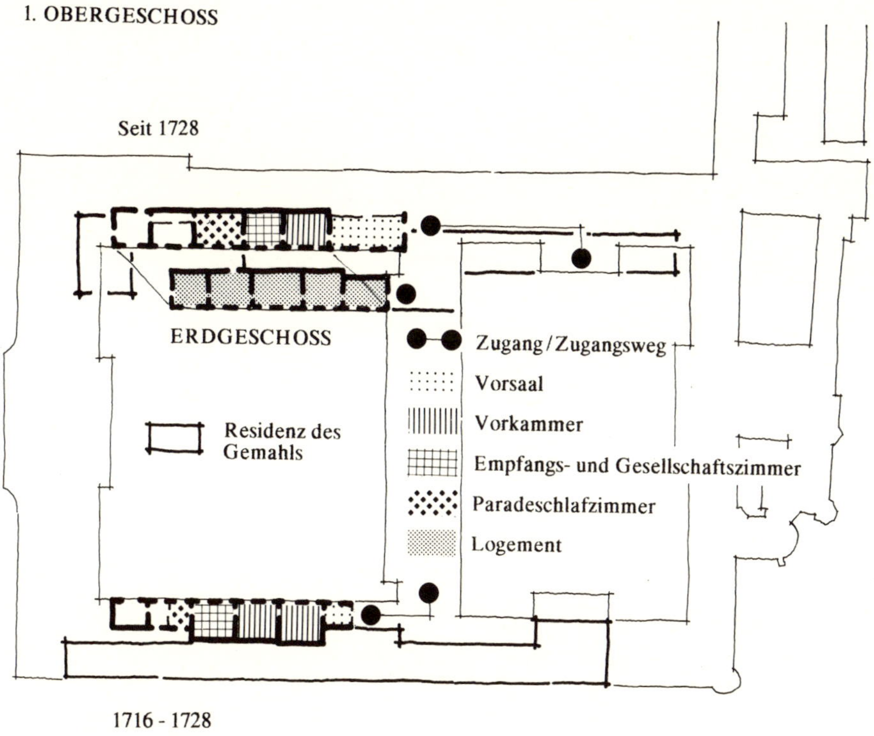

Dritte Residenz der Königin Sophie Dorothea. Zeichnung des Verfassers.

Audienzsuite, d. h. aus den alten Paradekammern der Kurfürstinnen und der ersten Königin unter Einschluß der Wendeltreppe und des »Schweizersaales«, aus einer Zeremonialwohnung im Schloßplatzflügel jenseits des »Elisabethsaales« und einem Logement eindeutig weiblichen Typs zwischen der Audienzsuite und der Zeremonialwohnung. Von Bedeutung hierbei ist nicht nur die Tatsache, daß die Residenz in ihrer Ausdehnung die Residenzen der kurfürstlichen und königlichen Vorgängerinnen um das

Eineinhalbfache übertraf. Interessant ist darüber hinaus die sozialräumliche Orientierung der Audienzsuite der Königin im Vergleich zum königlichen Appartement im Geschoß darunter: Das hochoffizielle Entrée lag über dem privatesten Bereich des Königs – also *hinter* ihm. Somit waren

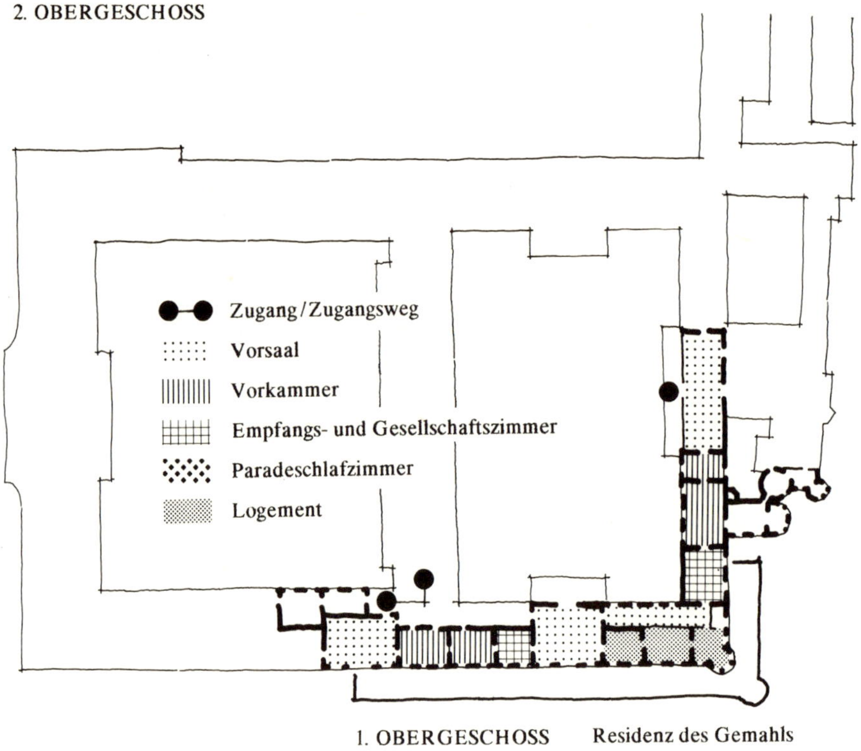

Residenz der Königin Elisabeth Christine. Zeichnung des Verfassers.

einmal durch die vertikale Trennung und zum anderen durch die Umkehrung der Funktionen der residentialen Raumbereiche störungsfreie interne Abläufe in beiden Residenzen gewährleistet. Wie keine ihrer Vorgängerinnen residierte Elisabeth Christine trotz baulich-räumlicher Nähe sozialräumlich getrennt von ihrem Gemahl inmitten ihres großen Hofstaates und den alten Fest- und Redoutensuiten im Spree-, Lustgarten- und Kurfürstenflügel. Friedrich hat diese sozialräumliche Trennung von der ungeliebten Gemahlin nach den Schlesischen Kriegen mit seinem Rückzug nach Potsdam auch standörtlich vorgenommen.

Des weiteren ist die männliche Audienzsuite als Bestandteil der Resi-

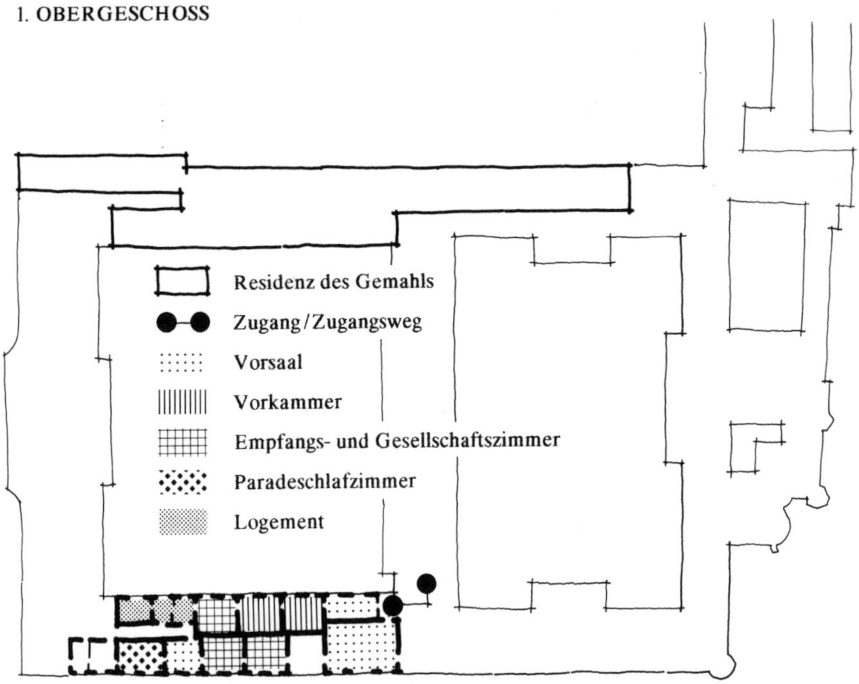

Residenz der Königin Friederike Luise. Zeichnung des Verfassers.

denz der Königin auffallend, die in einem merkwürdigen Widerspruch zur Privatisierungstendenz in der Residenz des Königs und dessen Rückzug aus der Hoföffentlichkeit stand. Dies erweckt den Eindruck eines Symbols für die traditionelle Dreiteilung der königlichen Residenz seit dem ersten König: Die Königin schien für ihren Gatten die Residenzfunktion des Berliner Schlosses formal aufrechterhalten zu haben. Trotz der zugestandenen Ausweitung ihrer Residenz war die politische Bedeutungslosigkeit der Königin nicht zu übersehen: Ihr war der Zutritt zur faktischen Staatsresidenz Sanssouci verwehrt, d. h. sie war vom eigentlichen Machtzentrum in Staat und Gesellschaft, von der Person des Souveräns, in dem alle Herrschaftsfunktionen konzentriert waren (Selbstregierung), distanziert; nicht einmal mehr die Aufgabe der biologischen Reproduktion der Dynastie brauchte sie zu erfüllen. Faktisch war ihr Residenz- und Lebensbereich nicht mehr Teil eines Ganzen, sondern nach dem Verlust der personalen *Mitte* dieses Ganzen wie die Residenzen der übrigen königlichen Familie eine isolierte private Parzelle. Dies korrespondierte mit dem Zerfall der höfischen Gesellschaft, deren Wiedererweckung Friedrich II. zu Beginn seiner Regierung noch im Sinne hatte.

Königin Friederike Luise behielt die Kronprinzenresidenz im 1. Obergeschoß des Böhmeschen Schloßplatzflügels bei und erweiterte sie auf die ehemaligen Raumbereiche ihres Gemahls zur Stadtseite hin. Der erweiterte Raumbereich, ein appartement double, setzte sich aus drei Raumgruppen zusammen, aus einer männlichen Audienzsuite sowie einer Zeremonialwohnung und einem verkleinerten Logement weiblichen Typs. Der Gemahl Friedrich Wilhelm II. hatte sich auf der gegenüber liegenden Seite des Schloßkomplexes eine Residenz – bestehend aus fünf sowohl traditionell männlich organisierten als auch privatisierten Raumgruppen – herrichten lassen; das Berliner Schloß war wieder faktische Residenz Brandenburg-Preußens geworden.

Auffallend ist die deutliche Trennung der Residenzen der Majestäten; sie besaßen keine unmittelbaren räumlichen Beziehungen zueinander. Der »Dicke König« löste seine Residenz räumlich von der Residenz seiner Gemahlin selbst im Schloßkomplex. In seinem Nahbereich schien der König nur seine Mätressen zu dulden. Die legitime Gattin führte in ihrer Residenz in Distanz zum Residenz- und Lebensbereich des Gemahls ein relativ zurückgezogenes Leben. Es scheint, als habe sie sozusagen als Entschädigung für ihre persönliche Zurücksetzung einen Lebensraum erhalten, der – wenn auch nicht in räumlicher Ausdehnung, so doch im funktionalen Aufbau – der Residenz ihrer Vorgängerin, Königin Elisabeth Christine, sehr ähnlich war (eine Ironie der Geschichte?). Hierin werden die Folgen der Eigenständigkeit und des Eigenlebens der Majestäten in ihren höfischen Privatzirkeln und nicht zuletzt die persönlichen Beziehungen zwischen dem

Königspaar mittelbar sichtbar. Augenscheinlich wurde ebenso die faktische Reduktion der Königin auf ihre Funktionen für die herrschende Dynastie: Heiratsobjekt und standesgemäße Reproduktion der Dynastie.

1. OBERGESCHOSS

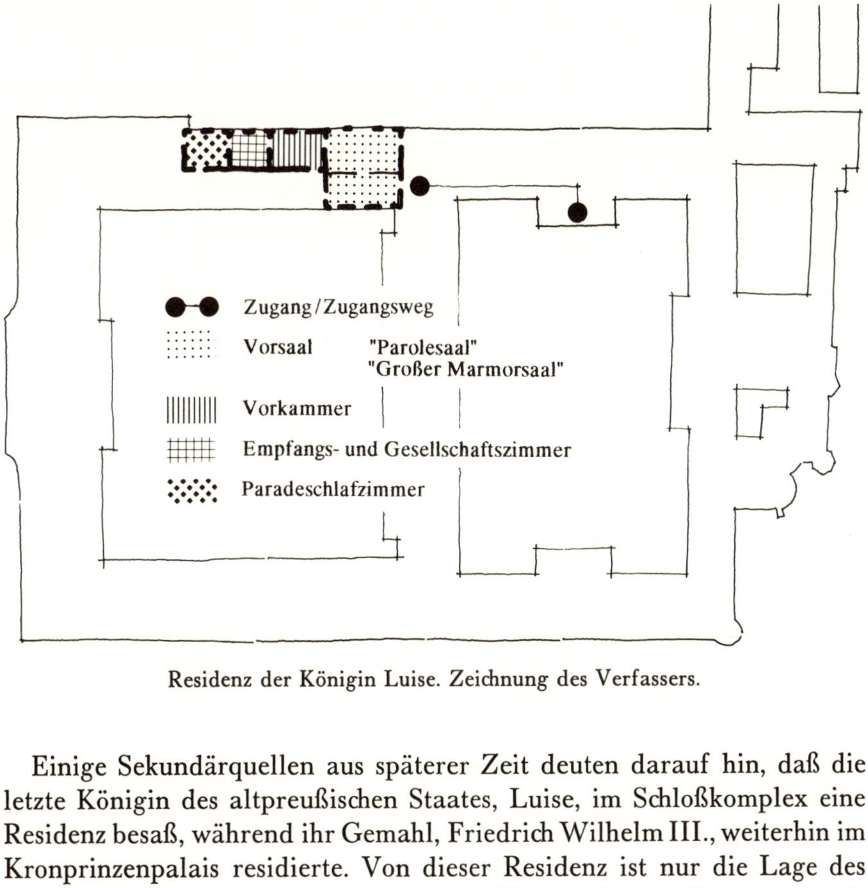

Residenz der Königin Luise. Zeichnung des Verfassers.

Einige Sekundärquellen aus späterer Zeit deuten darauf hin, daß die letzte Königin des altpreußischen Staates, Luise, im Schloßkomplex eine Residenz besaß, während ihr Gemahl, Friedrich Wilhelm III., weiterhin im Kronprinzenpalais residierte. Von dieser Residenz ist nur die Lage des Paradeschlafzimmers der Königin, des »Königin-Luise-Zimmers«, gesichert überliefert: in der »blauen französischen Cammer«, d. h. im Grand Cabinet des verstorbenen Schwiegervaters. Die ehemalige Zeremonialwohnung des »Dicken Königs« am Lustgarten war vermutlich zur Zeremonialwohnung der Gemahlin seines Sohnes geworden. Somit wurde zumindest formal die Residenzfunktion des Schlosses aufrechterhalten. Ein Logement der Königin an der Hofseite des appartement double, anstelle des Gesellschaftszimmers, des Schlaf- und des Schreibzimmers des »Dicken Königs«, oder in der angrenzenden Kabinettsuite kann bisher nicht nachgewiesen werden. Es spricht viel dafür, daß die Residenz der Königin im Schloß nur aus einer einfachen Zeremonialwohnung bestand und die Königin weiterhin ihr Logement im Residenzstandort ihres Gemahls beibehalten hatte.

Bedeutsam am Vorgang der Inbesitznahme der ehemals königlichen Residenz ist vor allem: zum ersten Mal beanspruchte eine Frau das ehemals zweithöchste Appartement in der Rangordnung des Schlosses und erstmals wurde das Appartement des verstorbenen Oberhauptes des Hohenzollernhauses sozialräumlich durch ein weibliches Appartement überlagert. Darüber hinaus scheinen die standörtliche Teilung der Residenz der Königin sowie die räumliche Distanz zwischen den Residenzstandorten des Königspaares den Aussagen der historischen Literatur und Hagiographie zu widersprechen, die dem Königspaar eine bürgerliche Lebensauffassung und -weise sowie dem König Häuslichkeit und familiäre Lebensweise attestierten. Sie können durchaus Belege dafür sein, daß sich trotz veränderter Lebensauffassungen und -stile am königlichen Hofe in Richtung bürgerlich patriarchalischer Verhältnisse die Tendenz der Eigenständigkeit und des Eigenlebens des Königspaares in ihren Privatgesellschaften, d. h. im Privatbereich, fortgesetzt hatte.

Die empirischen Befunde über die Lage und den Aufbau der Residenzen der brandenburg-preußischen Kurfürstinnen und Königinnen sowie über deren sozialräumlichen Beziehungen zu den Residenzen der Gatten bestätigen im großen und ganzen die allgemeinen Interpretationen zu den geschlechtsspezifischen Raumschemata. In der ersten Durchsetzungsperiode des Absolutismus in diesem Territorium hatte die Residenz des Kurfürstenpaares vor der Schloßerweiterung in den 80er Jahren des 17. Jahrhunderts für kurze Zeit sozialräumlich sogar eine gewisse Ähnlichkeit mit der Residenz des französischen Königs im Louvre: jeweils ein Appartement und ein gemeinsam genutzter Raumbereich als Verbindungsstück. Ein wesentlicher Unterschied bestand vor allem darin, daß den Kurfürstinnen im Gegensatz zur französischen Königin offensichtlich kein eigener escalier d'honneur und kein eigener Vor- oder Gardesaal zustand. Sicherlich lag es zunächst einmal an der überkommenen Raumstruktur des Berliner Schlosses; bemerkenswert ist aber, daß Friedrich III. im Unterschied zu ersten Planungen in der praktisch durchgeführten Konzeption die vorhandene räumliche Disposition nur aufwerten ließ (Wendeltreppe und »Schweizersaal«). Hier scheint sich wohl die gegenüber dem weiblichen Appartement im Louvre und in Versailles weit geringere *Öffentlichkeit* der Zeremonialwohnung der Kurfürstinnen und der ersten Königin auszuweisen. Die Gemahlinnen der Kurfürsten und Könige in Brandenburg-Preußen waren im Unterschied zu den französischen Königinnen sogar von der Mitregentschaft und auch weitgehend von der Vertretungspflicht ausgeschlossen. Die enge räumliche Anbindung der Residenzen der Kurfürstinnen und ersten Königinnen an die Residenzen der Gatten signalisiert deutlich die Zugehörigkeit der legitimen Gemahlinnen zum engsten *Bannbezirk,* d. h. Gewalt- und Schutzbezirk, der Souveräne. Trotzdem erlaubten auch ihnen die relative Offenheit und Instabilität der Durchsetzungsperiode gewisse Freiräume und Möglichkeiten, sich aus diesem *Bannbezirk* zu lösen. Selbst Königin Dorothea konnte sich offenbar trotz rigider Konsolidierungsmaßnahmen ihres Gemahls Friedrich Wilhelm I. im familiären Bereich die Eigenständigkeit ihres Lebensstils sichern.

Es scheint geradezu widersinnig, daß gerade unter dem »Soldatenkönig« der Prozeß der räumlichen Trennung und Verselbständigung der Residenzen der Ehegatten im Berliner Schloß eingeleitet wurde. Auffallend ist nämlich, daß, obgleich Sophie Dorothea – so die sozialräumlichen Positionen ihrer Residenzen – in einem bis dahin nicht üblichen Maße im *Bannkreis* ihres Gemahls residierte, ihr in der letzten räumlichen Disposition im Schloß aber eine in der Vertikalen von der Residenz des Königs distanzierte Zeremonialwohnung mit escalier d'honneur und Vorsaal zugestanden wurde. Dieses Phänomen kann meines Erachtens nicht nur auf die physisch-räumliche Gebäudestruktur des Lustgartenflügels zurückgeführt werden. Friedrich II. hat diese vertikale Trennung zwischen den Residenzen vollständig und nach den Schlesischen Kriegen mit seinem Rückzug nach Potsdam offiziell auch standörtlich vollzogen. Dieses Aufbrechen des ehemals engen räumlichen Zusammenhangs zwischen den Residenzen der Königspaare setzte sich in der Zeit des Niedergangs des absolutistischen Regimes fort: Königin Friederike Luise, legitime Gattin des »Dicken Königs«, behielt die ehemalige Kronprinzenwohnung auf der der Residenz ihres Gemahls gegenüber liegenden Seite des Schlosses; Königin Luise verläßt die Königsresidenz im Kronprinzenpalais und bezieht eine Zeremonialwohnung im Berliner Schloß. Augenscheinlich hatte die räumliche Integration der legitimen Gemahlin in den *Bannbezirk* des Souveräns als Zeichen ihrer Position und Funktion im herrschaftlichen Haushalt zunehmend an Bedeutung verloren. Nach der Durchsetzung der Selbstregierung unter Friedrich Wilhelm I. und der zunehmenden Bürokratisierung der Herrschaft, die zugleich den Prozeß der Entpersonalisierung staatlicher Herrschaft einleitete und beschleunigte, war dieses physische Zeichen der Herrschaft des Mannes über die Frau nicht mehr notwendig. Die Männer hatten viel wirksamere Instrumente entdeckt und entwickelt, um sich der Eigenständigkeit und Verselbständigung der Frau zu erwehren: Im Zuge der bürgerlich-aufklärerischen Konstruktion einer neuen Weiblichkeit – die Frau als zu domestizierende, kolonisierende und zivilisierende Natur – wurden die entsprechenden möglichen Rechtsmittel des römischen Rechts ausgeschöpft; mit der Rezeption und Durchsetzung dieses Rechts insbesondere im Privatrecht verschlechterten sich eindeutig die Rechte und die Stellung der verheirateten Frau gegenüber ihrem Mann. So stand nach dem »Allgemeinen Landrecht für die preußischen Staaten« von 1794, in dem die bestehenden Rechtsnormen neugeordnet und kodifiziert wurden, der Ehefrau die Verwaltung ihres Vermögens nur auf der Grundlage ausdrücklicher Gesetze oder Verträge zu; im Normalfalle ging durch den Vollzug der Ehe »das Vermögen der Frau in die Verwaltung des Mannes über«.

Der höfische Kult der Liebe zu Frauen und die öffentliche Inszenierung der außerehelichen Liebschaften des Souveräns als Ornat des Herrschers, wie sie sich in den absolutistischen Staaten und Territorien des Westens entwickelten, spielten in Brandenburg-Preußen kaum eine Rolle. Hier setzten die inneren Verhältnisse des Absolutismus östlicher Variante (z. B. die lokale Eigenständigkeit der adligen Grundherren) sowie die spezifische religiöse Begründung der Souveränität (Protestantismus) den Verfügungsrechten des Souveräns über alle Frauen seiner Untertanen gewisse Grenzen. Die protestantische Ethik und Sexualmoral, die den Genuß der Sexualität außerhalb der Ehe verboten und dabei grundsätzlich auch das Geschlechtsleben des Souveräns miteinbezogen hatte, ließ der höfischen Kultisierung der Liebe zu Frauen kaum Entwicklungsspielräume. Nur der erste König hatte sich als Ausdruck von Luxus und Ostentation seiner herrscherlichen

Ansprüche formal eine Mätresse gehalten. Die Liebschaften seines Urenkels, die diesen Aspekt herrscherlicher Ostentation wieder zu beleben schienen, waren dagegen unter den veränderten Bedingungen und Verhältnissen des niedergehenden Absolutismus faktisch zur Privatsache des Liebhabers geworden; dieser Kult der Liebe zu Frauen war infolge des Schwindens der Souveränität des Königs aus dieser nicht mehr ableitbar und nicht vereinbar mit der protestantischen Ethik und Sexualmoral sowie den bestehenden kirchlichen und weltlichen Eherechtsnormen. Den »Dicken König« plagte deshalb das schlechte Gewissen; so versuchte er, einerseits in Sorge um sein Seelenheil sich durch Okkultismus und Frömmelei zu entlasten und andererseits seine Liebschaften zu formalisieren (»Ehen zur linken Hand«).

Die Geschichte der Raumordnung des Berliner Schlosses bezüglich des räumlichen Verhältnisses der Residenzen der Kurfürsten- und Königspaare seit der Durchsetzung des Absolutismus bis zu dessen Zusammenbruch kann also durchaus als Beleg oder als Anschauungsmaterial gelten für gewisse Gemeinsamkeiten in den zeitgenössischen Materialisierungen der geschlechtsspezifischen Raumschemata in West- und Mitteleuropa, Zeichen einer gewissen Einheit der europäischen Hofkultur bis in die erste Hälfte des 18. Jahrhunderts. Sie deutet aber auch auf die besondere Ausformung und Weiterentwicklung dieser Schemata und ihrer realen räumlichen Zuordnung unter den besonderen Verhältnissen und der Dynamik der absolutistischen Formation östlicher Variante hin. In ihr spiegelt sich vermittelt und vielfach gebrochen das spezifische Verhältnis zwischen den Souveränen und ihren legitimen Gemahlinnen wider, das wiederum auf die unvollendete Position des Souveräns in Staat und Gesellschaft, auf die unterentwickelte höfische Gesellschaft sowie die besondere absolutistische Regulationsweise in Brandenburg-Preußen hinweist. So veranschaulicht auch diese Geschichte des Berliner Schlosses sowohl die Besonderheiten und die Unfertigkeiten dieses absolutistischen Regimes als auch seine charakteristische Janusköpfigkeit, die spezifische Überlagerung von oberflächlicher und teils struktureller Modernität und von verborgenen veralteten Strukturen.

Literatur:

Georges Duby, Die Frau ohne Stimme. Liebe und Ehe im Mittelalter, Berlin 1989.

Georges Duby (Hg.), Geschichte des privaten Lebens. 2. Vom Feudalzeitalter zur Renaissance, Frankfurt/Main 1990.

Erich Konter, Das Berliner Schloß im Zeitalter des Absolutismus. Architektursoziologie eines Herrschaftsortes, Sonderband der Arbeitshefte des Instituts für Stadt- und Regionalplanung der TU Berlin (S 3), Berlin (in Veröffentlichung begriffen).

Sigrid Weigel, Topographien der Geschlechter. Kulturgeschichtliche Studien zur Literatur, Reinbek bei Hamburg 1990.

Das Neustädter Tor

Ein bislang unbekannter Entwurf Knobelsdorffs

von

Tilo Eggeling

Die Breite Straße in Potsdam wurde bereits 1688 unter dem Großen Kurfürsten ausgehend vom nördlichen Lustgartenbezirk des Stadtschlosses in westnordwestlicher Richtung als Allee angelegt, die bis zur Neustädter Havelbucht führte.* Jenseits dieser tauchte sie wieder als Weg auf, der übrigens in einiger Entfernung von der Stadt nicht gleichmäßig mit Bäumen besetzt war, sondern öde Stellen aufwies, um dann in Form einer Perspektivachse bis zum Ehrenpfortenberg zwischen Golm und Eiche fortgeführt zu werden. Hier hatte ursprünglich ein Baum einen Blickpunkt gebildet. Nach dem Tode des Großen Kurfürsten ersetzte man ihn durch jene hölzerne Ehrenpforte, die 1688 beim Begräbnis Friedrich Wilhelms vor dem Berliner Schloß gestanden hatte. Als diese nach 14 Jahren verfallen war, stellte man hier die Ehrenpforte auf, die 1701 beim Einzuge des soeben gekrönten Friedrich I. vor dem Berliner Schloß errichtet worden war.[1] Im Zuge einer 1722 erfolgten Stadterweiterung ließ Friedrich Wilhelm I. die Mauer an der Westseite der Lindenstraße nach Süden verlängern und schloß das Neustädter Tor daran an. Es bestand aus einem vom Schloß her am Ende der Breiten Straße erkennbaren Wachgebäude, mit nebenstehendem, die Häuser hoch überragendem Fachwerkturm. Als man in Folge der 1735 erfolgten zweiten Stadterweiterung die Stadtmauer weiter westlich bis an die Havelbucht versetzte, war der Bau als Stadttor bedeutungslos

* Die von dem holländischen Planteur Langelaar angelegte Schneise durchquerte die Bucht, den Giesel, auf einem brückenartigen Knüppeldamm. Diese war übrigens von größerer Ausdehnung als heute und reichte auf der einen Seite bis zum Luisenplatz, auf der anderen bis zur alten Hauptwache. Erst unter Friedrich Wilhelm I. scheint man durch Aufschüttung Neuland gewonnen zu haben.

geworden, da er nunmehr innerhalb der Stadt lag.* In dieser Form bestand das Tor bis 1753, als es im Zusammenhang der Neuplanungen abgerissen wurde.

Ludwig Manger hat uns in seiner Baugeschichte Potsdams[2] den 1753 nach Plänen von Georg Wenceslaus von Knobelsdorff errichteten Neubau des Tores eingehend beschrieben: danach wurde das eigentliche Tor an den Seiten von zwei Obelisken aus Pirnaer Sandstein erbaut. Ihre Postamente maßen 5 Fuß (1,57 m) im Geviert und waren von der Plinthe bis zum Brustgesims 18 Fuß (5,65 m) hoch. Die mit Hieroglyphen verzierten Obelisken selbst hatten eine Höhe von 42 Fuß (13,18 m)**, waren unten 5 Fuß (1,57 m), oben 3 Fuß (0,94 m) stark und trugen als Bekrönung Adler mit ausgebreiteten Flügeln von 7 Fuß (2,19 m)***. Die zunächst aus Stein gearbeiteten Adler führten, wie noch ausführlich zu schildern sein wird, zu Schäden an den schlanken Obelisken und wurden daher 1776 ersetzt. An die Obelisken schlossen zu beiden Seiten eingeschossige Zoll- oder Wachgebäude an, denen aber keinerlei Zweckbestimmung zukam. Ihre zum Schloß hin gerichteten Putzfassaden waren rustiziert und mit jeweils drei Rundbogenöffnungen mit Schlußsteinköpfen geöffnet. Die Gebäude schlossen mit dieser Front den platzartigen Raum der Breiten Straße ab und waren zur anderen Seite hin mit einem einfachen Pultdach abgedeckt. Zum Durchgang hin trug dieses Dach einen schlichten geschwungenen Volutengiebel. Sowohl nach Nordwesten als auch zum Durchgang selbst hin erkennt man auf den Fotos aus der Vorkriegszeit gerade geschlossene Öffnungen, von denen

*Die Bedeutungslosigkeit als Stadttor war die Ursache für die später entstandene Volksmeinung, Friedrich der Große habe diese Anlage errichten lassen, um den Wunsch seiner Offiziere, abends noch vor den Toren der Stadt spazieren zu gehen, nachzukommen und sie dennoch inerhalb der Mauern zu haben. Vgl. Kania; S. 56!

** Wie Manger angibt, waren die Postamente aus 18 Stück Stein zusammengesetzt, die Obelisken aus 21 Stück von ca. 2 Fuß Höhe.[3]

*** Im Zusammenhang mit seiner Beschreibung der Reparaturen von 1770 und 1772 nennt Manger für einige Bauteile gegenüber seiner Darstellung des Ursprungsbaues von 1753 abweichende Maße. So für die Postamente, deren Höhe er nun mit 17 3/4 Fuß, statt 18 Fuß, geringfügig niedriger angibt. Auch die Adlerbekrönungen werden nun mit 6 statt 7 Fuß geringfügig niedriger angegeben, wobei er 2 1/2 Fuß für die Kugeln, 3 1/2 Fuß für die Adler selbst nennt. Auffallend abweichende Werte gibt er jedoch mit 3 3/4 statt 5 Fuß für die unteren und 1 2/5 statt 3 Fuß für die oberen Stärken der Obelisken an. Hier muß Manger einem Irrtum unterlegen sein, da die von ihm zuerst genannte untere Stärke der Obelisken mit 5 Fuß mit dem auch für die Postamente genannten Maß übereinstimmt und damit sowohl dem ausgeführten als auch dem auf der Ansicht von Krüger von 1772 (Vgl. Abb. 3!) dargestellten Architektur entspricht.[4]

allerdings nicht klar ist, ob sie noch auf die Planungen Knobelsdorffs zurückgehen (Abb. 1).

Vergleicht man die beiden Ansichten des Tores, so wird deutlich, daß die dem Schloß zugewandte östliche Ansicht die eigentliche Hauptfassade darstellt, der gegenüber sich die Westansicht unterordnet.

Am bildhauerischen Schmuck waren nach Manger drei Bildhauer beteiligt. So verfertigten Johann Melchior Kambly* und Matthias Müller** die beiden Adler, die frei erfundenen Hieroglyphen sowie die sechs Schlußsteinköpfe der Rundbogenöffnungen der Ostseite, während die auf der niedrigen Attika aufgestellten vier kleinen und vier großen Trophäen ein Werk des Bildhauers Benjamin Giese waren.***

Am Neubau traten von Anfang an Probleme auf. Bereits 1770 waren, wie Manger berichtet[5], erste Reparaturen notwendig geworden. Die Ursache hierfür waren die Adler auf den Spitzen der Obelisken, die zusammen mit der Kugel eine Höhe von 6 Fuß aufwiesen**** und ein Gewicht von ca. 30 Zentnern darstellten[7]. So schwankten die beiden Obelisken von Anfang an bei Sturmwind hin und her und kehrten schließlich nicht mehr in ihre senkrechte Stellung zurück, sondern blieben in einer gekrümmten Stellung stehen. Da der König von einer umfassenden Reparatur nichts wissen wollte, verband man, um einen Einsturz zu verhindern, die Steine heimlich mit eisernen Klammern, die freilich dem Übel nicht beikommen

* Johann Melchior Kambly (1718–83) kam als gebürtiger Züricher 1745 nach Potsdam und fertigte u. a. zahlreiche feuervergoldete oder -versilberte Bronzearbeiten, so beispielsweise zusammen mit anderen Künstlern die Bronzedekoration des berühmten Bronzesaales im Potsdamer Stadtschloß, führte aber auch viele mit Schildpatt furnierte und bronzeverzierte Möbel aus. Auch steinerne Bauornamente, wie Säulen- und Pilasterornamente oder Attika- und Fensterverzierungen, gehörten zu seinem Repertoire. Er war auch am 1753–55 nach Plänen Knobelsdorffs ausgeführten Marmorobelisk auf dem Potsdamer Marktplatz beteiligt.

** Matthias Müller ist als Zierratenbildhauer von 1743–1774 in Potsdam nachweisbar. Ein Schwerpunkt seiner Tätigkeit lag in der Anfertigung holzgeschnitzter Möbel, u. a. Kommoden, Konsoltische und Rahmen nach eigenem Entwurf. Daneben fertigte er architektonische Zierraten und führte Marmorarbeiten aus.

*** Benjamin Giese lieferte zahlreiche Bronze- und Bleigußarbeiten für das Potsdamer Stadtschloß, beispielsweise die 3 Bronzereliefs für den Marmorsaal oder die 4 mythologischen Reliefs der Bibliothek Friedrichs des Großen in Sanssouci. Von ihm soll auch die Neptungruppe der Fontäne im Lustgarten des Potsdamer Schlosses und einige Figuren aus vergoldetem Blei im Park von Sanssouci stammen.

**** Da Manger bei seinen Beschreibungen der Reparaturen von 1770 und 1772 die Höhen von Kugel und Adler einzeln angibt, was auf eine größere Genauigkeit schließen läßt, wird im folgenden für die Bekrönungen von einer Gesamthöhe von 6 Fuß ausgegangen.[6]

konnten. Bereits 1772 befürchteten die in der Nachbarschaft Wohnenden erneut den Einsturz und wandten sich deshalb an den König. Dieser erlaubte nun die Abtragung der Obelisken, allerdings mit der Bedingung, »sie wie vorher, auch mit Beybehaltung der oberen steinernen Adler aufzusetzen«[8].

Dem Grundübel, das in der Größe und dem dadurch bewirkten unverhältnismäßig großen Gewicht der Kugeln und den sie bekrönenden Adlern begründet lag, war damit allerdings immer noch nicht abgeholfen. Maßen die Obelisken 42 Fuß (ca. 13,20 m) in der Höhe, so waren die Kugeln 2 1/2 Fuß und die Adler selbst 3 1/2 Fuß hoch, was zusammen eine Höhe von ca. 6 Fuß (1,88 m) ergibt.

Gewichtsmäßig ergibt das ein Verhältnis von Bekrönung zu den Obelisken von 30:120 Zentnern. »Es war also kein Wunder«, schreibt Manger, »daß der Kopf auf einem langen schwachen Körper sich niederbeugen mußte, zumal wenn seine Schwere durch die heftigen Abendwinde noch mehr dazu geneigt gemacht wurde«[9].

Man begann nun mit einer gründlicheren Reparatur, indem man die Steine, aus denen die Obelisken bestanden, diagonal zerschnitt, und an eine aus bestem schwedischen Eisen gefertigte Achse von zwei Seiten wieder anfügte, die Achse selbst aber verspannte und unter dem Deckel der Postamente mittels eines geschmiedeten Kreuzes verankerte.

Doch war das Gewicht der Adler immer noch zu groß.[10]

Im Zusammenhang mit dem Absturz des bleiernen Atlas vom Turm des Rathauses, der dort nur zweiundzwanzig Jahre gestanden hatte, richtete man 1776 an den König erneut eine Eingabe, die Obelisken, die sich »dennoch wiederum fürchterlich krumm gebogen hatten«[11], zu reparieren.

Jetzt wurden die Obelisken samt Postamenten von Grund auf erneuert, wobei man für letztere ganze Stücke Sandstein so dick als möglich zu beschaffen suchte und sie miteinander verdübelte. Zugleich wurden die alten Adler durch solche aus Blech, die sich im Winde drehen konnten, ersetzt.

Nunmehr war in der Tat eine gewisse Dauerhaftigkeit erreicht, wenngleich nicht ganz in dem Maße, wie Manger glaubte, als er hoffte, daß »diese Obelisken sich in keinem Jahrhunderte wieder im geringsten biegen oder sonst schadhaft werden«[12]. Erst 1903 ergab sich wieder die Notwendigkeit einer umfassenden Renovierung, die aber das architektonische Erscheinungsbild nicht weiter veränderte (Abb. 1)[13]. Im April 1945 wurde einer der beiden Obelisken des Tores zerstört, der andere 1969 zusammen

Abbildung 1. Ansicht des Neustädter Tores von Osten. Photographische Aufnahme vom Oktober 1934. Landesbildstelle Berlin.

mit Resten der Torhäuser abgetragen. Er wurde später unweit des alten Standortes an der Nordseite der heutigen Wilhelm-Külz-Straße wieder aufgestellt.

Von dem Ursprungsbau, der nach Heinrich Ludwig Mangers Mitteilung[14] nach der Idee und Zeichnung Georg Wenceslaus von Knobelsdorffs 1753 errichtet worden war, kannte man bislang weder Entwürfe noch Bauzeichnungen. So muß es als ein Glücksfall gelten, daß die Schlösserverwaltung in Berlin-Charlottenburg 1989 eine Zeichnung aus Privatbesitz erwerben konnte, die unzweifelhaft von der Hand Knobelsdorffs stammt (Abb. 2)*.

Die Breite Straße war bereits vorher Schauplatz reger Bautätigkeit gewesen, lag doch dem König sehr an der repräsentativen Ausgestaltung dieser Straße. Immerhin lassen sich fünf der neun bekannten eigenhändigen Zeichnungen Friedrichs zu Potsdamer Hausfassaden auf die Breite Straße beziehen.

Es handelt sich um die Grundstücke Breite Straße 3, 3a und 4, für die er eine einheitliche Fassade (in zwei Varianten) vorgab, und um die Häuser Breite Straße 33 und 36 sowie möglicherweise um das Haus Breite Straße 5. Denkbar wäre nach Giersberg auch, daß sich vier weitere Fassadenskizzen Friedrichs für die Häuser Breite Straße 1, 8 und 30 in Anspruch nehmen lassen[15].

Knobelsdorff selbst hatte bereits 1748 gegenüber der Westseite des Schlosses die beiden sehr noblen Bürgerhäuser Schloßstraße 13 und 14 als Eingang zur Breiten Straße entworfen.

Als dieser daher am Ende seines Lebens vom König mit dem Entwurf für das Neustädter Tor beauftragt wurde, ging es vor allem darum, den dem Schloß zu gelegenen Bereich der Breiten Straße durch einen wirkungsvollen architektonischen Point de vue abzuschließen**. So hatte das

* Typisch für Knobelsdorffs Architekturskizzen, beispielsweise für seine Zeichnungen für Schloß Rheinsberg oder für das Berliner Opernhaus, ist der mehr auf die Gesamterscheinung des Baues abzielende Zeichenduktus: wichtige Details seiner Bleistiftzeichnung sind mit brauner Feder nachgezogen, andere, wie der plastische Schmuck, sind nur skizzenhaft angedeutet. Alles Charkteristische ist dennoch deutlich erkennbar. Manger, aus dem ein wenig die Herablassung des ausgebildeten Fachmannes gegenüber dem Kavaliersarchitekten spricht, erklärt sich diesen Zeichenstil damit, daß Knobelsdorff mehr Liebhaber der Malerei als Baumeister nach Grundsätzen gewesen sei und die »ihm vom Könige vorgezeichneten Gebäude blos perspektivisch und mahlerisch« entworfen habe, weil er deren Ausführung andern überließ. Vgl. Manger; Bd. 3, S. 543!

** Darstellung der älteren Baugeschichte nach Giersberg; S. 172–173.

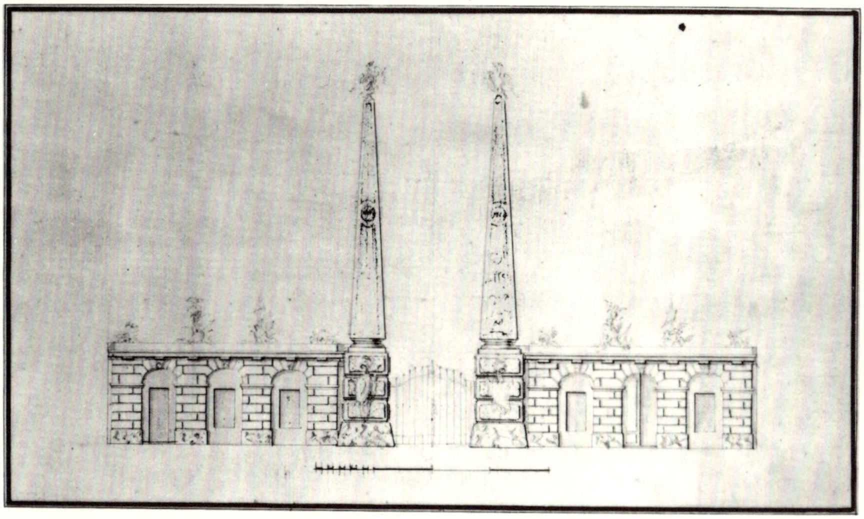

Abbildung 2. Georg Wenceslaus von Knobelsdorff, Entwurfszeichnung zum Neustädter Tor in Potsdam. 1753. Feder, Blei, 22,1 x 36,3 cm. Plankammer der Verwaltung der Staatlichen Schlösser und Gärten Berlin-Charlottenburg.

Tor mit seinen beiden Annexbauten in Gestalt von Zoll- und Wachhäuschen lediglich einen architektonischen Wert, ebenso die luftigen, aus eisernen Stäben gebildeten Türflügel, die offenbar niemals geschlossen wurden.

Knobelsdorffs Entwurf gibt die Ansicht des Neustädter Tores von der Breiten Straße aus wieder, also jene Seite, die man aus der Ferne vom Schloß her sehen konnte. Auf den ersten Blick scheint der Entwurf, sieht man einmal von der kräftigeren Gliederung des Obelisksockels und der stärker ins Auge fallenden Quaderung der Seitengebäude ab, von dem ausgeführten Bau nicht allzusehr abzuweichen. Die beiden schlanken hohen Obelisken, die relativ eng beieinanderstehen, sind hier bereits dargestellt, ebenso die durch jeweils drei rundbogige Öffnungen durchbrochenen Annexbauten. Auch die Rhythmisierung der schmückenden plastischen Gruppen auf der Attika – zwei voluminöse plastische Trophäengruppen gerahmt von zwei bedeutend kleiner dimensionierten an den Seiten – ist von Knobelsdorff bereits angegeben. Bei näherer Betrachtung erschließt sich jedoch eine Fülle von Abweichungen, die sich, wie noch ausführlich darzulegen sein wird, keineswegs nur auf nebensächliche Details beziehen, sondern in ihrer Gesamtheit die architektonische Qualität selbst betreffen.

Vor jedem weiteren Vergleich des Entwurfes mit dem ausgeführten Bau ist jedoch zunächst zu klären, inwieweit das architektonische Erscheinungsbild des im Kriege zerstörten und, wie oben gezeigt, im Laufe der Zeit wiederholt erneuerten und reparierten Torbaues überhaupt noch dem alten Zustand von 1753 entspricht.

Könnte es nicht sein, daß man zunächst den Knobelsdorffschen Entwurf verwirklichte und alle Abweichungen auf die späteren baulichen Aktivitäten zurückzuführen sind?

Gegen diese Annahmen lassen sich die verhältnismäßig detaillierten Angaben von Manger, aber auch eine zwischen 1772 und 1777 datierte Ansicht von Andreas Ludwig Krüger ins Feld führen. Aus Mangers Angaben können wir, abgesehen von den Maßen, auf die noch einzugehen sein wird, immerhin entnehmen, daß die Obelisken abweichend vom Entwurf mit Hieroglyphen verziert und daß 6 Schlußsteinköpfe für die Nebengebäude gearbeitet worden waren.

Die aquarellierte Federzeichnung Krügers (Abb. 3), auf der der Bau allerdings nur seiner allgemeinen Erscheinung nach dargestellt ist, zeigt immerhin ein Tor, das dem bis zum 2. Weltkrieg erhaltenen im wesentlichen entspricht: man erkennt die rustizierten, übereck gestellten Sockel mit den adlergeschmückten Obelisken, deren Hieroglyphenschmuck auf dem Blatt nur angedeutet ist, außerdem die ebenfalls in Rustika gehaltenen Neubauten mit ihrer Rundbogengliederung und ihren rhythmisiert angeordneten plastischen Trophäengruppen auf der Attika.

Der Abstand der Lagerfugen ist auf der Zeichnung Krügers freilich deutlich geringer als beim ausgeführten Tor und scheint derjenigen der Annexbauten zu entsprechen. Dies könnte ein Hinweis darauf sein, daß die Ansicht noch vor der gründlichen Erneuerung der Sockel im Jahre 1776, als man offenbar stärkere Quader versetzte, gezeichnet worden ist.

Doch ist bei einer solchen Deutung Vorsicht geboten, da wegen des Maßstabes der Ansicht das Tor nur summarisch wiedergegeben ist*.

Wichtigstes Kriterium dafür, daß man schon von Anfang an vom Knobelsdorffschen Entwurf abgewichen ist, sind jedoch die Maßangaben Man-

* Immerhin zählt man unter Abzug der Plinthe auf der Zeichnung 10 Quaderlagen, was genau den Lagen der Annexbauten entsprechen würde.

Abbildung 3. Andreas Ludwig Krüger, Ansicht der Breiten Straße von Osten (Ausschnitt). Um 1774. Verwaltung der Staatlichen Schlösser und Gärten Potsdam-Sanssouci.

gers, die sich signifikant von denjenigen unterscheiden, die man der Zeichnung aufgrund des dort angegebenen Maßstabes abnehmen kann. Danach hatte Knobelsdorff, wie im einzelnen noch zu zeigen sein wird, das Tor wesentlich niedriger geplant als es dann zur Ausführung kam.

Faßt man alle Gesichtspunkte zusammen, so läßt sich sagen, daß a) von dem Knobelsdorffschen Entwurf bei der Ausführung deutlich abgewichen worden ist und daß b) das bis zum Krieg bestehende Tor zumindest in den Formen, die für den folgenden Vergleich mit dem Knobelsdorffschen Entwurf von Belang sind, dem ausgeführten Bau von 1753 entspricht.

Besonders auffallend ist zunächst die abweichende Proportionierung der Bauglieder, d. h. der Annexbauten zu den Obelisken, vor allem aber deren Stellung. Auf dem Entwurf sind die Obelisken orthogonal zur Achse der Breiten Straße dargestellt. Ihr Sockel, der aus drei mächtigen bossierten Quadern mit Randschlag sowie einer geböschten, ebenfalls bossierten

Plinthe besteht, ist deutlich gedrungener als beim späteren Bau, ebenso sind auch die in gleicher Höhe anschließenden Neubauten niedriger.

Nimmt man die Maße von der Knobelsdorffschen Zeichnung nach dem angegebenen unbezeichneten Maßstab ab, kommt man in der Tat auf signifikant abweichende Werte. Danach war für den Sockel nur eine Höhe von 15 Fuß, also 3 Fuß weniger als ausgeführt, vorgesehen, während es in der Stärke mit 8 Fuß um ganze 3 Fuß breiter ausgefallen wäre.

In der Höhe der Obelisken ergeben sich zu Mangers Angaben keine Differenzen, wohl aber in ihrer Stärke am Fuß, die mit ca. 6 1/2 Fuß deutlich breiter ist als bei den ausgeführten, offenbar nur 5 Fuß breiten, Obelisken*. Der Durchmesser der Obeliskenspitzen weicht mit reichlich 2 Fuß nur geringfügig von den Angaben Mangers (3 Fuß) ab, während die Höhe der Adler inklusive der Kugeln mit ca. 6 Fuß Mangers Maßen entspricht.

Im Ganzen wäre daher das von Knobelsdorff geplante Tor deutlich gedrungener ausgefallen, ebenso auch die Annexbauten, die in der Höhe auf die Sockel bezogen sind.

Andererseits hätten die Obelisken des Entwurfs im Verhältnis zum kräftigen Sockel bedeutend höher und schlanker gewirkt, zumal ihre skulpturale Eigenständigkeit durch ihre nach Art von Säulen gebildeten, rund zu denkenden eingeschnürten Basen betont worden wären.

Offenbar ganz bewußt gestaltete Knobelsdorff das Verhältnis der Obelisken zu ihren Sockeln kontrapunktisch: Sie sollten nach seinen Vorstellungen nicht mit Hieroglyphen geschmückt werden, sondern mehr in ihrer stereometrischen Körperhaftigkeit als Gegensatz zum »rohen« Sockel mit seiner durch die davor aufgestellten Kriegstrophäen malerisch verunklärten Plastizität erscheinen. So sind auch die inneren Rahmenfelder, die durch Medaillons, vermutlich mit der Jahreszahl der Errichtung des Tores**, unterbrochen waren, auf der Zeichnung nur schwach angedeutet. Sie hätten die vier Seiten des Obelisken klarer gegliedert und nicht jene unruhige Wirkung des Oberflächenreliefs hervorgerufen wie beim ausgeführten Bau.

Die bei Knobelsdorff angelegte Spannung zwischen Obelisk und Sockel

* Zu den sich widersprechenden Maßangaben bei Manger vgl. die sie betreffenden Anmerkungen!

** Auf dem rechten Obelisken ist inmiten eines von den Rahmen ausgegrenzten Medaillons in schwachem Bleistift eine mehrstellige Jahreszahl zu lesen, wahrscheinlich 1753. Auf dem linken Obelisken lesen wir an gleicher Stelle die Beschriftung »dito«.

ist aber auch bei der Gestaltung des Sockels erheblich abgeschwächt: statt der 3 kräftigen bossierten Quader auf ebenfalls bossierter geböschter Plinthe entschloß man sich bei der Ausführung zu 5 glatten Putzquadern auf einer annähernd gleich hohen, ebenfalls glatt verputzten Plinthe ohne Böschung, die damit deutlich unterdimensioniert wirkt. Der Knobelsdorffsche Sockel war aber zugleich auch als Kontrast zum deutlich kleinteiliger ausgebildeten Quaderwerk der durch drei Rundbögen – für Fenster bzw. Türöffnungen – gegliederten Annexbauten gedacht. Auch die markante Putzgliederung des Mauerverbandes durch breite Nuten an den Lager- und Stoßfugen wurde, indem man auf die Stoßfugen offenbar ganz verzichtete, zurückgenommen*. Die Putzquaderung wirkt nun stiller und geglättet, der Kontrast zu den Postamenten der Obelisken beschränkt sich allein auf deren doppelte Quaderhöhe. Auch bei der Gestaltung des Abschlußgesimses läßt sich diese Tendenz zu kraftloser Flächenhaftigkeit beobachten: die Reihung der Konsolplatten ist kurzatmiger, die im Entwurf vorgesehenen Kriegshelme im Scheitel der Bögen, die sich konsequent auf den vorgestellten fortifikatorischen Charakter der Anlage bezogen hätten, sind zu einfachen Schlußsteinköpfen abgemildert, deren Zusammenhang zum Ganzen dadurch unklarer geworden ist. Einzig der Rhythmus der plastischen Gruppen auf dem Gesims entspricht, wie bereits erwähnt, der Knobelsdorffschen Vorgabe.

Zu den wichtigsten Veränderungen gehört allerdings die geänderte Stellung der beiden Obelisken. Auf dem Entwurf erscheinen sie als klar erfaßbare Rahmung des schmalen, nur durch ein filigranes Gitter abgeschlossenen Durchganges. Durch ihre frontale Stellung stehen sie zugleich in einem klar definierten Verhältnis zu den Annexbauten.

Dieses Verhältnis ist beim ausgeführten Bau deutlich gelockert. Die Obelisken sind jetzt gegenüber dem Entwurf 45 Grad um ihre Achse gedreht und berühren die Nebenbauten nur mit ihren Ecken, so daß der Bezug beider zueinander unklar wird.

Versucht man, den Entwurf Knobelsdorffs im Ganzen zu beschreiben, fällt zunächst sein deutlich ausgeprägter fortifikatorischer Charakter auf: mit der Rustika, den Kriegstrophäen vor den Sockeln der Obelisken und auf dem Abschlußgesims der Annexbauten ebenso wie mit den Kriegshelmen in den Scheiteln der Bögen ist demnach der wehrhafte Aspekt eines

* Allerdings konnte nicht ermittelt werden, ob die Aufgabe der Vertikalfugung möglicherweise auf eine Erneuerung des Putzes im 19. Jahrhundert zurückzuführen ist.

Stadttores angesprochen*. Die Obelisken selbst weisen aber noch auf einen anderen Zusammenhang hin. Knobelsdorff dürfte sie, worauf Giersberg aufmerksam macht[16], vom zweiten Projekt von Fischer von Erlachs Torentwurf für Schloß Schönbrunn übernommen haben, wo sie ebenfalls auf rustizierten, sockelartig ausgebildeten Torhäusern stehen und glatt, d. h. ohne Hieroglyphenschmuck, gebildet sind. Auch sie tragen auf ihrer Spitze Adler**.

Auf dem Fischerschen Entwurf sind die Obelisken ein Hinweis darauf, daß man durch sie hindurch den königlichen Bezirk betrat. Das war auch in Potsdam in gewisser Weise der Fall, da man durch das Neustädter Tor als östlichem Abschluß der vom Stadtschloß ausgehenden Breiten Straße gleichsam ein unmittelbar auf das königliche Schloß bezogenes Areal verließ, bzw. von Westen her betrat. War doch die Breite Straße mit der Garnisonkirche und der über den Kanal führenden Breiten Brücke, deren bis zum Abriß erhaltene Gestalt allerdings erst aus dem Jahre 1765 stammt, vom König seit den späten vierziger Jahren mehr und mehr zu einer königlichen Prachtstraße ausgestaltet worden, an deren Ausgestaltung er sich beispielsweise durch eigene Fassadenskizzen zu den Wohnhäusern beteiligte. Wie bereits dargestellt, hatte Knobelsdorff schon 1748 die beiden gegenüber dem Schlosse befindlichen Kopfbauten der Breiten Straße entworfen. So wäre nicht undenkbar, daß Knobelsdorff die Architektur des Neustädter Tores nicht allein im Hinblick auf einen wirkungsvollen prospekthaften Abschluß der Breiten Straße konzipierte, sondern auch einen gewissen Bezug auf diese Wohnbauten herstellen wollte. Zwischen den sehr schlichten, von der Formensprache des englischen Palladianismus geprägten Torbauten, deren Erdgeschoß ebenfalls eine Rustikaordnung aufwies und deren Obergeschoß durch schlichte Rundbogenfenster gegliedert war, hätte man, vorbei an der Garnisonkirche und über die Breite Brücke in der Ferne als

* Einen anschaulichen Eindruck von dem, was Knobelsdorff vorgeschwebt haben mag, vermittelt das um 1800 entstandene, offenbar durch Knobelsdorffs Entwurf beeinflußte Hamburger Tor in Berlin: Den orthogonal zur Straßenachse gestellten, gedrungen wirkenden Obelisken sind an der Basis ähnliche Wappenkartuschen vorgestellt, wie sie Knobelsdorff vor den Sockeln seines Entwurfes vorsah, die Nebengebäude werden durch eine Rustika markant gegliedert und verweisen damit auf den fortifikatorischen Charakter der Stadtbefestigung.

** Gelegentlich findet man auch die Torpfeiler zu Märkischen Landschlössern als Obelisken auf Postamenten ausgebildet, beispielsweise bei dem Parktor zu Groß-Rietz bei Beeskow.

Abschluß das Neustädter Tor erkannt. Man könnte sich daher gut vorstellen, daß die einprägsame Architektur des Neustädter Tores mit seiner wuchtigen Quaderung der Obelisksockel und der kraftvollen Fugung an den Torhäusern auf Fernsicht hin konzipiert worden ist.

Erweist sich also Knobelsdorffs Torentwurf als ein Stück wohlbedachter, in sich ruhender Prospektarchitektur von fein ausgewogenen und aufeinander abgestimmten Proportionen, so enttäuscht das ausgeführte Tor durch Abänderungen, die einem Qualitätsverlust gleichkommen. Knobelsdorffs Architektur verkam, indem die meisten seiner Gestaltungsabsichten ins Gegenteil verkehrt wurden, gleichsam zur Kulisse. Die Obelisken sind nun im Verhältnis zu den Annexbauten zu schlank gebildet, ihre Form setzt sich ohne Unterbrechung in den Sockeln fort, die Annexbauten wirken im Verhältnis zu den Obelisken zu hoch und ihre Rustizierung wirkt geglättet und flächig. Auffallend ist besonders die Umkehrung des Verhältnisses der Obelisken zu ihrem Unterbau: wollte Knobelsdorff ähnlich dem Fischerschen Tor eher das Körperhafte der Obelisken betonen und damit einen spannungsvollen Gegensatz zum rustizierten Unterbau schaffen – ihre Gliederung in gerahmte Binnenfelder hätte daran nicht viel geändert – so sind beim ausgeführten Torbau die Obelisken durch ihre ägyptisierenden Hieroglyphen ornamental verlebendigt und stehen im Gegensatz zur geglätteten, ausdrucksmäßig geschwächten Basisarchitektur.

Es stellt sich damit die Frage, wo die Ursachen für die Veränderung des ursprünglichen Entwurfes zu suchen sind. Nach unserer Kenntnis des Potsdamer Baubetriebes dürfte eine eigenmächtige Modifikation durch einen anderen Architekten, etwa durch den Kgl. Baudirektor Johann Boumann d. Ä. (1706–1776), weitgehend auszuschließen sein. Vielmehr kommt allein Friedrich der Große als derjenige in Betracht, der das Tor in bestimmter Weise hätte ändern wollen, zumal ihm, wie oben bereits dargelegt, die Ausgestaltung der Breiten Straße besonders am Herzen lag*.

Bekannt ist auch, daß Friedrich sich um künstlerische Angelegenheiten oft bis ins Detail hinein kümmerte. Er verbesserte beispielsweise das Dessin für die Figurinen seiner Oper, korrigierte die Choreographie von Feuerwerken, entwarf Dessins für Porzellan ebenso wie manche Innendekora-

* Zum Potsdamer Baubetrieb vgl. außer dem grundlegenden Werk von Manger auch Giersberg; S. 7–47!

tion seiner Schlösser*. Bei seinen Skizzen für Hausfassaden beschränkte er sich nicht nur auf diese selbst, sondern bestimmte auch durch Beischriften den künftigen Eigentümer des Hauses, die Farbe des Putzes und das Material des plastischen Dekors. Als Beispiel sei seine Fassadenskizze für das Haus Breite Straße Nr. 36 angeführt, wo er bestimmt, daß die Dekorationen alle aus Stuck sein müßten, mit Ausnahme der Treppe vor dem Haus und der Blumenvasen auf dem Dach, die aus Quadern zu fertigen seien**.

Wir haben daher allen Grund zu der Annahme, daß die Abänderung des Knobelsdorffschen Entwurfes für das Neustädter Tor auf den König selbst zurückgeht***.

Die Gründe dafür können nur vermutet werden. Ein Obelisk mit ägyptisierender Beschriftung kommt in Potsdam nur noch vor dem Haupteingang zum Park von Sanssouci vor. Er ist eine Replik des gleichen, ursprünglich in Holz ausgeführten Motivs vor dem Schloß Rheinsberg, dem Kronprinzensitz Friedrichs.

Knobelsdorffs Obelisk auf dem Potsdamer Alten Markt (1753–55), sein letztes Werk in Potsdam, ist nur mit vier Medaillons mit den Porträts des Großen Kurfürsten und seiner Nachfolger bis zu Friedrich dem Großen verziert[18]. Ein weiterer Obelisk stand bis 1888 am Anfang der Alten Königsstraße in Richtung Berlin hinter der Langen Brücke. Doch war er als Postmeile aufgestellt und dürfte daher für unseren Zusammenhang nicht in Betracht kommen****.

Es könnte daher sein, daß Friedrich bei den Obelisken des Neustädter Tores durch die Hinzufügung der Hieroglyphen eine Angleichung an den

* Nach Manger war der König in den ersten vierzig Jahren seiner Regierung »Selbsterfinder und Vorzeichner der Aussenseiten zu den erbauenden Schlössern, publiken, privat- und ökonomischen Gebäuden von einiger Wichtigkeit, eben so als zur Verzierung und Meublierung der inneren Gemächer in den Ihm besonders eigenen Gebäuden; in den letztern Jahren nahm er es herinnen nicht so genau«.[17]

** »alle die decorations Seindt Stük, außer die Trepe vohr dem haus und die 2 blumen Topfe, die Seindt quader«. Vgl. Giersberg a. a. O., S. 151, und Abb. S. 151!

*** Allerdings ist auch nicht auszuschließen, daß der Knobelsdorffschen Torgestaltung bereits skizzenhafte Vorgaben des Königs zugrunde lagen, wenn auch nur im Sinne einer Festlegung der allgemeinen architektonischen Charakteristik.

**** Friedrich Wilhelm I. hat bei seiner 1728 erfolgten Reise nach Sachsen das dortige, von August dem Starken seit 1722 eingeführte sächsische Poststraßennetz mit seinen Meilensteinen in Form von Obelisken kennengelernt und es ab 1730 nach Preußen übertragen.[19]

vor Sanssouci stehenden beabsichtigte. Die Ägyptisierung bedeutete gleichsam eine Rangerhöhung, mit der der Unterschied zu den anderen Obelisken deutlich gemacht werden und zugleich der Zutritt zu einem königlichen Bezirk gekennzeichnet werden sollte: in Sanssouci betritt man, ausgehend vom Obelisken, das durch zwei aus vierfach gekuppelten Säulen gebildete Tor, beim Neustädter Tor betrat man von Westen her die königliche Prachtstraße, die auf das Schloß zuführte*. Für diese Neubewertung nahm der König offenbar eine Minderung der architektonischen Qualität in Kauf.

Dieser Vorgang ist kein Einzelfall, sondern reiht sich in eine Entwicklung ein, die das Potsdamer Stadtbild ab der Mitte des 18. Jahrhunderts mehr und mehr bestimmte. Denn das Interesse des Königs tendierte zunehmend dahin, einzelne oder mehrere Bürgerhäuser hinter repräsentativen Palastfassaden nach italienischen Renaissance- oder Barockpalästen oder nach Bauten des englischen Palladianismus zu verbergen, um das Potsdamer Stadtbild dadurch aufzuwerten und es gleichsam zu einem anschaulichen Lehrbuch der Architektur zu machen**. So ließ der König in Potsdam z. B. Kopien nach Palästen von Palladio, Sanmicheli, Fuga, Bernini und anderen errichten. In der Breiten Straße verbargen sich beispielsweise die beiden Wohnhäuser Nr. 6–7 hinter der kopierten und zugleich verkleinerten Fassade des Veroneser Palazzo della Gran Guardia, der dort 1610–14 vermutlich nach Entwürfen von Curtoni erbaut worden war[21].

Oft hatte der König diese Fassaden eigenhändig nach Stichwerken nachgezeichnet und den Baumeistern zur Ausführung übergeben[22]. Häufig kam es dabei zu Konflikten zwischen den Erfordernissen der Fassadengestaltung und denjenigen der inneren Raumdisposition. Manger schildert uns

* Allerdings war das Verhältnis der Straßenachse zum Schloßgebäude kein sehr glückliches, denn sie bezog sich nur auf das schlichte, von zwei steinernen Schilderhäuschen gefaßte Tor der 1745 nach Knobelsdorffs Angaben aufgeführten Lustgartenmauer, und war nur auf den südwestlichen Risalit des westlichen Seitenflügels gerichtet; es fehlte ihr von Seiten des Schlosses her der hochrangige Bezug. So urteilt dann auch Hans Kania, der um die Geschichte Potsdams und seiner Schlösser hochverdiente Lokalhistoriker, eher abfällig über diese Straße: »Zwecklos breit, blind gegen eine Mauer laufend, mit einer Torkulisse ist sie die echte Verkörperung später barocker Baukunst im achtzehnten Jahrhundert, hier ist der Monumentalstil schließlich Selbstzweck geworden.« Kania, a. a. O., S. 59.

** Der eifrigste Beförderer und Vermittler dieser neuen Tendenzen war der Graf Algarotti.[20]

solche Komplikationen im Zusammenhang mit den unweit des Schlosses auf der Schloßfreiheit aufgeführten Wohnhäusern für den Brauer Krüger, den Sattler Gleisberger und den Seifensieder Schumann, deren Fassaden Kopien nach Entwürfen Palladios sind, auf sehr anschauliche Weise: »Denn hätten die Stockwerke von Innen eben die Höhe erhalten sollen, wie es die Außenseite erforderte, so hätten solche 19 bis 20 Fuß im Lichten betragen; da dieses aber für Bürgerhäuser durchaus nicht thunlich war, und jedes solcher hohen Stockwerke durch besondere Balken in niedrigere Gemächer abgetheilt werden mußten, so konnte es gar nicht anders geschehen, als daß die Fenster der unteren Geschosse bis an die Decke reichten, die sich denn oben wieder vom Fußboden ohne eine Brüstung anfingen. Bey ersteren mußten also an den Fenstern Estraden angebracht werden, um darauf die Helle des Tages zu genießen; bey denen darüber aber mußten es sich die Bewohner gefallen lassen, sich an denselben so gut, als sie konnten, auf den Fußboden zu lagern, um Lesen, Schreiben oder andere Arbeiten verrichten zu können, zu denen am Tage Tageslicht erfordert wird«[23].

Es verwundert nicht, daß Knobelsdorff, dessen architektonische Entwürfe immer ein hohes Maß an äußerer Schlichtheit bei sorgfältigster Proportionierung auszeichnet, solchen königlichen Intentionen ablehnend gegenüberstand. So berichtet uns Manger von einer Auseinandersetzung des Architekten mit dem König aus dem Todesjahr Knobelsdorffs (1753) im Zusammenhang mit drei Wohnhäusern in nächster Nähe des Schlosses, die hinter einer einheitlichen dreistöckigen Palastfassade verborgen worden waren. Befragt, wie sie ihm gefielen, antwortete Knobelsdorff nur, daß sie für Kasernen gut genug seien, denn er war der Meinung, ». . . daß es nur bey großer Herren Wohnungen und bey Kasernen erlaubt wäre, mehrere Eingänge anzubringen, jedes Bürgerhaus aber müsse eine eigene Fassade haben, damit es das Ansehen behielte, als habe ein jeder nach seinem eigenen Geschmack und mit eigenem Gelde gebaut«[24].

Wie dieses Beispiel zeigt, dürfte demnach der wahre Grund für die zunehmende Entfremdung zwischen dem König und seinem Surintendanten in der zunehmend auf äußerliche Repräsentation gerichteten Architekturauffassung Friedrichs, der Knobelsdorff ablehnend gegenüberstand, zu suchen sein. Sie hatte zur Folge, daß Knobelsdorff ab 1746 aus dem Potsdamer Baubetrieb ausschied, ohne freilich sein Amt als Surintendant aller Königlichen Bauten und Gärten zu verlieren. Erst in seinen letzten Lebensjahren, ab 1750, hielt er sich wieder in der Nähe des Königs auf und wurde mit einigen baulichen Aufgaben betraut*.

Den von Knobelsdorff formulierten Grundsatz der engen Kopplung der architektonischen Form an eine spezifische Nutzungsform finden wir auch an seinem Entwurf zum Neustädter Tor im wörtlichen Sinne nicht verwirklicht.

Gleich den Palastfassaden war das Tor ohne innere Funktion und diente nur als Prospekt. Wie bei diesen lag seine vornehmliche Bedeutung nur in der Veranschaulichung einer bestimmten Idee: nämlich als Stadttor die Grenze zur königlichen Prachtstraße zu markieren und die Wehrhaftigkeit einer Stadtbefestigung zum Ausdruck zu bringen. Anders aber als bei den repräsentativen Kulissen der Paläste war Knobelsdorffs Tor kein Abbild und keine Kopie, sondern besaß noch die Authentizität einer in sich selbst gründenden Einheit von Bedeutung und künstlerischer Qualität, ein Zusammenhang, der dem König, künftige Entwicklungen vorwegnehmend, nicht mehr verständlich war.

* Nach Knobelsdorffs Entwürfen entstanden damals neben einigen Wohnhäusern und dem Stadtprediger- und Schulhaus am Markt noch die Gärtnerhäuser im Park von Sanssouci, außerdem die Französische Kirche (1751–53), im Park von Sanssouci die Neptungrotte (1751) und die prachtvolle Rehgartenkolonnade (1754 fertiggestellt), sowie der Marmorobelisk auf dem Alten Markt (1753–55).

1 Zu den einzelnen Mitteilungen siehe Hans Kania, Gesammelte Studien zur Kunst- und Kulturgeschichte Potsdams. Nr. 4. Heimatliche Spaziergänge in den Straßen Alt-Potsdams. S. 56–59 (XVII. Die Breite Straße vom Kanal bis zum Neustädter Tor.) In: Mitteilungen des Vereins für die Geschichte Potsdams, Neue Folge, Bd. VII (Bdd. 12), Nr. 343. S. 56!

2 Heinrich Ludwig Manger, Baugeschichte von Potsdam, besonders unter der Regierung König Friedrichs des Zweiten, Berlin und Stettin 1789. Bd. 1, S. 164–165.

3 Manger, Baugeschichte . . .; Bd. 2, S. 375.

4 A. a. O.; S. 348 und 375.

5 A. a. O.; S. 348.

6 A. a. O.; S. 348 und 375.

7 A. a. O.; S. 374.

8 A. a. O.; S. 374.

9 A. a. O.; S. 375.

10 A. a. O.; S. 376.

11 A. a. O.; S. 411.

12 A. a. O.; S. 412.

13 Friedrich Mielke, Potsdamer Baukunst. Das klassische Potsdam. Berlin 1981. S. 357.

14 Manger, Baugeschichte . . .; Bd. 1, S. 164.

15 Hans-Joachim Giersberg, Friedrich als Bauherr. Studien zur Architektur des 18. Jahrhunderts in Berlin und Potsdam. Berlin 1986. S. 318–319 (Katalog der im Original oder nur noch im Foto erhaltenen Architekturzeichnungen Friedrichs II., Nr. 5–10).

16 A. a. O.; S. 174.

17 Manger, Baugeschichte . . .; Bd. 3, S. 542.

18 Vgl. a.a. O., S. 826–828, und Giersberg, Friedrich als Bauherr . . .; S. 178–180!

19 Vgl. Giersberg, Friedrich als Bauherr . . .; S. 174!

20 Vgl. a. a. O., S. 32!

21 Vgl. Mielke, Potsdamer Baukunst . . .; S. 48!

22 Vgl. Manger, Baugeschichte . . .; Bd. 1, S. 170–171, und Giersberg, Friedrich als Bauherr . . ., S. 30 ff!

23 Manger, Baugeschichte . . .; Bd. 1, S. 172–173.

24 Manger, Baugeschichte . . .; Bd. 3, S. 618.

Der neue Geschmack in der Baukunst um 1790

von

Ernst Badstübner

Es ist eine existentielle Aufgabe der Kunstgeschichte, jenen Zeitpunkt zu fixieren, von welchem an die Stile der Baukunst als historische Gestaltqualität erkannt und anerkannt und damit als architektonisches Gestaltungsmittel im zeitgenössischen Bauen angewendet werden konnten, eine existentielle Aufgabe deshalb, weil es ohne diesen Bruch in der Kontinuität stilgeschichtlicher Entwicklung, wie wir ihn historisch konstatieren, weil es ohne diesen »break in tradition« (E. H. Gombrich) die Kunstgeschichte als Geschichtswissenschaft nicht gäbe, auch keine Museen und keine Denkmalpflege und vor allem nicht den Pluralismus historischer Stile für den Historismus im baukünstlerischen Schaffen des 19. Jahrhunderts. Von den Vorläufern solchen retrospektiven und rezeptiven Verhaltens in früheren Geschichtsperioden wie etwa in der Renaissance einmal abgesehen, gilt das späte 18. Jahrhundert als die Zeit, in der sich das geschichtliche Denken als Voraussetzung für diese Bewußtseinswandlung zu etablieren beginnt.

In der Berlin-Potsdamer Baugeschichte hat diese Wandlung einen interessanten Niederschlag gefunden und mit dem 1790 erneuerten Turmaufsatz der Marienkirche am Neuen Markt in Berlin ein aussagereiches bauliches Dokument hinterlassen. Eigentlich handelte es sich nur um einen Reparaturvorgang, aber die Zeitumstände, von der geschichtlichen Bildung der Aufklärung geprägt und von den an der Historie orientierten Erneuerungsideen früher Romantik bereits berührt, machten die Episode für eine Epoche exzeptionell.

Der 1666 an die Stelle des spätmittelalterlichen Turmhelms getretene hölzerne Aufsatz des Niederländers Michael Matthias Smids war baufällig geworden, seine Haube neigte sich stark auf die Seite, und man mußte 1787 mit der Abtragung beginnen; bis Ende 1788 war sie abgeschlossen.

Der Neubau des Turms galt als eine der wichtigsten Bauunternehmungen der Jahre 1789 und 1790 in Berlin. Das »Aufsetzen des Knopfes und Kreuzes« fand am 7. Juli 1790 statt, und die zu diesem Anlaß verfaßten Schriften sind aufschlußreiche Quellen für die Entstehungsgeschichte von Denkmalpflege, Kunstgeschichte und Historismus. Man rechnete den Turm zu den Werken neuen Bauens nach dem Tode Friedrichs des Großen, die begeistert begrüßt wurden, offenbar, weil ein neuer Geschmack Einzug gehalten hatte. Mit Friedrich Wilhelms II. »*Regierung beginnt eine neue Periode der Verschönerung Berlins und Potsdams. Seit den vier Jahren Seiner Regierung ist in dieser Rüksicht schon unglaublich viel geschehen. Der König befielt und ordnet selbst alle Bauten, die in beiden Städten aufgeführt werden. Mit dem Auge des Kenners untersucht und beurteilt Er die Ihm vorgelegten Zeichnungen und Modelle, und Seine Wahl trifft jederzeit den geschmackvollsten und dem reinen Stil der ächten Architektur gemäßesten Entwurf.*

Die Ausführung der vom Könige selbst bestimmten Bauten ist dem von Ihm gleich beim Antritt seiner Regierung (1786) gestifteten Ober-Hofbauamte übertragen. Ehedem wurden die Königl. Bauten bloß durch einzelne Baumeister besorgt, von denen jeder für sich, ohne gemeinschaftliche Überlegung und ohne Benutzung der Einsichten und Talente andrer Architekten, arbeitete. Die Stiftung eines eigenen Kollegiums und die dadurch bewirkte Vereinigung der Kräfte und Einsichten mehrerer Kunsterfahrnen zu Einem Zweck, war daher gewiß eine sehr weise und vortheilhafte Verbesserung der bisherigen Einrichtung. Das Präsidium in diesem Collegium übertrug der König dem damaligen Geheimen Finanzrath Johann Christoph von Wöllner, der mit rastlosem Eifer und dem glücklichsten Erfolg sich der ihm übertragenen Pflicht, für die Verschönerung der Stadt zu sorgen, mit dem ihm zugegebenen Collegium unterzog. Auch verursachte die ehrenvolle Erhebung desselben zum Staatsminister, im Jahre 1788, in der Einrichtung des Ober-Hofbauamtes weiter keine Veränderung, als daß noch ein besondrer Direktor in der Person des Herrn Geheimraths Langhans angesetzt ward. Was übrigens dies Kollegium unter der Leitung seines einsichts- und geschmackvollen Chefs seit vier Jahren zur Verschönerung der beiden Königlichen Residenzstädte geleistet, davon überzeugt einen jeden der Anblick so vieler schönen und prächtigen Privathäuser, aber noch mehr der Anblick so vieler öffentlichen Gebäude und Einrichtungen, die durch das Ober-Hofbauamt besorgt worden. Bloß die letztern sollen

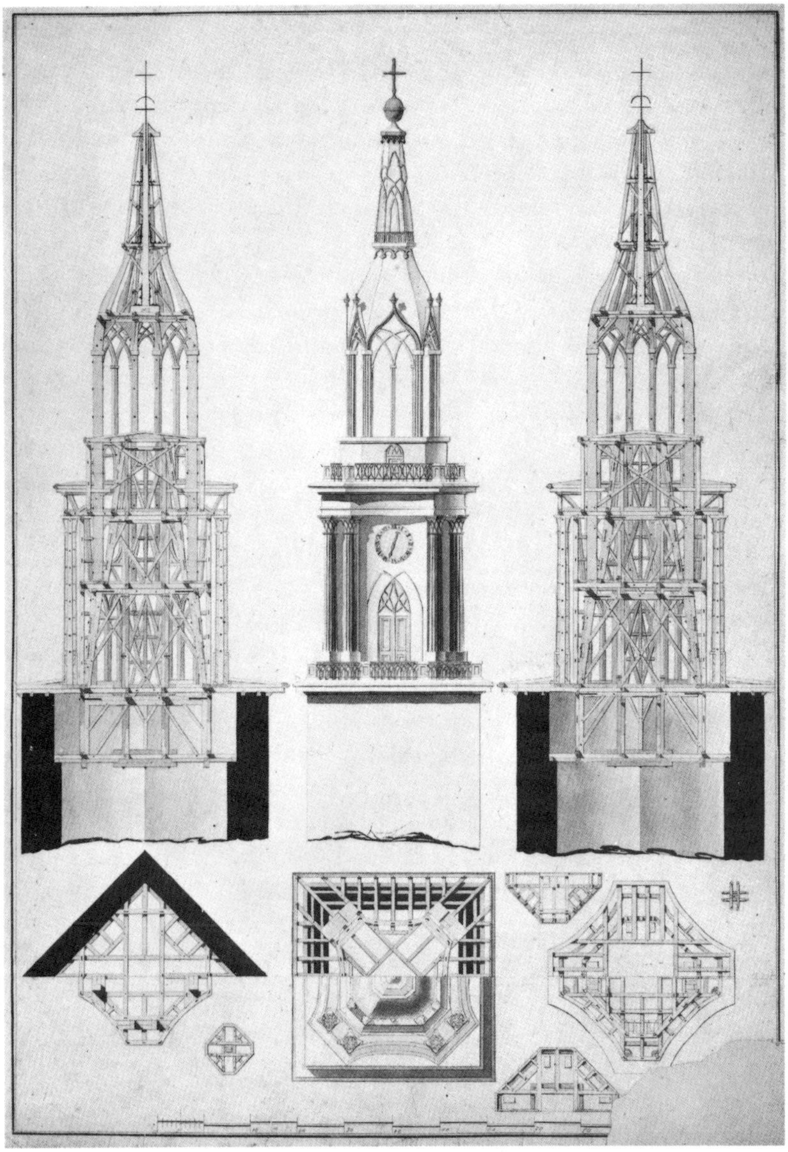

Carl Gotthard Langhans, Entwurf zum Turm der Marienkirche, um 1789. Aquarellierte Federzeichnung. Aus: Wolfgang Gottschalk, Altberliner Kirchen in historischen Ansichten, Leipzig 1985. Original im Märkischen Museum.

hier kurz erwähnt werden:
1) Zu Berlin . . .
b) Zwei neue Thore, das Oranienburger und Rosenthaler. Aber bald wird das Brandenburger Thor, an welchem itzt nach dem Plan des Geheimenraths Langhans, unseres itzigen Schlüters, gebauet wird, alle andere an Pracht und Schönheit übertreffen. Es ist eine glückliche Nachahmung eines ehedem berühmten Thores in Athen, das Pericles durch den Mnesicles erbauen ließ.
c) Das Train-Magazin auf dem Felde der Köpenicker Vorstadt . . .
e) Die Ecole veterinaire oder Vieharzneischule . . .
h) Die innere prächtige und geschmackvolle Verschönerung des Königl. Schlosses.
i) Die neue schönere und bequemere Einrichtung des Opernhauses . . .
2) Bei Potsdam;
Das prächtige Königl. Marmorpalais im Weinberge bei der heiligen See.
3) Beim Königl. Schlosse und im Königl. Lustgarten zu Charlottenburg
a) Der Theaterbau am alten Orangeriesaal
b) Das Belvedere im Königl. Schloßgarten an der Spree
c) Ein neues Orangeriegebäude mit Gärtnerwohnungen.«

Dem Ober-Hofbauamt gehörten seinerzeit die wichtigsten Baumeister in Berlin an: Michael Philipp Boumann, Georg Christian Unger, Friedrich Becherer, Andreas Ludwig Krüger und Konrad Wilhelm Titel als »Räthe«, Heinrich Gentz, Johann Gottlieb Schlätzer, David Friedrich Gilly, Johann Friedrich Moser, Ferdinand Triest, August Heinrich Voß und Heinrich Conrad Manger als »Conducteurs und Eleven«. Das sind Namen, mit denen sich Stilvorstellungen vom Spätbarock bis zum Frühklassizismus verbinden. Es waren Architekten, die zur Geschichte der Baukunst eine starke Beziehung und in deren Œuvre Adaptionen historischer Stile bereits einen Platz hatten. Dafür war schon in der Baupraxis der spätfriderizianischen Zeit gesorgt, in der es auf königlichen Wunsch üblich geworden war, nach historischem Muster Häuserfassaden zu entwerfen und für bestimmte, man möchte sagen, Dekorationsarchitekturen, historische oder exotische Bauweisen zu wählen. So steht das Nauener Tor, 1755 von Johann Gottfried Büring erbaut, als der erste neugotische Bau auf dem Kontinent in Potsdam.

Carl Gotthard Langhans, dem der Auftrag zum Bau des neuen Marienkirchturms erteilt wurde, hätte also aus Lust am Stil-Spiel gotische Formen benutzen können. Er war ein an Barock und Rokoko geschulter Architekt, aber er verstand auch historische Vorbilder anderer Stilarten seinen Entwürfen zugrunde zu legen; vom Brandenburger Tor, das der Kunstgeschichte als Initialbau des Berliner Klassizismus gilt, ward eben zeitgenössisch zitiert. Johann Gottfried Schadow machte es Langhans später zum Vorwurf. In seinen »Kunst-Ansichten« schreibt er 1849: »Er entlehnte gern, auf seinen Reisen hatte er seine Mappen gefüllt und eine Wiederholung anerkannter Meisterwerke dünkte ihm sicherer als neue Originale.«

Doch das historische Stilinteresse war um 1790 offensichtlich mehr als das Spiel, wie es in den landschaftlichen Rokokogärten des Sentimentalismus getrieben wurde. Es verband sich mit ihm jetzt eine neue Bewertung des Geschichtlichen im vaterländischen, im nationalen Sinne. Das sind die Inhalte des neuen Geschmacks; die gepriesene Erneuerung der Baukunst ist bereits wesentlich an der Geschichte ausgerichtet, und so gesehen erscheint auch die »Gotik« des Marienkirchturmes in einem neuen Licht. Sie ist bewußt gewählt, nicht als Willkürakt des Potentaten, sondern auf historischem Wissen gegründet. Unter den Friedrich Wilhelm II. vorgelegten Alternativentwürfen in anderen Stilen wählte der König *»die Zeichnung des Geheimraths Langhans im Gothischen Stil. Da die Kirche selbst und der untere Theil des Thurms, der bis an den ersten Kranz in seinen starken Mauren stehen geblieben, im Wendischen Stil, der sehr nahe dem Gothischen verwandt ist, gebaut sind, so konnte natürlich auch der neue obere Theil nicht füglich anders, als im Gothischen Stil gebaut, werden. Dennoch wird dieser Thurm stets eine vorzügliche Zierde Berlins und ein neuer Beweis sein, daß der Gothische Stil nicht bloß mit Pracht und Würde, sondern selbst mit wirklichem feinem Geschmack und Eleganz sich vereinen läßt.«* Letzteres zu betonen, war offenbar nötig. Zu lange hatte der gotische Stil als geschmacklos gegolten, und es mochte noch immer oder schon wieder Gegner geben. Die Zitate sind enthalten in einer anonym verfaßten *Nachricht von der Erbauung des neuen Thurms der Marienkirche zu Berlin. Im Monat Julius 1790.* Einer der erwähnten Alternativentwürfe ist als von Konrad Wilhelm Titel überliefert. 1819 konnte sich Stadtrat Johannes Gottlieb Klein schon viel unbefangener äußern: *»Mit Inbegriff des Knopfes von 4 Fuß 10 Zoll und des Kreuzes von 7 Fuß Höhe, erhebt sich dieser weithin sichtbare und höchste aller hiesigen Thürme auf 286 Fuß 8 Zoll im gothischen Styl.«*

Nun hat Langhans ja alles andere als einen neuogtischen Turm im Sinne des strengen oder doktrinären Historismus gebaut. 1894 wünschten dessen

Vertreter ihn durch einen stilechteren zu ersetzen, was jedoch unterblieb. Wolfgang Götz hat den Langhans'schen Turm kunstgeschichtlich analysiert und eingeordnet: »Der als neugotisch klassifizierte Turmaufsatz der Marienkirche steht in der Silhouette als ein typisch berlinisch-brandenburgischer Turmabschluß des Barock . . .« Götz erkannte darüberhinaus fernere Vorbilder, die Kirchtürme Christopher Wrens, die nach dem Stadtbrand Londons von 1666 entstanden waren und die Langhans bei seiner Englandreise 1775 zur Kenntnis genommen haben dürfte, die aber auch in Berlin schon einen Widerhall gefunden hatten, im Parochialkirchturm, den Philipp Gerlach 1713 nach einem Entwurf von Jean de Bodt vor Nerings und Grünbergs Zentralbau stellte. Das Gotische des Marienkirchturms, assoziiert durch die gebogenen und sich überkreuzenden, dadurch Spitzbogen bildenden Stäbe als dekorative Auflage und als maßwerkartiges Gitter in den kielbogigen Öffnungen der Laterne, verbindet sich, ja ist eigentlich dominiert von den rezipierten hochbarocken Elementen aus dem Anfang des 18. Jahrhunderts, den korinthischen Doppelsäulen an den Ecken zum Beispiel oder den konkav einschwingenden Balustraden über ebensolchen Gesimsen. Allerdings bietet die Laterne mit ihren acht Stützen für den geschlossenen Helm ein weit über die barocken Vorbilder hinausgehendes Maß an substantieller Auflösung und Durchsichtigkeit.

Es ist die verbale Forderung nach einer Stilangleichung, die den Akt der Baureparatur zu einem Denkmalpflege und Historismus des 19. Jahrhunderts antizipierenden Vorgang macht. Er hat die sich öffentlich durchsetzende Anerkennung mittelalterlicher, also gotischer Architektur als Gefühls- und Geschmackswert zur Voraussetzung und signalisiert jenen Kontinuitätsbruch in der Geschichte der Kunst, der den Beginn retrospektiv bestimmter Kunstentwicklung im 19. Jahrhundert einleitet. Stilformen werden als einer geschichtlichen Entwicklung zugehörig erkannt und als solche voneinander unterschieden, und sie werden bewußt zur Anwendung im entsprechenden stilistischen Umfeld gewählt, ja zur Ergänzung und bei der Erneuerung als unumgänglich gefordert. Von nun an wird jede Fortsetzung eines nicht vollendeten Bauwerkes, jeder Anbau und jede Renovation die Einheit und Reinheit des dominant vorgegebenen Stils aus der Geschichte zum baukünstlerischen Ziel haben.

Es ist gewiß kein Zufall, daß zur gleichen Zeit bei der Akademie der Künste in Berlin eine architektonische Lehranstalt eingerichtet wurde, aus der 1799 die Bauakademie hervorging und in deren Lehrprogramm die

»Kritische Geschichte der Baukunst mit Rücksicht auf die verschiedenen bildenden Künste« enthalten war. Hofrat Alois Hirt lehrte drei Stunden wöchentlich die kritische Geschichte der Konstruktion, den chronologischen

Abteiruine Kolbatz, Pommern. Zeichnung von Friedrich Gilly. Aus: Alfred Rietdorf, Gilly / Wiedergeburt der Architektur, Berlin 1940.

und geschichtlichen Teil der Baukunst bei den verschiedenen ältern und neuern Völkern sowie die Geschichte der Gebäude. Der Zeichenunterricht war bereits dem blutjungen Friedrich Gilly zugefallen.

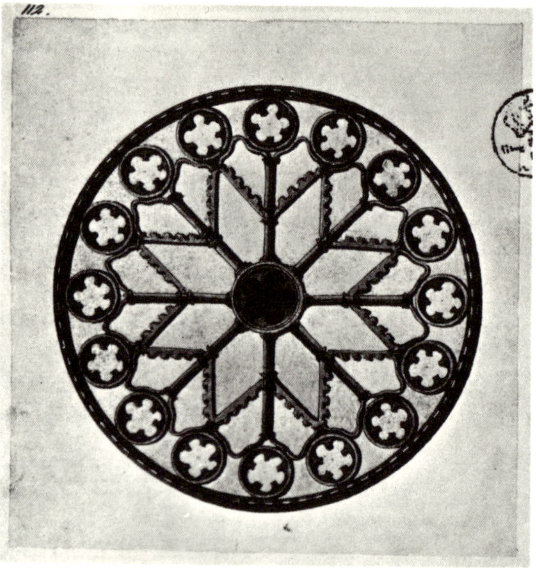

Abteiruine Kolbatz, Pommern; Fensterrose. Zeichnung von Friedrich Gilly. Aus: Alfred Rietdorf, Gilly / Wiedergeburt der Architektur, Berlin 1940.

Der Vater David Gilly gehörte zu den Initiatoren, die wenig später, von 1797 an, die »Sammlung nützlicher Aufsätze und Nachrichten die Baukunst betreffend« herausgegeben haben. Nach den Autoren zu urteilen, war es derselbe Kreis, der auch die Lehranstalt ins Leben gerufen hatte. In der »Sammlung« treffen wir auf charakteristische Äußerungen zu historischen Bauwerken, die das Interesse der zeitgenössischen Architekten gefunden hatten. Sie sind verborgen in Ausführungen bautechnischer Art und keineswegs vergleichbar mit den dichterischen Beschreibungen baukünstlerischer Leistungen der Geschichte, wie sie 1773 mit Goethes Hymnus auf Erwin von Steinbach und dessen Straßburger Münsterfassade oder mit Georg Forsters Ansichten vom Niederrhein 1790 bereits in Umlauf gekommen waren, aber sie spiegeln nicht weniger als diese das neue Empfinden für

Sakramentshaus aus der Stadtkirche in Fürstenwalde/Mark. Zeichnung von Friedrich Gilly.
Aus: Alfred Rietdorf, Gilly / Wiedergeburt der Architektur, Berlin 1940.

die Werte alter Kunst. David Gilly spricht in seiner »Darstellung der Land- und Wasserbaukunst« das »natürliche Gefühl des Baumeisters für die Gegenstände der Natur in schönen und malerischen Aussichten« an und bemerkt an einer Stelle »beyläufig«: »Es liefert demnach das Amt Chorin durch dessen flache Lage an einem See in einer mit Bergen umgebenen Gegend und durch die in Ruinen übergegangenen Gemäuer eines alten, in einem reichen gotischen Styl aufgeführten Klosters eine sehr angenehme Landschaft ... Neu-Angermünde, eine mit hölzernen Häusern ziemlich regulär bebaute Stadt ... hat ein altes Klostergebäude von einem ganz vortrefflichen accuraten Mauerwerk, wie man solches gewöhnlich bei gotischen Gebäuden antrifft, aufzuweisen ... In Colbatz findet man die Ruinen eines ehem. Klosters und am Giebel eine aus geformten Ziegeln zusammengesetzte Rosette; nicht nur die Zeichnung und die Komposition, auch die Genauigkeit verdient den Beifall der Kenner.« Es dürfte das erste Mal gewesen sein, daß märkischen Klöstern eine derartige Aufmerksamkeit geschenkt wurde.

Was der ältere Gilly hier verbal kundtut, das Vermögen, Bauwerke der Vergangenheit als Werte für die Gegenwart zu erschließen, das dokumentiert der jüngere Gilly durch zeichnerische Aufnahmen. Friedrich Gillys Skizzen von der Abteikirche Colbatz sind auf das Gesamte wie auf das Detail gerichtet, machen also deutlich, daß es dem Zeichner nicht allein um die Wiedergabe einer ihn als Künstler interessierenden Situation, sondern um die bauwissenschaftliche Erfassung eines historischen Gebäudes ging. Andere Aufnahmen, wie die des Sakramentshauses im Dom zu Fürstenwalde, sind zusätzlich mit gemessenen und geschätzten Maßangaben versehen, könnten also als ein Vorgriff auf Inventarisationen gewertet werden.

Als Kondukteur beim Ober-Hofbauamt war Friedrich Gilly an der Berliner Marienkirche mitbeschäftigt. Die von ihm gezeichneten Ansichten des alten und des neuen Turms – Kupferplatten für Stiche nach ihnen sollen in den Turmknauf eingelegt worden sein – zeigen den jungen Baumeister als einen das Gewesene sorgfältig dokumentierenden Architekten und als einen zum bewußten Erfassen historischer Stilformen erzogenen Künstler. Dabei hat er selbst nicht die Langhanssche Praxis geübt, hat nicht dem pittoresken Stilspiel des späten 18. Jahrhunderts Tribut geleistet, sondern sich mit der Stilrezeption in eigenen Entwürfen zurückgehalten; sie entsprach wohl kaum seinen baukünstlerischen Intentionen. Sein Entwurfsœuvre galt vielmehr der Abstraktion vom Stil und der Monumentalisierung des eigentlich Architektonischen, des Tragens und Lastens; sein Interesse war auf das Pathos der Konstruktion gerichtet. Das ist es, was ihn zum Ahnen moderner Architektur hat werden lassen.

Aber Friedrich Gillys Interesse an heimischen Bauwerken des Mittelalters hat auf eine Entwicklung eingewirkt und eine Bewegung ausgelöst – dabei waren vor allem seine 1795 in der Akademie der Künste ausgestellten Zeichnungen von der Marienburg entscheidend –, die schon bald zu staatlich und gesellschaftlich organisiertem Schutz von Denkmalen der Geschichte des Vaterlandes führten. Das Erstaunliche an dem Jahrzehnt nach Friedrich des Großen Tod ist der hohe Anteil der Geschichte an den zeitgenössischen baukünstlerischen Vorgängen, die leicht euphorisch als Neubeginn, als Aufbruch zu einer neuen Architektur gepriesen wurden, aber schon bald durch die Schöpfungen des Klassizismus als Zopf in Mißkredit geraten sollten. Mögen auch die tatsächlichen baulichen Leistungen der Zopfzeit gering sein, hinsichtlich ihrer architektur- und kunstgeschichtlichen Auswirkungen sind sie nicht hoch genug zu bewerten. Carl Gotthard Langhans und Friedrich Gilly erscheinen in Berlin als ihre Exponenten, die mit einem offenen Sinn für die Veränderung der Architektur und durch Rezeption von Geschichte den neuen Geschmack in der Baukunst beförderten und gleichzeitig über ein Jahrhundert Architekturgeschichte antezipierten.

Addenda zum Berliner Lustgarten 1645–1713

von

Clemens Alexander Wimmer

»Ein wahrer Ausbund von Garten«[1]

Über den Lustgarten berichtete erstmals der Historiker Paul Seidel[2] anhand von Akten. In den ausführlichen Zitaten finden sich jedoch Fehler, besonders bei den Pflanzennamen. Der Schloßbaumeister Albert Geyer[3] versuchte als erster, für die Zeit bis 1688 die Aussagen der Akten auf die Lokalität zu projizieren. Der Gartenarchitekt Folkwin Wendland[4] folgte Geyer, behandelte aber die Gartenausstattung näher. Die Kunsthistorikerin Liselotte Wiesinger[5] faßte alle Studien zusammen. Es bleibt jedoch manches nachzutragen und richtigzustellen. Die Gestaltungsphasen sind klarer zu trennen und zu analysieren als bisher. Dabei wird auf die vollständig über den Krieg gekommenen Akten im Geheimen Staatsarchiv Merseburg Bezug genommen.

Ich rekonstruiere den historischen Garten in drei Gestalten, ohne zu wiederholen, was bereits schlüssig behandelt wurde. Das Studium der Schrift- und Bildquellen ergänze ich durch Zeichenversuche. Erst durch Nachzeichnen aller Grundrißlinien der verschiedenen Phasen eines Bauwerks oder Gartens je im gleichen Maßstab kommt man seiner Geschichte und Gestalt möglichst nahe.

Vorgeschichte: Der Lustgarten vor 1645

Bereits der Konsistorialrat Martin Friedrich Seidel und der Hofmedikus Johann Sigismund Elßholtz haben sich 1657 mit der Vorgeschichte des Lustgartens beschäftigt. Der Vergleich beider Studien läßt vermuten, daß Seidel seine Studie (Mai 1657) auf Bitten von Elßholtz, der erst 1656 nach Berlin gekommen war, zur Verwendung in dessen »Hortus Berolinensis«

(November 1657) angefertigt hat. Seidel zitiert in dieser »Von den Churfürstl. Schloßgarten zu Cölln an der Spree« überschriebenen Studie[6] die Bauplatzbeschreibung aus der Abtretungsurkunde der Städte Berlin und Cölln von 1442[7] und meint: »Scheinet aus diesen Worten nicht sogar tunckel, daß Ihme vor hochbesagter Churfürst Friderich in solchen verbis venerabilibus raum und gelegenheit zu einem Burggarten, mit einverbrieffet habe, wie doch vor Alters gemeiniglich bey den Schlößern undt Fürsten Häusern Lustgärten mit angeleget worden«? Joachim Friedrich habe dann nach Johannes Cernitius[8] nicht nur das Schloß ausdrücklich »nach den Churf. Lustgarten zu, follendes verfertigen« lassen, sondern auch mit Hilfe des Praeceptors Samuel Reinhardt den Lustgarten verbessert. Elßholtz erwähnt noch Bilder aus dieser Zeit, auf denen man sehe, wie der Garten an den Lustgartenflügel Joachim Friedrichs angrenze.[9] Eine so frühe Existenz des Lustgartens ist auch nach neuester Forschung durchaus glaubhaft. Zum Beispiel weist Karl-Heinz Ahrens nach, daß »im Lustgarten« 1471 ein Badehaus, 1476 ein Tanzhaus errichtet wurde.[10]

Die Lage des alten Lustgartens ist von Geyer rekonstruiert worden, und darüber gibt es durch die Ansicht von 1635[11] keinerlei Zweifel: Der Lustgarten befand sich zwischen Schloß und Spreegraben. In der Nähe des Spreegrabens, aber nicht jenseits desselben, wie Wendland glaubt,[12] stand das alte Lusthaus.[13] Weiter sieht man reichlich Bäume und eine Einfriedung. Diese Mauer ist durch Geyers Übertragung des Plans des kurfürstlichen Landmessers Christoph Friedrich Schmidt von 1643 auf den Grundriß des Lustgartens nach La Vigne in ihrer Lage gesichert:[14] Sie stand diagonal in dem späteren unteren Lustgarten-Parterre. Es ist selbstverständlich, daß sie beim Anlegen dieses Parterres 1647 abgerissen werden mußte.

Die Ansicht von Caspar Merian[15] 1652 zeigt nicht mehr die beiden Teiche Johann Georgs und seine Gartenmauer, sondern gleich links der Hundebrücke ein Stück des alten Damms an der Spree, dahinter noch den Fuß des im weiteren Verlauf abgetragenen Damms, weiter eine neue Einfriedung entlang dem Weg von der Hundebrücke in den Lustgarten und schließlich die neue Gartenmauer, rechtwinklig zum Schloß. Die Teiche sind aufgelassen und der Verlandung durch Schwemmsand übergeben. Auf dem wenig später entstandenen Ölgemälde der Residenz sieht man nur noch die beiden neuen Mauern, das Gelände der Teiche ist verlandet, die Reste der Dämme sind nicht mehr zu sehen.[16]

Erste bestimmbare Phase: Die Neugestaltung 1645–58

M. F. Seidel beschreibt den Beginn der neuen Lustgartenepoche so: »Gleichwie aber die zierliche Gartenarbeit mit erfindung allerhandt newer Gewechsen undt künstlichen Handlungen, die vorigen Zeiten weit übersteiget, also kostbahrer undt vortrefflicher haben Gegenwärtige Churf. Durchl. Fridericus Wilhelmus unser Gnädigster Herr, ein sonderbahrer Liebhaber der Baw undt Garten Künste diesen Ihren uhralten Churfürstl. Lustgarten verhöhert (sic) undt verbessert. Der darin befindlichen schönen Ordnungen undt vielerley Statuen, Grotten, Gemächer undt dergleichen monumenten zu geschweigen, ist dieser Churf. Lustgarten ungespareter großer Kosten mit so vielen Exoticis an Pflantzen Bäwmen und Blumen dergestalt verschönert, daß Er hinführo unter die berühmte Lustgarten des Teutschlandes gezehlet werden mus.«[17]

Nach Geyer wurde der Lustgarten 1645–47 von Michael Hanff in den alten Abgrenzungen neu angelegt[18], und erst als die Teile diesseits des alten Spreegrabens fertig waren, soll Memhardt, der 1650 nach Berlin berufen worden war, die Neuplanung übernommen haben. Im Mai/Juni 1647 arbeitet der Schleusenmeister an der Schleuse.[19] In diesem Zusammenhang dürfte die Zuschüttung des Spreegrabens und als Ersatz die Durchstechung des »Neuen Ausflusses« stehen. Die »neue Spree, das Schleusenwerk« werden in dem Kinderlied von Nikolaus Peucker 1655[20] in einem Atemzug genannt. Die Zuschüttung des Spreegrabens ist jedoch nicht, wie Geyer schreibt[21], erst eine Folge des Festungsbaus. Im September 1647 sind der Neptun im Teich und die umgebenden vier Gartenfelder fertiggestellt.[22] Dieser Teil liegt, wie Geyers Planprojektion zeigt, bereits teilweise im alten Spreegraben. Somit ist 1647, schon vor Memhardts Ankunft, der ihm zugeschriebene Entwurf des Lustgartens ausgeführt worden. Man muß mit Liselotte Wiesinger annehmen, daß Michael Hanff daran einen bedeutenderen Anteil hatte als Memhardt. Hanff, seit 1631 im Lustgarten tätig[23], hatte bei Johann Royer in Hessen (bei Halberstadt) gelernt, und dessen Werk wird als Vorbild gewirkt haben.[24] Royers »Bindwerk an Hecken und Portalen« von 1633 ähnelt dem im Lustgarten.

Das obere Parterre, von Elßholtz Opus novum genannt[25], war gegen das Schloß durch eine hohe Einfriedung abgeriegelt. Auf der Skizze von Elßholtz 1659 ist es eine Mauer mit einem Portal in der Mitte, und über die Krone dieser Mauer ragt reiche Bindwerk-Architektur. Das Portal gestattet keinen Einblick. Eine Mauer zeigt hier auch der Stich bei Beger.[26] Das Residenz-Ölbild zeigt an dieser Stelle weißes Lattenwerk in den Himmel ragen, dessen Ausformung von der Darstellung bei Elßholtz abweicht.

Der funktionale Grund für eine solche Abgrenzung ist der, daß die Apotheke seit 1598 den Bürgern zugänglich war[27] und die Bürger am Lustgarten vorbeikommen sollten, ohne ihn zu betreten. Elßholtz mußte 1656 ausdrücklich um »freyen aditum« zum Garten nachsuchen.[26] Mit der Einrichtung der öffentlichen Bibliothek über der Apotheke 1661 kam ein weiterer Grund hinzu. Ein formaler Grund liegt in der Abschirmung der als Gartenprospekt nicht geeigneten Stallflügel des Schlosses.

Die Zeichnung Johann Stridbecks von der Schloßfreiheit hat Geyer weitgehend ohne Fehler analysiert[29]. Zu beiden Seiten des Pförtnerhauses sind Eingänge. Links ist ein zweiteiliges Gittertor, der »Eingang in den Residens Garten«, hier gelangt der Besucher mit kurfürstlicher Genehmigung in den Garten. Rechts ist ein Tor in der Mauer, der »Eingang in die Residens od. Schloß«, hier gelangt der Bürger in die Hofapotheke und in die Bibliothek. Er sieht dabei entgegen Geyers Meinung nichts vom Garten.

Auch die Frage, wie der Große Kurfürst aus seiner Wohnung in den Garten kam, wurde bisher wohl nicht gestellt. Der Kurfürst mußte über eine kleine Wendeltreppe, die auch der Zugang zur Bibliothek war, hinabsteigen, um im Apothekenflügel herauszukommen, den öffentlichen Weg zwischen Ställen und Gartenmauer kreuzen, und dann das Gartentor aufschließen. In der Wohnung hatte er den Gartenanblick nur aus dem Staatskabinett und dem Paradeschlafzimmer. Christoph Hendreich, seit 1688 kürfürstlicher Bibliothekar, schreibt:

»Nordwerts ist ein lustig Außsehen in das von Wäldern umbgebene Feld / und unter dem Schloß liegenden Garten. Zu demselben führet eine sonderliche Steige aus den Churfürstlichen Logementern / allwo / in fürbeygehen / Kammern zu sehen / in welchen künstliche Uhren / rare Antiquitaeten, Statuae, Numismata, Naturalia, Modellen von allerhand Inventionen, bewahrt werden. Unter denselben ist eine grosse mit mehr alß 80000. gedrückten und geschriebenen raren Büchern angefüllete Bibliothec oder Lieberey: Welche über der Hof-Apotheck und Buchdruckerey ruhet. Von dannen kann man in den Garten kommen / welcher mit allerhand raren

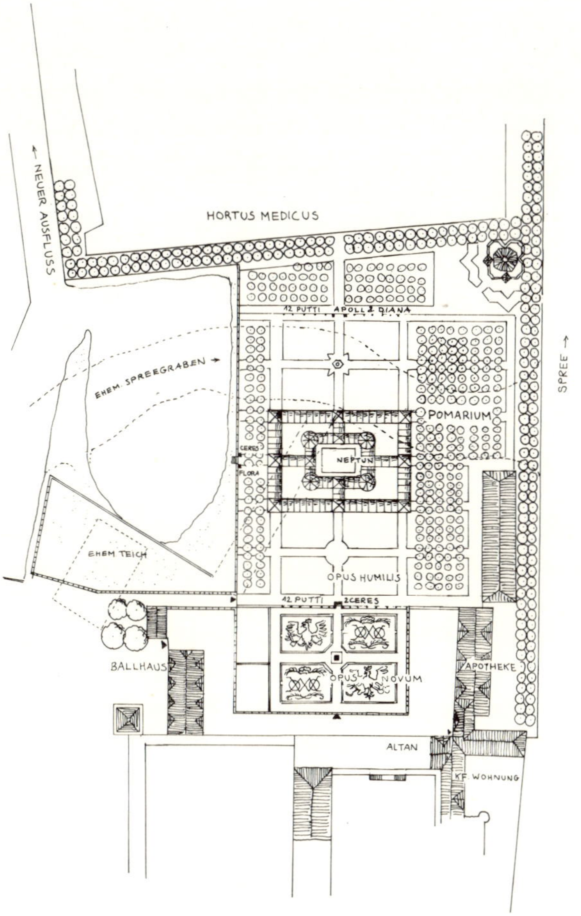

Rekonstruktion des Lustgarten für 1652. Zeichnung des Verfassers.

Bäumen / Pflantzen / auch einer schönen Grotte und Wasserwercken gezieret ist. Wieder in das Schloß zu kommen: Fanget bey den Churfürstlichen Gemächern ein langer Gang an / welcher eines Theils den innersten und äußersten Schloßplatz umgiebet / und bis in die Dohmkirche führet.«[30]

Dieser Wandelgang unter freiem Himmel im zweiten Stock stammt von Kurfürst Joachim Friedrich (um 1606) und ist von Goerd Peschken anschaulich in seiner Funktion beschrieben worden.[31]

Hendreich lobt auch den Blick aus den Fenstern der 1661 in den drei letzten Räumen des Apothekenflügels im 1. Stock eröffneten Bibliothek auf die Spree, den Garten und die Landschaft, welcher den von der Lektüre aufblickenden Leser erquickt: »Orientem & Septemtrionem versus habet fluvium Spream; Meridionales & Occidentes partes hortus amoenissimus claudit, & prospectus per latissimos campos, sylvas, Spandoviam usqve per duo milliaria patet: quae a lectione lassos recreant oculus, floresque odore suo spiritus exhaustos restaurant.«[32]

Wenngleich auf die Aussicht von Altan, Wohn- und Bibliotheksräumen Wert gelegt wurde, war eine gestalterische Korrespondenz von Schloß und Garten keinesfalls gegeben. Auch trifft es nicht zu, daß die Mittelachse des Gartens irgendeinen Bezug zu dem Gebäude hatte. Der Garten bildete sich mit der bekleideten Gartenmauer seinen eigenen Prospekt.

Die Mauer war innen mit Obstspalier bepflanzt. Elßholtz schreibt nämlich in seinem Lehrbuch: »Wenn die Bezäunung des gantzen Gartens durch eine Mauer geschehen / so giebet es einen Uebelstand / sie also bloß anzuschauen: und ist sodan von nöthen / daß ihre inwendige Seite / fürnehmlich aber an dem Theil des Blumen-Gartens / mit einem Espalier oder Gelender von Obst-Bäumen bedecket und tapeziret werde.«[33] Im Lustgarten beschreibt er einen Gang, dessen *parietes* mit Obst besetzt sind: »Ambit quaternas istas areas ambulacrum apertum et latum, cuius parietes cerasis, amygdalisque pumilis, mespilis itidem persicisque delicatioribus consiti sunt.«[34] *Parietes* kann getrost mit *Wänden* statt mit *Seiten* wie bei Wendland übersetzt werden. Das Holz »zu den Posten und Latten zu den Geländern« war am 5. 5. 1647 gefällt, und am 14. 6. 1647 schreibt der Kurfürst: »Die Posten zum Gelender belangent, können selbige bey der lenge von zwölff schuhe gelassen und drei schuhe tief in die Erde gesetzet werden, die vbrige neun schuhe über der Erde stehend verbleiben, vnd da die Posten von Eichenholz, seind sie von sechs Zollen dicke genug, wen sie aber aus Fichtenbeume gemachet werden sollen, müssen sie ... nicht 12 doch wenigstens neün Zoll in der Dicke haben.«[35] Daß die Obstbäume bei der Beschattung gut gediehen, muß bezweifelt werden.

Die vier Parterrefelder waren mit Ligusterhecken eingefaßt (sepe cinctum ligustrina), die höher waren als die Buchshecken im Innern der Felder und hatten in der Mitte Lücken zum Hineingehen.[36]

Eine Treppe von sieben Stufen führte vom Opus novum zum dreiteiligen Opus humile hinab: »Divid illud commodissime potest in portiones tres.«[37] Wendland hat es nach Elßholtz beschrieben. Zu ergänzen wäre, daß die Spitzen des Löwenportals und der Laubengänge auf dem Ölbild und dem Merian-Stich zu sehen sind.

Der Schalenbrunnen hatte nach Elßholtz ein Becken aus Sandstein von Peter Streng aus dem Jahre 1656 und stand »pone colossum Neptuni ob prospectum ex palatio rectum«, das heißt, in der Hauptachse hinter dem Neptunkoloß.[38]

»In der Nähe« des Opus humilis lag das Pomarium. Dieses »ita ordinatum est, ut arboribus in quincuncem et quaterniorem dispositis constet, serieque elegantissima totum florilegium non tantummodo, sed oras etiam totius fere viridarii undiquaque praecingat.«[39] Der im Raster bepflanzte Obstgarten umgibt den Blumengarten und fast den ganzen Lustgarten. Die Lagebestimmung von Elßholtz ist unklar. Memhardts Plan zeigt seitlich des Blumengartens oder oberen Parterres keine Gartenteile. Waren an der Nordseite des Lustgartens auch Obstbäume? Wir wissen nur, daß in einem Garten nach Elßholtzens Ideal »an der gantzen Nord- Ost- und Westseite der Baum-Garten herumb (lieffe) / welcher alles in Gestalt eines Mantels umbschlösse.«[40] Das bei Wendland beschriebene Vogelhaus[41] stand unter den Bäumen des Obstgartens: »inter arbusculas pomarii«.[42]

Ein erhöhter, terrassenartiger Gang umgab den Lustgarten von zwei, den Küchengarten von allen Seiten: »Porro totum hortum aequabilis commendat planities, quae ambulationem reddit iucundiorem«.[43] Der Gang diente zugleich als Damm und war mit Linden bepflanzt. In einem in der Deutschen Staatsbibliothek aufbewahrten, auf 1652 datierten Berlin-Plan, der bislang nicht ernstgenommen wurde, aber wohl den einzigen wahren Grundriß des damaligen Gartens enthält,[44] sind die dammartigen Teile von den niedrigen durch eine Linie abgegrenzt. Der in Dresden aufbewahrte Stadtplan eines auf die Höhenverhältnisse sorgfältig bedachten Festungsingenieurs zeigt die Dammböschungen noch deutlicher als Doppellinien.[45] Auf dem Residenz-Ölbild sieht man in der westlichen Lustgartenmauer, die gleichzeitig eine Stützmauer war, eine Pforte mit davorgelegtem Steg, der in das tiefere Auengelände führte. Es ist der nach Elßholtz von Ceres und Flora flankierte Ausgang.

Verdeckt ist bei Merian und auf dem Gemälde der »Newe Ausfluß« und die Stelle, wo später der neue Spreegraben lag. Es gibt keinen Grund, warum man damals diesen Graben hätte ziehen sollen. Bei Elßholtz 1657 deutet nichts darauf hin, daß dieser Graben existierte. Er schreibt vielmehr, daß die Spree und der neue Ausfluß sich an der Spitze des Gartens vereinigen: »Denique septentrionale latus ad ductum fluvii acuminatur, ad cuius cuspidem alveus naturalis et artificialis aquas suas confundunt.«[46] Eben diesen Zustand zeigt der Plan in der Deutschen Staatsbibliothek. Der Lustgarten, nach Elßholtz Hortus floridus[47], endete nach diesem Plan am Lusthaus mit dem Lindendamm, dahinter lag der Küchengarten, nach Elßholtz »Phytriaticum sive Hortus Medicus«[48]. Elßholtz beschreibt den Hortus Medicus und den Olitorius mit dazwischenliegenden Brücken in Anlehnung an Memhardts Plan im Futur:[49] Sie waren vorhanden, entsprachen aber diesem Plan nicht ganz. Insbesondere fehlten die Wasserläufe. Für die Ausführung spricht der Kauf von 700 Linden 1652.[50] 700 Linden sind auf der circa 1700 m langen Strecke um Lust- und Küchengarten knapp unterzubringen, wenn man sie in zwei Reihen mit 5 m Abstand pflanzt, unmöglich aber auf der kurzen Strecke nur am Lustgarten.

1647 ist der Bau eines Pomeranzenhauses nachgewiesen.[51] Dieses stand in der Nähe des Apothekenflügels: Ein Bericht von 1648[52] nennt es im Zusammenhang mit dem Laubengang um den Neptunkoloß. 1687 wird das alte Pomeranzenhaus zwischen Apotheke und Grotte lokalisiert[53], und ein nicht näher bezeichneter Plan zeigt ein Orangenhaus 292' (91,6 m) vom Lusthaus entfernt.[54] Damit ist es auch mit dem bei La Vigne 1685 dargestellten Haus identisch, das circa 90 m Abstand hatte und 192 x 48' = 60 x 17 m mißt. Nicht glaubhaft zuzuordnen ist hingegen der Plan eines viermal kleineren Pomeranzenhauses (25 x 93' = 29 x 7,85 m), den Geyer fand.[55] Dessen im Grundriß schiefe Schmalseiten lassen sich nicht mit dieser Situation erklären, wie Geyer es versucht hat.

Nach Elßholtz wurde 1652–53 ein Pomeranzenhaus erbaut, und die Jahreszahl 1652 befand sich an dem Gebäude. Elßholtz schreibt 1657, das Orangenhaus erhebe sich am Ausgang des Küchengartens, »quam Olitorio exeas«[56], also an der Stelle, wo Memhardts Plan von 1652 und der

Plan in der Deutschen Staatsbibliothek es zeigen. Elßholtz gibt an, daß es in der Länge von West nach Ost 150, in der Tiefe 60 und in der Höhe 20 Fuß maß. Geyer identifizierte es mit dem in der anderen von ihm gefundenen Zeichnung, die »Grundriß des Neuen Pomeranzen Hauses« überschrieben ist (150 x 65 x 18').[57] M. F. Seidel schreibt, 1655 sei das »newerbawete Ouranien Haus« und »vor etliche 1000. thlr. Gewechse Bäume und Garten Sachen« verbrannt.[58] Wenn es neuerbaut war, muß es das von 1652 und nicht das von 1647 gewesen sein. Das Protokoll vom Brand nennt vier Öfen »nach dem Lusthause wertz«, vier Öfen »nach vorder werts« und einen Schornstein »nach der Newen Spreefart«.[59] Die acht Öfen sind auf dem Grundriß deutlich zu sehen. Daraus folgt aber nicht zwangsläufig, daß das Pomeranzenhaus südlich des Lusthauses stand, es kann ebenso nordwestlich des Lusthauses gestanden haben. Mit der Lage am Apothekenflügel jedenfalls ist die Angabe »nach der Newen Spreefart« gar nicht vereinbar.

Zum Schutz der verbliebenen Bäume wollte der Kurfürst 1656 das abgebrannte Haus neu aufbauen.[60] Als er aber 1657 den Festungsbau beschloß, war das Haus zum Abriß verurteilt. Es ist auf dem Dresdener Plan deutlich punktiert als abzureißen dargestellt. In einem Bericht über die Befestigungsarbeiten 1658 heißt es »der Graben vom Pommeranzen-Hause bis herauf zum Morast sei rein«[61]. Damals scheint es noch gestanden zu haben. Kaum wird sich der Berichterstatter auf ein Haus bezogen haben, das nur im Plan existierte.

Nach dem Abriß des neuen Pommeranzenhauses ist das alte weiter oder wieder benutzt worden. Hier standen 1672 über 200 Bäume.[62] Es war 1678 baufällig[63] und wurde 1685 durch den Neubau auf der Lustgartenbastion ersetzt.

Vom Lusthaus schreibt M. F. Seidel in der eigenen, sehr flüchtigen Handschrift: »Das schöne Lusthaus am Wasser ist auß dem grunde neu aufgeführet vnd mit Kupfer gedeckt worden, war ehemals ein runder behr darin man pflug die missetähter zu torquiren, noch meo tempore geschehen, ist itzt mit neuen schoen gemalten und statlichen gemehlden geziehret.«[64] »Rund« mag das Haus dem Laien wegen seiner Kuppel durchaus erschienen sein. Die Gemälde sind sicher Fassadenmalereien. Nach Memhardts Grundriß waren die Nischen so flach, daß die im Aufriß[65] darin gezeigten Figuren nur gemalt gewesen sein können. Der Grottierer Francesco Baratta »wartete die Schildereien«.[66]

Sehr zu denken gibt der »behr«. Bär ist im Festungsbau ein gemauerter Damm quer zur Fließrichtung des Wassers (batardeau). Die runde Form und die Nutzung als Folterstätte ist mir unerklärlich. In jedem Fall ist er ein Hinweis auf Befestigungsanlagen im Lustgarten, deren Existenz Friedrich Holtze und Geyer verneinten.[67] Die von ihnen ebenfalls stark angezweifelte Angabe Friedrich Nicolais erhält neue Glaubwürdigkeit: »Als unter Kurfürst Friedrich Wilhelm, der Lustgarten neu angelegt ward, fand man 1657 den zugeworfenen Grund der ehemaligen Stadtmauer; die Steine schenkte der Kurfürst dem Gärtner Hanff, welcher sie ganz ausgraben ließ.«[68] Es wird beschrieben, daß im Lustgarten 1673 »einige alte Fundamenta« und Bäume »theils dichte neben . . ., theils auch der Linie nach gerade über« gepflanzt waren.[69] Nach Karl Friedrich Klöden soll die Stadtmauer schräg durch den Lustgarten verlaufen sein[70], und dies würde die merkwürdige Schräglage aller Anlagen auf dem Plan von Schmidt erklären. Der Damm bei Schmidt liegt genau in der Linie vom Münzturm zum Lusthaus.

Elßholtz beschreibt das Innere des Lusthauses mit der Grotte.[71] Ein Satz sei hier im Urtext gegeben: »Habet enim et cameras utrinque alias, et testitudinem, per quam in coenaculum ornatissimum ascenditur, et tectum cupreum planum, ex quo laetissimus quaqua versum patet prospectus, ac in hemisphaerium Choro musico destinatum, Musaeumque libris instructum botanicis itur.«[72] Ich verstehe das so, daß in der Kuppel eine Galerie für die bei Festmahlen im Saal des ersten Stocks aufspielenden Musiker war, und im linken Turmstübchen eine kleine botanische Bibliothek. Wiederum wird die Aussicht von oben gepriesen. Die Darstellung von Johann Teyler, die mehrere Ansichten in einer Zeichnung vereint, zeigt, daß das Lusthaus auf einer Insel stand.[73] Der den Grundriß des Hauses nachzeichnende Graben, in dem Karpfen gehalten wurden, ist auch auf allen Stadtplänen der Zeit dargestellt.

Die Gartenplastik

Elßholtz beschreibt 47 vorhandene Gartenfiguren, die er nach dem Material Marmor, Blei und Stein in drei Klassen teilte.[74] Diese mit umfangreichen literarischen Erläuterungen versehene Beschreibung ist bisher nicht ausgewertet.[75] Die genaue Standortfixierung wird dadurch erschwert, daß Elßholtz den vorgesehenen Gartenplan nicht mehr in die Handschrift eingeklebt hat, die durch den Umbau des Gartens sehr bald obsolet wurde. Hier müssen seine wörtlichen Standortangaben genügen, die leider nur manchmal klar sind.

Marmorfiguren auf dem oberen Parterre:

1) Die Marmorfigur des Großen Kurfürsten[76] stand in der Mitte des oberen Parterres, und zwar mit der Vorderseite zum Apothekenflügel bzw. nach Sonnenaufgang, »facie ad orientem solem verso«.[77] Man könnte hierin wie P. Seidel eine Verbindung zu der Inschrift »Domine fac me scire per quam ambulem« (Weise mir Herr, deinen Weg) sehen. Doch war die aufgehende Sonne ja durch den Apothekenflügel verdeckt. Einleuchtender scheint die Begründung, daß im Osten und im Südosten, wohin die Figur sich wendet, wichtigere Räume lagen als im Süden.

Das Piedestal der Figur stand in einer »fossa quadrangula . . ., lympham leniter per siphunculos ex appositis puellarum imaguncul is quaternis decurrentem, et subter terram aliorsum reddendam excipit.«[78] Die wasserspeienden Putten und das Becken, in dem das Piedestal stand, sind auf beiden Zeichnungen[79] der Figur bei Elßholtz zu sehen.

2–3) »Mediae igitur scalae statuarii ambulacri assident Ceres.« Die beigegebene Zeichnung läßt keinen Zweifel, daß hier, an der Treppe vom Opus novum zum Opus humilis, zwei korrespondierende, sitzende Ceres-Figuren standen. Der Kurfürst hatte sie in Brüssel aus einem fürstlichen Nachlaß gekauft.[80]

4–5) An den Enden des Weges sah man Apoll und Neptun von Francesco Bonanni: »In ambulari extremitatibus visuntur hinc quidem Neptuni, illinc Apollinis simulacrum.« Beide Figuren sind auf dem Kupferstich von Elßholtz zu sehen.[81]

6) Eine Venus stand in gleichem Abstand: »Inde parum distat . . . nuda Veneris statua.«[82]

7–8) In Richtung auf den Ausgang konnte man Cleopatra und Lucretia sehen: »Quod si illinc ortum versus oculos obvertas, illustrium faeminarum par observabis«. Hierzu ein Kupferstich.[83]

9) Mit Blick nach Westen erkannte man Aktäon: »Ad occasum sodes respica jamnunc, et politissimis monumentis repraesentatam Actaeonis fabulam advertes.« Nr. 6 und 9 sind auf einem Kupferstich vereint.[84]

10–11) Von hier zurückgehend, kam man zu zwei Knabenfiguren, dem Kurfürsten als Amor von François Dieussart und dem Kurprinzen Wilhelm Heinrich von Otto Mangiot: »Porro pedem hinc ad aliquot passus referre ne poeniteat, quo quatuor ad huc ex marmore signa ... contempleris. Occurit initio divina puelli facies«.[85]

12–13) Ganz auf nähere Standortaussagen verzichtet der Autor bei zwei antiken Büsten: »Adjunximus simulacra Romanorum bina« (Nr. 10–13 auf einer Zeichnung)[86].

Bleifiguren im Opus humilis und im Pomarium:

1–2) Apoll vom Belvedere und Diana von Versailles flankierten den Ausgang des Blumengartens, korrespondierend mit den beiden Ceres am Eingang: »Eorum simulacra Florilegii exitum custodiunt«. Dazu zwei Zeichnungen.[87] Liselotte Wiesinger verweist auf die ikonologische Bedeutung von Apoll und Diana bei Elßholtz als Sonne und Mond, derer die Gartenpflanzen bedürfen.[88]

3) Dionysos. Diese drei von dem französischen Gießer Jacob Vingerol (Voulleaumé, Zeichnung).[89] »Jacques Woulleaumé« wurde am 7. 9. 1649 vom Kurfürsten für ein Jahr angestellt.[90]

4) Ein Merkur nach Giambologna stand im östlichen Obstgarten: »Praeterea in pomarii circuitu orientali reperies simulacrum Mercurii« (dazu Kupferstich)[91].

5) Ein paar Schritte vom Merkur entfernt eine Venus Anadyomene: »Ceterum aliquot passus a Cyllenio distat ... Cypris«[92].

6–17) 12 Putten von Georg Larson 1654 standen auf einer Brustwehr an der Südseite des Opus humilis, die Jahreszeiten, einen Trinker und einen Pisser, die fünf Sinne und die Liebe als sechsten Sinn darstellend:[93] »At vero praeter majores illas, utrumque latus ambulacri statuarii determinant minuscula complures ... Australis serie locantur laevorsum quidem signa Temporum anni quatuor ... Istis adjunctus est bibaculus aliquis cum lagena, itemque alius facetior, cujus actio cuivis obvia. Dextrorsum consistunt signa Sensuum quinque. ... Ei Cupido ... fuit appositus (dazu Zeichnung: »Die 12 Kinder gegen Mittag«)[94].

18–29) 12 ebensolche Putten, die 12 Sternkreiszeichen darstellend, an der Basis der Name des Bildhauers und das Jahr, beschlossen die Nordseite: »Seriem oppositam occupant signa Zodiaco duodecim« (dazu Zeichnung).[95]

Steinfiguren von Peter Streng aus dem Jahre 1655:

1) Ceres und Flora bewachten den Ausgang vom Blumengarten nach Westen: »Reliquis eminet erecta Ceres . . .«[96]

2) »Succedit simulacrum . . . Flora. . . . Stirpet ista simul cum Cerere praecedenti scalam, qua ex Florilegii latere occidentali ad Piscinam descenditur.«[97]

3–4) Zwei Sonnenuhren standen, wie es heißt, an geeigneten Stellen: »Denique . . . sciathericis [Sonnenuhren] quoque Viridario electorali prospectum, eaque prope signa caelestia superius descripta, loco maxime convenienti posita fuerunt« (Nr. 1–4 auf einem Kupferstich)[98].

Vasen

1668 kaufte der Kurfürst von der Eisenhütte in Peitz 43 große und 60 kleine Töpfe für den Lustgarten.[99] Die hiervon wohl letzten befinden sich im Botanischen Garten und im Schloßgarten Charlottenburg.

Zweite Phase: Die Umgestaltung bis 1688 nach der Stadtbefestigung im Jahre 1658

Die Stadtbefestigung bedingte die Aufgabe des Küchengartens, die Anlage des 1823 für das Alte Museum wieder zugeschütteten neuen Spreegrabens und schließlich eine gänzliche Neugestaltung des Lustgartens.[100] 1658 wurde die Lustgartenbastion und die zu ihr führende Brücke gebaut.[101] Der Dresdener Plan zeigt, wie Günther Schulz schreibt, einen Zwischenzustand. Der neue Spreegraben ist erst zur Hälfte gebaut, eine provisorische Bastion hält das Wasser. Der Lindholtzsche Plan, von Schulz auf 1657/58 datiert, zeigt den Graben vollständiger und bereits die Grundstruktur des umgearbeiteten Lustgartens.[102] Der neue Graben von 1658 wurde nötig, um die Verteidigungsanlagen vom Lustgarten zu trennen und diesen unzugänglich zu halten.

Die Neufassung des Gartens ist nicht weniger als die Abwendung vom holländischen und die Hinwendung zum französischen Stil, die früheste im Lande.

Das Opus novum und das Opus humilis wurden verbreitert und neu aufgeteilt. Im Opus humilis fielen die altmodisch gewordenen, wenngleich noch nicht alten Laubengänge, und der Neptunkoloß verschwand, so daß schon vom oberen Parterre aus der ungehinderte Blick in die Landschaft möglich wurde und nicht erst aus dem Schloß. Die Obstquartiere wurden zum Parterre hinzugezogen. Der Lindholtzplan und das Titelblatt zu Elßholtzens »Garten-Baw« 1666 zeigen dieselbe Planung: daß der Neptunkoloß in die Mitte des neuen unteren Parterres in ein quadratisches Becken versetzt und die Kurfürstenstatue ohne Becken und Putten ebenfalls umgesetzt wird. Auch eine Randvignette von Christian Mentzel, die auf die Zeit um 1655 datiert wird, zeigt diesen Zustand.[103] Im La-Vigne-Plan 1685 ist aber an Stelle des Neptun ein modernes rundes Bassin mit einem jet d'eau. Johann Stridbecks Berlin-Ansichten von 1690 und Christoph Pitzlers Reiseskizzen[104] bestätigen dies ausdrücklich. Zweifellos war der Neptun beiseitegeschafft worden. Daß Louis Schneider ihn angeblich 1874 noch in der Köpenicker Straße 167 sah[105], widerlegt dies nicht.

Sämtliche Felder waren nach Elßholtzens Stich für Broderie vorgesehen, wie es auch bei dem maßgeblichen Pariser Gartenkünstler Jacques Boyceau gebräuchlich war, und drei mal acht Statuen sind an der Hauptachse und am Bassin aufgereiht. Bei Stridbeck finden wir als »vergülte Statua von Medall« acht Figuren am Bassin, darunter den Merkur von Giambologna, eine Venus von Medici, eine Nike, merkwürdigerweise ohne Piedestale. Außerdem stehen »die Pomerantzen Baum« entlang dem Hauptweg.[106] Obstbäume gehörten in Lustgärten dieses Stils nicht. Die Blumen wurden auf Streifenbeete seitlich der Hauptwege im unteren Parterre beschränkt. Auch in dem Entwurf von 1666, in dem eine Regulierung des Schlosses und eine symmetrische bauliche Fassung des Lustgartens vorgeschlagen wurden, ist die Mauer zwischen oberem Parterre und Schloß wegen des öffentlichen Durchgangs erhalten. Denselben Befund zeigen auch die Vogelschauen von Schultz 1688 und bei Beger 1696.[107]

Das 1687 erbaute letzte Pomeranzenhaus auf der Lustgartenbastion war Abschluß dieser Phase. Nun mußte eine Brücke über den Spreegraben geschlagen werden. Gegen die Befestigung wurde das Pomeranzenhaus durch Zäune abgeschirmt (Stridbeck). Der Kurfürst kaufte 1687 weitere Orangenbäume.[108] Allerdings bemerkte der reisende Gärtner Vicenzo Anania 1709, daß die Orangenbäume hier »nicht rechte Blüten, geschweige denn Früchte tragen«, im Gegensatz zu denen in Berliner Privatgärten.[109]

Dem Stadtschreiber Christian Wendland zufolge wurde der Lustgarten 1682 nach Westen bis an die Hundebrücke erweitert. Nach Friedrich Nico-

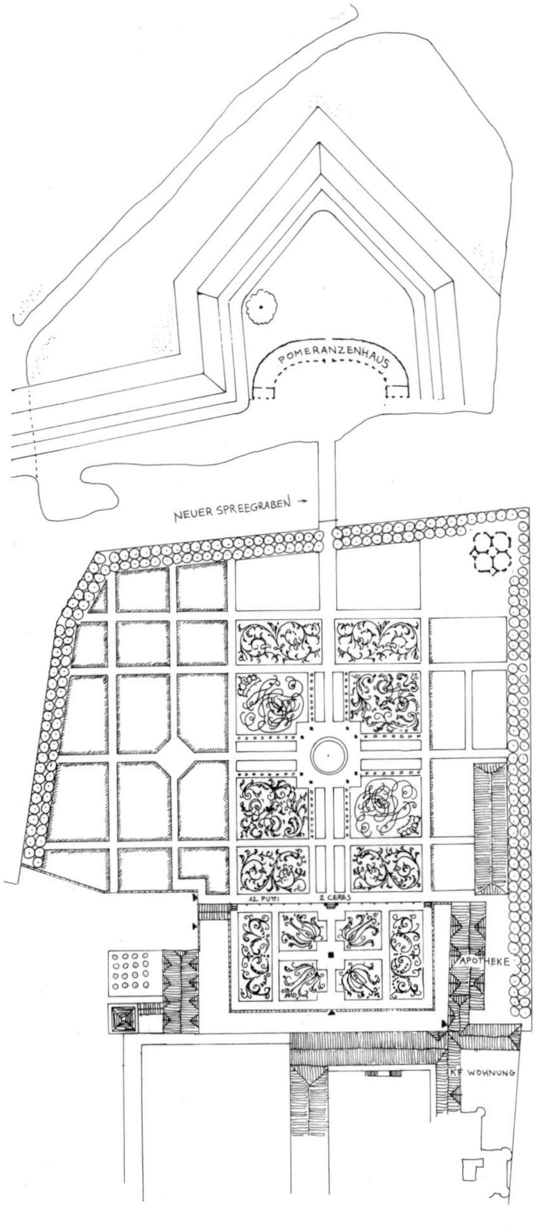

Rekonstruktion des Lustgarten für 1688. Zeichnung des Verfassers.

lai geschah diese Erweiterung bereits 1677.[110] Hier handelte es sich um Bosketts, die es bisher im Lustgarten nicht gab, aber zu einem Garten französischen Stils gehören (Pitzler 1695: *boscage*). Stridbecks Ansicht der Schloßfreiheit zeigt das Gartentor, das in das Boskett führte.

Exkurs: Andere kurfürstliche Gärten bei der Residenz

Außer dem Lustgarten gab es noch drei Gärten zu mehr ökonomischen Zwecken:

1) den Tier- und Lustgarten auf einer damals vom Nebenarm der Spree gebildeten Insel östlich der jetzigen Kurstraße. Er wurde als »kleiner Thiergarten dahinten bey der freyen Arche« 1527 angelegt.[111] 1649 schrieb der Kurfürst, der »hinter unserem Jägerhof an der Spree liegende Acker« sollte mit einem Zaun von Eichenstöcken umgeben werden, der Zaun zwischen dem Acker und dem Garten sollte fallen und der Acker zum Küchen-

Der Lustgarten in der Titelvignette von Christian Mentzel. Um 1665.
Photographische Aufnahme von Peter Whitehead.

garten geschlagen werden.[112] Einen »Holzgarten« an dieser Stelle zeigt Memhardts Stadtplan. Hanff erhielt 1658 als Ersatz für sein bei der Befestigung eingeebnetes Grundstück »hinter dem Reithause«[113] einen Bauplatz »auf dem Werder alhier hinter unserem Jägerhoff zwischen dem Schneidemühlen-Teich und dem andern Teich hart am Zaune des daselbst liegenden Küchengartens.«[114] In diesem Küchengarten muß der kurfürstliche Küchengärtner Heinrich Michelmann gewirkt haben, der 1674 und 1676 erwähnt wird[115], bevor er den Küchengarten in Schöneberg angelegt hat.

2) Auf dem Gebiet der heutigen Niederwallstraße lag der Garten vor dem Gertraudentor, 1553 erstmals erwähnt, 1646 zum Baumgarten umgestaltet und als solcher auf Memhardts Stadtplan eingezeichnet.[116]

3) Den dritten Garten, in der Gegend der jetzigen Bauhofstraße, ist die Forschung bisher übergangen: Der Gärtner Corbianus sollte für Kurfürst Johann Georg 1573 »alhier hinder unserem Schloß am Tiergardten einen Newen Lustgardten« anlegen.[117] Diesen Garten ohne Zusammenhang mit dem bekannten Lust- und Küchengarten finden wir mehrfach wieder:

a) Im »hindersten Lustgarten« stand 1618 ein Lusthaus.[118] Das Wort Lustgarten meint hier noch Baumgarten.
b) »der Gart« auf dem Merian-Stich,
c) auf dem Ölbild beim Gießhaus westlich des »Newen Ausflusses«.
d) Elßholtz nennt ausdrücklich einen Obst- und Kräutergarten vor der Stadt: »extra urbem peculiaris hortus arboribus fructiferis, et oleribus dicatus inculinae usus et colatur.«[119] (Dies könnte auch der Garten zu 1) sein.)

Dritte Phase: Gestaltung unter Friedrich I. 1688–1713

Die Quellen für die Grundrißrekonstruktion sind spärlich und widersprüchlich. Sie gehen auf Architekten zurück. Sie beschränken sich auf zwei Skizzen Pitzlers von 1695 und 1701[120], den Vogelschau-Stadtplan von Jean-Baptiste Broebes 1699[121] und einen Grundriß des Bosketts von Christian Eltester 1700[122]. Pitzler gibt nur ungefähre Eindrücke des Gesehenen wieder, Broebes meistens Idealentwürfe. Eltester zeichnet sehr sorgfältig, doch weiß man nicht, ob er Bestand oder Planung darstellt. Eine prachtvolle Zeichnung Paul Deckers d. J.[123] zeigt eine frühe Planung zur Verdoppelung der Lustgartenfassade und den Lustgarten. Es ist wenig ergiebig, ohne weitere Funde diese Darstellungen zu interpretieren. Bauakten fehlen fast ganz.

Wendland zitiert den Historiker Georg Gottfried Küster, daß unter Friedrich I. der Garten »merklich gebessert ward, und mit schönen Cascaden, Spring-Brunnen, Statuen und Blumen-Beeten ausgezieret, auch in dem Untern-Garten eines und das andere geändert. Als aber der Schloßflügel nach dem Garten gebauet wurde, muste der Ober-Garten, um dem Schlosse einen Prospect zu schaffen, zum Theil eingehen, jedoch ward desto mehr Fleiß an den Unter-Garten gewandt«[124]. Nicolai schreibt sogar, der obere Teil habe ganz eingehen müssen[125]. Einleuchtend ist das vom Baugeschehen her nicht. Denn die neue Lustgartenfassade lag an derselben Stelle wie die alte, und der obere Gartenteil hätte nicht gestört. Auf Dekkers Entwurf ist das obere Parterre als freigeräumte Terrasse dargestellt. Das entsprach ganz dem modernen französischen Gartenkanon. Es versteht sich, daß die sichtbehindernde Mauer zwischen Schloß und Garten nun gefallen ist. Schon Broebes zeigt vor dem Baubeginn des Lustgartenflügels an ihrer Stelle ein Gitter.

Mit Sicherheit läßt sich sagen: Das untere Parterre ist durch Einbeziehung der isolierten Rabatten in die vier Hauptfelder noch einmal großzügiger und übersichtlicher gestaltet worden, und im hinteren Teil zum Spreegraben hin wurde – für die Zeit sehr modern – ein *parterre de gazon* (Pitzler 1695) geschaffen. Wasserspiele und Holzröhren im Boden sind 1701 nachgewiesen.[126]

1700 wurde der untere, sehr nasse Teil des Lustgartens erhöht.[127] Die Zeichnung Eltesters könnte die damalige Neugestaltung zeigen.

Goerd Peschken hat als erster bestimmte Beziehungen zwischen Schloß und Lustgarten angesprochen. Nach meiner Auffassung führt die Hauptachse des Gartens genau auf die Mitte zwischen die gleichartigen Portale IV und V und nicht auf Portal V. In der Mitte der Fassade zwischen diesen Portalen befindet sich zwar kein Fenster, aber ganz offensichtlich hat Johann Friedrich Eosander mit der symmetrischen Gestaltung der von Andreas Schlüter mit Portal V begonnenen Lustgartenfassade 1706 auf den Garten Rücksicht genommen, wie er auch in Charlottenburg das erweiterte Corps de Logis und die Orangerie passend in die Gartenachsen baute. Eosanders erster Plan zur Schloßerweiterung[128] (Benennung der Entwürfe nach Peschken) hätte neben dem Abriß der alten Schloßteile an der Spree eine völlige Umformung des Lustgartens erfordert, wie übrigens auch

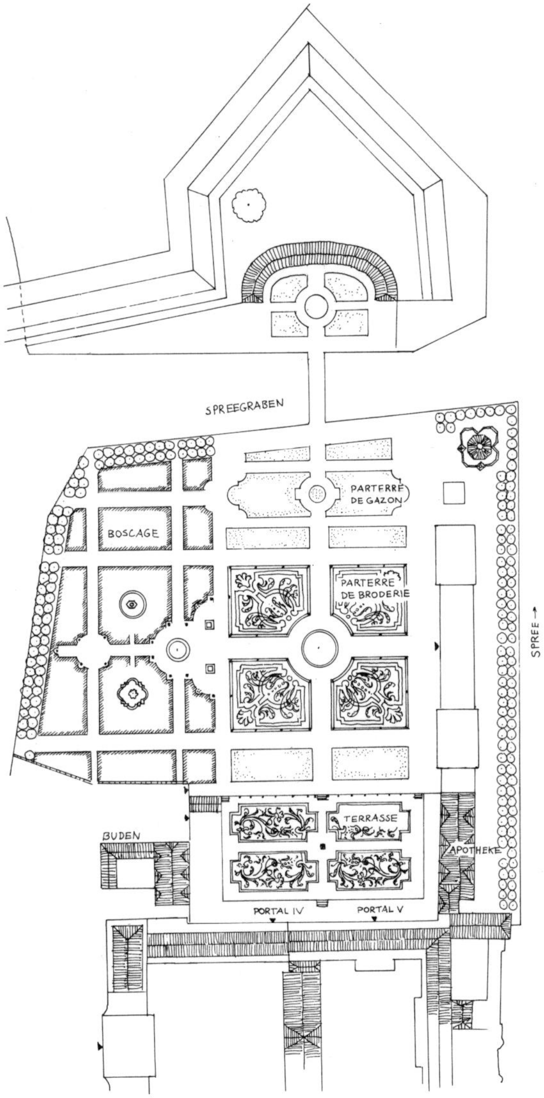

Rekonstruktion des Lustgarten für 1713. Zeichnung des Verfassers.

Schlüters Plan. Nach Schlüter hätte die Hauptachse gegen Osten, nach Eosander gegen Westen verschoben werden müssen. Eosanders zweiter, ausgeführter Plan ermöglichte eine Beibehaltung des Lustgartens in der bestehenden Form von 1658.

Es ist auch nicht uninteressant, daß es das zweifenstrige Paradeschlafzimmer König Friedrichs I., die spätere Rote Samtkammer, war, auf welches die Hauptachse des Lustgartens stieß.[129] Das Bett stand in der Mitte der Südwand des Raumes[130], also genau in der Gartenachse. Damit war die aus Versailles bekannte Beziehung hergestellt: Das Schlafzimmer des Königs lag, bezogen auf die Gesamtanlage aus Schloß und Garten, im Mittelpunkt. Schon in Deckers Entwurf führt die Gartenachse auf die fensterlose Mitte der Fassade zwischen den beiden Portalen. Daß die Lustgartenfas-

Der Entwurf zum Umbau des Schlosses von Paul Decker.
Photographische Aufnahme aus dem Germanischen Nationalmuseum.

sade »auf jede Symmetrie verzichtete«[131], wird man wahrlich nicht behaupten dürfen, wenn man den Garten in die Betrachtung einbezieht.

Die Rücksichtnahme auf die Gartenachse hat noch weiterreichende Folgen: Durch Portal IV wird auch die Lage des in gleicher Flucht liegenden Portals II bestimmt und damit die Gestalt der Südfassade und des Großen Schloßhofs.

Unbefriedigend mußte aber nach Fertigstellung der Lustgartenfassade 1708 die Beziehung zwischen ihrem Eckrisaliten und dem Boskett sein. Hier standen noch die Boutiquen von 1689 und das etwas verkürzte Ballhaus von 1659.[132] Aus dieser letzten Phase der Lustgartengeschichte fehlt jegliche Quelle. Die hier beginnenden, kaum lösbaren Planungsprobleme lassen die Planierung des Lustgartens 1713 künstlerisch verständlich erscheinen. Faßmann lobt den »ungemeinen Gout« Friedrich Wilhelms I., daß nach dem Abriß der Buden und des Lustgartens das Schloß »viel freyer und ansehnlicher . . . da lieget.«[133] Vielleicht war der Soldatenkönig hier gar nicht so »amusisch«.[134] Es ist verständlich, daß er erst jetzt den Ausbau der Räume in dem Risaliten mit dem Weißen Saal von 1728 in Angriff nahm.

1 Schneider, Louis in: Schr. d. Vereins f. d. Gesch. Berlins 11 (1874), S. 130
2 Der Lustgarten am Schlosse in Berlin bis zu seiner Auflösung im Jahre 1715. In: Forschungen z. Brand. u. Preuß. Gesch. 3 (1890), S. 89–120
3 Geyer, Albert: Geschichte des Schlosses zu Berlin, Band 1. Berlin 1936, S. 45–48, 55–64
4 Wendland, Folkwin: Berlins Gärten und Parke, Berlin 1979, S. 15–44
5 Wiesinger, Liselotte: Das Berliner Schloß. Darmstadt 1989, S. 83–100
6 Berlin, Deutsche Staatsbibliothek, Ms. Boruss. fol. 1205, p. 11–14, bisher nur als Quelle von G. G. Küster bekannt
7 Peschken, Goerd und Hans-Werner Klünner: Das Berliner Schloß, Berlin 1982, S. 17
8 Decem e familia burggraviorum Nurnbergensium electorum Brandenburgicorum eicones . . . Berlin 1626, S. 75 f.
9 Johann Sigismund Elßholtz: Hortus Berolinensis. 1657, S. 17. – Berlin, Staatsbibliothek PK: Ms. Boruss. 4° 12
10 Ahrens, Karl-Heinz: Residenz und Herrschaft. Frankfurt/M. 1990, S. 302
11 Peschken/Klünner, Abb., S. 21
12 Wendland, S. 29, ihm folgt Wiesinger
13 Am 24. 6. 1639 schreibt Georg Wilhelm aus Königsberg, das Lusthaus in seinem Garten zu Cölln sei »vom Windt sehr eingerissen, undt am Dach schadhafftig worden«, v. Hertevelt soll es reparieren. GStA Merseburg, Rep. 36, Nr. 2879, p. 3a; Geyer, S. 46
14 Wiesinger, Abb. S. 87. Der Schmidt-Plan GStA Merseburg, Rep. 21 Nr.

191b fasc. 15 p. 3/4
15 Wiesinger, Abb. S. 3
16 Wiesinger, Abb. S. 56 f.
17 Berlin, Deutsche Staatsbibliothek: Ms. Boruss. 2° fol. 1205, p. 11–14
18 Geyer, S. 56
19 GStA Merseburg, Rep. 36, Nr. 2879, p. 27 f.
20 zit. bei Geyer, S. 64 und Wendland, S. 41
21 Geyer, S. 47
22 GStA Merseburg, Rep. 36, Nr. 2879 p. 4, hiernach P. Seidel, S. 95
23 GStA Merseburg, Rep. 36 Nr. 3565, p. 73 f.
24 Wendland, S. 39; Johann Royer: Beschreibung des ganzen Fürstl. Braunsch. Gartens zu Hessem, Braunschweig 1651
25 Elßholtz 1657, S. 23
26 Wiesinger, Abb. S. 125
27 Wiesinger, S. 68
28 GStA Merseburg, Rep. 36, Nr. 2879 p. 48; P. Seidel, S. 103; Geyer, S. 56
29 Geyer, S. 62 f., Abb. 100
30 [Hendreich, Christoph:] Derer / die Marck zu Brandenburg betreffende Sachen. Berlin 1682 (unpag.)
31 Peschken/Klünner, S. 40. Wenn die Altandächer 1677 durch Satteldächer ersetzt wurden (Wiesinger, S. 79), so hat Hendreich seinen Text mehr als fünf Jahre vor dem Druck geschrieben
32 Notitia bibliothecae, Berlin 1687, zit. n. Tautz, Kurt: Die Räume der Churfürstlichen Bibliothek zu Cölln an der Spree. Burg 1924, S. 4
33 Vom Garten-Baw, 3. Aufl. 1684, S. 42
34 Elßholtz 1657, S. 23
35 GStA Merseburg, Rep. 36, Nr. 2879 p. 27–29; P. Seidel, S. 94 f.
36 Elßholtz 1657, S. 23, Elßholtz 1659, Titel, Memhardts Plan 1650
37 Elßholtz 1657, S. 23
39 Elßholtz 1657, S. 39, Abb. S. 40, s. a. Wendland, Abb. 30
39 Elßholtz 1657, S. 24
40 Elßholtz 1684, S. 9
41 Wendland, S. 31
42 Elßholtz 1657, S. 46
43 Elßholtz 1657, S. 19
44 Schulz, Günther (Hrsg.): Die ältesten Stadtpläne Berlins, Weinheim 1986, S. 20
45 Schulz
46 Elßholtz 1657, S. 19
47 Elßholtz 1657, S. 22
48 Elßholtz 1657, S. 24
49 Elßholtz 1657, S. 24, Wendland, S. 24
50 GStA Merseburg, Rep. 36, Nr. 2879 p. 36 ohne Angabe des Pflanzorts, hiernach Küster, Nicolai, S. 75, Wendland, S. 37: für die »Alleen an der Spree«
51 GStA Merseburg, Rep. 36, Nr. 2879 p. 27 f.; hiernach P. Seidel, S. 94
52 GStA Merseburg, Rep. 36, Nr. 2879 p. 5, P. Seidel, S. 95, Wendland, S. 34
53 Geyer, Anm. 224
54 Geyer, Abb. 94, S. 61
55 Geyer, S. 57, Abb. 86
56 Elßholtz 1657, S. 27
57 Geyer, S. 57, Abb. 87
58 M. F. Seidel a. a. O.
59 GStA Merseburg, Rep. 36, Nr. 2879 p. 43v, 45r, 44r.
60 GStA Merseburg, Rep. 36, Nr. 2879 p. 55, hiernach Geyer, S. 57
61 Holtze, Friedrich in: Schriften d. Vereins f. d. Gesch. Berlins 10 (1874), S. 60
62 GStA Merseburg, Rep. 36, Nr. 3565 p. 71 f., danch P. Seidel, S. 113 f.
63 GStA Merseburg, Rep. 36, Nr. 2879 p. 119, 121, hiernach Geyer, S. 58
64 M. F. Seidel a. a. O.
65 Wendland, Abb. S. 26 f.
66 GStA Merseburg, Rep. 36, Nr. 3565, p. 104
67 Holtze, S. 12; Geyer, S. 11
68 Nicolai, Beschreibung 1786, S. XXXV zit. n. Geyer, S. 11, vgl. Geyer, S. 47
69 GStA Merseburg, Rep. 36, Nr. 2879, p. 106–108
70 Klöden, Karl Friedrich: Ueber die Entstehung, das Alter, und die früheste Geschichte der Städte Berlin und Kölln. Berlin 1839, S. 353; Tafel.

71 Wendland, S. 27 f.; der Satz über das Speisen des Hofes bis 1708 gehört nicht zum Elßholtz-Zitat. Er stammt aus Nicolai, S. 75
72 Elßholtz 1657, S. 35
73 Wiesinger, Abb. S. 51
74 Elßholtz 1657, S. 52
75 Kühn, Margarete in: Berlin und die Antike, Berlin 1979, S. 26 f. gibt zwar einen summarischen Überblick nach Elßholtz, irrt aber in den Standortangaben.
76 Der große Kurfürst. Potsdam 1988, S. 123; Wendland, S. 31 f.; P. Seidel, S. 106
77 Elßholtz 1657, S. 55; Elßholtz 1659, Titelbild
78 Elßholtz 1657, S. 55
79 Elßholtz 1657, S. 54 (Wendland, Abb. 38); Elßholtz: Plantae Singulares, 1659, Titelblatt (Berlin, Deutsche Staatsbibliothek, Ms. Boruss. 2° 450, s. Der Große Kurfürst, Potsdam 1988, S. 107, Abb. S. 53)
80 Elßholtz 1657, S. 56, Abb. S. 37
81 Elßholtz 1657, S. 58, Abb. S. 59
82 Elßholtz 1657, S. 58
83 Elßholtz 1657, S. 60, Abb. S. 63
84 Elßholtz 1657, S. 62, Abb. S. 65
85 Elßholtz 1657, S. 64; Der Große Kurfürst, Potsdam 1988, S. 124
86 Elßholtz 1657, S. 66, Abb. S. 67, s. a. Wendland, Abb. 39
87 Elßholtz 1657, S. 70, Abb. S. 69, 71
88 Wiesinger, S. 91
89 Elßholtz 1657, S. 74, Abb. S. 73
90 GStA Merseburg, Rep. 9 E I 16 fasc. 1 p. 4 f.
91 Elßholtz, S. 74, Abb. 75
92 Elßholtz, S. 76
93 Elßholtz 1659, Titelbild, zu II. vgl. Georg Galland, zit. bei Wendland, S. 40
94 Elßholtz 1657, S. 78, Abb. S. 77
95 Elßholtz 1657, S. 78, Abb. S. 79
96 Elßholtz 1657, S. 82
97 Elßholtz 1657, S. 83
98 Elßholtz 1657, S. 83, Abb. S. 81
99 GStA Merseburg, Rep. 36, Nr. 2879 p. 94/96
100 auf die ich bereits 1985 hingewiesen habe: C. A. Wimmer: Vom Obstspalier zum Lustquartier: Brandenburgische Barockgärten. In: Marie-Louise Plessen (Hrsg.): Berlin durch die Blume oder Kraut und Rüben : Gartenkunst in Berlin Brandenburg. Berlin 1985, S. 64–82, hier S. 66, 73, Anm. 9
101 Schulz, S. 26 nach Röder 1800
102 Schulz, S. 24
103 Ehem. Berlin, Deutsche Staatsbibliothek: Libr. pict. A 35, jetzt Krakau, Biblioteka Jagiellonska; Faksimile: P. J. P. Whitehead; M. Brouseman: A portrait of Dutch 17. century Brazil, Amsterdam 1989; Glaser, Otto: Prinz Johann Moritz von Nassau-Siegen und die Niederländischen Kolonien in Brasilien, Berlin 1938, Abb. S. 9
104 Wendland, S. 42
105 Schriften d. Vereins f. d. Gesch. Berlins 11 (1874), S. 130
106 Wiesinger, Abb. S. 98
107 Wiesinger, Abb. S. 123, 125
108 GStA Merseburg, Rep. 9 N 15a
109 GStA Merseburg, Rep. 36, Nr. 3566 p. 45
110 Wendland, S. 25; Nicolai, S. 74
111 Wendland, S. 16 f., 54
112 GStA Merseburg, Rep. 36, Nr. 2879 p. 34
113 GStA Merseburg, Rep. 36, Nr. 3565 p. 30/36
114 GStA Merseburg, Rep. 21, Nr. 191b fasc. 11 p. 160 f.
115 GStA Merseburg, Rep. 36, Nr. 3565 p. 81/83
116 Wendland, S. 53 f.
117 Entwurf des Briefes GStA Merseburg, Rep. 36, Nr. 3565 p. 5. P. Seidel, S. 91, gibt den endgültigen Text nach p. 2 f., in dem Wendland, S. 17, zu Unrecht ein Komma vermißte
118 Geyer, S. 46
119 Elßholtz 1657, S. 24
120 Wendland, Abb. S. 41

121 Berlin, Staatsbibliothek PK: Kart 13055; Schulz
122 Berlin, Kupferstichkabinett PK, Bl. 54 f., unveröffentlicht
123 Nürnberg, Germanisches Nationalmuseum, Kupferstichkabinett, unveröffentlicht. Hinweis von Liselotte Wiesinger
124 Wendland, S. 41
125 Nicolai, S. 74
126 GStA Merseburg, Rep. 36, Nr. 2879, p. 146 f.
127 P. Seidel, S. 120
128 Peschken/Klünner, Abb. S. 59
129 Wiesinger, Abb. S. 167, Nr. 9
130 Wiesinger, S. 184
131 Wiesinger, S. 195
132 Geyer, S. 63
133 zit. nach P. Seidel, S. 123
134 Wendland, S. 43

Verschollene Gärten

von

Horst Schumacher

1. Lesebuch »Landschaft«

Der Eigentümer eines Grundstücks begehrt eine Baumfällgenehmigung; ein Baum soll einem Anbau weichen. Der Baum, welcher fallen soll, ist eine stattliche Eiche, groß und gut gewachsen, aber ohne besonders auffällige Merkmale. Er ist auch nicht als Naturdenkmal eingetragen. Es handelt sich eben um eine ältere 80–100jährige Eiche. Nun ist eine stattliche Eiche im Garten eines Grundstücks innerhalb einer Einfamilienhaus-Siedlung zwar nicht das Allerselbstverständlichste, das man sich vorstellen kann, aber es ist auch nicht vollkommen außergewöhnlich, daß sie dort wächst. Versunken in traurige Gedanken, daß ein schöner Baum umgesägt werden könnte, fiel mir doch etwas Besonderes auf.

Wer nämlich in Zehlendorf, in den Siedlungen südlich des S-Bahnhofes und südlich des Schönower- und des Schweizerhofparks einen Spaziergang unternimmt, wird auf öffentlichen wie auch auf privaten Grundstücken immer wieder auf ältere, deutlich in Reihe gepflanzte Bäume stoßen. An manchen Stellen stehen, gut erkennbar, mehrere Reihen, wobei der Abstand der Reihen und auch der Abstand der Bäume in den Reihen erstaunlich eng ist. Oftmals beträgt er nur ein bis zwei Meter. Ohne zu zögern wird man den meisten dieser Bäume ein Alter von 100 Jahren zuschreiben.

Bei genauerer Betrachtung stellt sich heraus, daß diese hohen Baumgruppen und etliche Einzelbäume jeweils einem abgrenzbaren Streifen zuzuordnen sind. Solche in Reihen bepflanzte Streifen durchziehen das nahezu ebene Terrain beiderseits des Teltower Dammes zwischen der Leuchtenburgstraße und der Grenze mit dem Heinrich-Laehr-Park sowie zwischen dem Schweizerhofpark und dem Nieritzweg bzw. zwischen der John-F.-

Kennedy-Schule und dem evangelischen Krankenhaus Schönow, und gliedern es in 110 m bis 115 m breite, in westöstlicher Richtung verlaufende Abschnitte. Obgleich eine erhebliche Straßenverbreiterung stattgefunden hat, sind auch entlang des Teltower Dammes die beidseitig desselben gepflanzten mehrreihigen Baumstreifen noch erfahrbar.

Einmal darauf aufmerksam geworden, sind diese hochragenden Baumstreifen und die durch sie gebildeten Quartiere deutlich zu erkennen. Auch die eingangs bezeichnete Eiche gehört solch einem Streifen an.

Beauftragt vom Gartenbauamt Zehlendorf habe ich zusammen mit Grit Hottenträger 1987 diese Baumstreifen genauer untersucht. Eine detaillierte Kartierung offenbarte, daß es sich bei diesen Streifen ursprünglich wohl um eine 7-reihige Bepflanzung gehandelt haben wird.

In den älteren Akten ist die Rede von »etwa 7 m breiten« Baumstreifen, mit denen das Terrain beiderseits der Chaussee von Zehlendorf nach Teltow (heute Teltower Damm) durchsetzt sei. Bei einer gleichmäßigen Teilung der »etwa 7 m« breiten Streifen* beträgt der Abstand der Reihen untereinander 4 Fuß, also ca. 1,25 m. Dieser Abstand ist mit einer Toleranz von $\pm$ 20 cm häufiger zu finden. Innerhalb der Reihen sind inzwischen vielfach große Lücken entstanden, an einigen Stellen jedoch scheinen noch ganze Baumsequenzen erhalten zu sein, wobei die einzelnen Bäume in einem Abstand von weniger als 1 m bis etwa 2 m voneinander entfernt stehen.

In welcher Art und Weise diese Baumstreifen erstmals bepflanzt worden sind, läßt sich weder am überkommenen Bestand noch aus der herangezogenen Literatur genau ermitteln. Der Befund der Baumkartierung zeigt jedoch, daß von jeder Baumart immer eine ganze Reihe angepflanzt worden sein muß. In den seltensten Fällen kommen zwei oder mehr Baumarten innerhalb einer Reihe vor. Deutliche Unterschiede bei den vorhandenen Baumarten in den Baumstreifen machen es wahrscheinlich, daß es davon zwei Typen gibt. Sie sind nicht nur in der Zusammenstellung der Gehölze sondern auch im Charakter und in ihrem Erscheinungsbild unter-

* Im Zusammenhang mit dem Bebauungsplanverfahren von 1912 ist für die Baumstreifen eine Breite von »etwa 7 m« angegeben (Landesarchiv Berlin, Rep. 210/1. Nr. 883. Akten des Kreisausschusses des Kreises Teltow betreffend den Bebauungsplan von Zehlendorf.) Da bei der Anlage der Baumstreifen die metrischen Maße noch nicht allgemein eingeführt waren, darf wohl ein Ruthenmaß angenommen werden. »Etwa 7 m« spricht für eine Breite von 2 Ruthen, ca. 7,53 m. Andererseits enthält das Ruthenmaß eine 12er Teilung, 2 Ruthen entsprechen demzufolge 24 Fuß.

Die Laehrschen »Parkstreifen« sind seitens des Zweckverbandes Groß-Berlin als schützenswert bewertet worden. Aufgrund dessen Intervention mußte 1911 ein in seinen Festlegungen bereits weitgediehener Bebauungsplan umgearbeitet werden, damit diese Baumstreifen erhalten bleiben konnten – bis zum heutigen Tage. Bedauerlicherweise sind erhebliche Verluste durch Straßenbaumaßnahmen zu beklagen. Die Abbildung zeigt den »Parkstreifen« entlang dem Fahrdamm der Leo-Baeck-Straße. Aus: Wohnungsbauten der »Heimat«. Gemeinnützige Bau- und Siedlungs-Aktiengesellschaft zu Berlin Zehlendorf-Mitte. Düsseldorf 1926/27.

schiedlich. In einem Fall bilden Rotbuchen und Stieleichen die dominierenden Gehölze; sie werden begleitet von Spitzahornen, Robinien und Weißdornhecken an den Rändern. Im anderen Fall herrschen Ulmen und Stieleichen vor; diese werden begleitet von Robinien und Weißdornhecken – an einer Stelle kommt anstatt der Weißdornhecke ein Abschnitt einer Eibenhecke vor.

1910 war die Gemeinde Zehlendorf mit der Erarbeitung eines Bebauungsplans befaßt, wozu auch das Gebiet zwischen dem Schweizerhofpark und dem Nieritzweg gehörte. In den ersten Entwürfen ist auf die vorhandenen Baumstreifen keinerlei Rücksicht genommen worden. Seit 1911 aber, nachdem das Zweckverbandsgesetz rechtskräftig geworden ist, machte der Zweckverband von seinem Vetorecht Gebrauch, indem er forderte, die vorhandenen, etwa 7 m breiten Baumstreifen unbedingt zu erhalten. Aufgrund dieser Intervention ist eine Neuordnung der Straßen überlegt und festgesetzt worden, wie sie heute noch vorzufinden ist. Im Baujahr 1926/27 wurden von der »Heimat«, einer gemeinnützigen Bau- und Siedlungs-Aktien-Gesellschaft, in der Teichstraße (heute Leo-Baeck-Str.) und in der Heimat 74 Einfamilienhäuser mit 4 bis 8 Zimmern gebaut (Wohnungsbauten der »Heimat«. Düsseldorf 1926/27). Inzwischen ist das gesamte Gebiet beiderseits des Teltower Dammes fast lückenlos mit Einfamilienhäusern bebaut. Da diese Siedlung, die aufgrund der unterschiedlichen Wohngebäude eine durchaus heterogene Erscheinung hat, aber von den besagten Baumstreifen durchsetzt ist, hat sich auch in den kleinen Anlagen eine spürbar großzügige Atmosphäre erhalten können, die außerhalb dieses Gebietes nirgendwo mehr zu finden ist. Dank der Intervention des Zweckverbandes 1911 hat sich eine Einfamilienhaussiedlung entwickeln können, die aufgrund ihrer Ausstattung mit grundstücksübergreifenden Pflanzungen beispielhaft und mustergültig genannt werden kann und die wohl auch einzigartig für ganz Berlin ist. Diese Sachverhalte werfen notwendigerweise Fragen nach der Herkunft der Baumstreifen auf, Fragen nach ihrer Geschichte, dem Sinn und Zweck ihrerselbst.

2. Materialsammlung.
Einige Daten zur Ordnung von mehreren Metern recherchierter Akten

Etwa zehn Jahre nachdem Peter Joseph Lenné sich öffentlich für eine Verschönerung der Chaussee von Berlin nach Potsdam* geäußert hat, nimmt das Projekt einer Eisenbahnverbindung zwischen beiden Residenzstädten Gestalt an. Während es Lenné um die Verschönerung der Landschaft ging, damit die Reise von einer Stadt zur anderen angenehmer ausfallen möge, gibt es beim Eisenbahnbauprojekt noch andere Gesichtspunkte.

Die Eisenbahn, so lautet die Prognose, würde entlang ihrer Trasse eine neue Stadt zwischen Berlin und Potsdam bilden ». . . und wo früher Kornfelder und Wiesen und Wälder an dem 4 Meilen langen Wege abwechselten und den Reisenden ermüdeten, werden dann Villen, Gasthäuser und Gärten das Auge erfreuen . . .« (Julius Haeckel, Die Anfänge der Berlin-

* Peter Joseph Lenné: Allgemeine Bemerkungen über die Brittischen Parks und Gärten. In: Verhandlungen des Vereins zur Beförderung des Gartenbaues in den Königl. Preußischen Staaten, Jg. 1, 1824. In diesem Aufsatz ist auch ein Absatz über die Verschönerung des Weges zwischen den Residenzstädten Berlin und Potsdam enthalten.

Potsdamer Eisenbahn. In: Mitteilungen des Vereins für die Geschichte Potsdams. Neue Folge Bd. VI, 1931, S. 367 f.).

Als dann 1838 die ersten Züge auf dieser neuen Strecke fuhren, war L. Rellstab nicht zu bremsen vor Euphorie, daß Potsdam und Berlin eine Stadt geworden seien. Für ihn ist die neue Eisenbahn eine Art Gartenbahn, welche die Ausflügler im Sommer innerhalb von 40 Minuten aus dem staubigen Berlin ins grüne Potsdam bringt – und nicht nur Potsdam erkennt er als Reiseziel, sondern die gesamte Havellandschaft: »Die Seenkette, welche Potsdam umschließt, gestattet die mannigfaltigsten Wasserspazier-Fahrten: macht der Genfer, der Constanzer, seinen tour du lac, warum sollen wir nicht unseren tour des lacs machen?« (ebenda, S. 409).

Nicht weniger zitierenswert ist: »Nicht blos zum Besuchsort, auch zum erreichbaren *Wohnort* wird uns Potsdam mit seiner Umgegend beschert. Wie viele unserer wohlhabenden Einwohner halten sich Wagen und Pferde oder Cabriolets, um Morgens von ihren Landsitzen herein, Abends hinauszufahren. Charlottenburg, Pankow, Schönhausen zählen zumeist solche Bewohner. In derselben Zeit, sichrer, bequemer, sogar wohlfeiler (und später vielleicht noch mehr als jetzt) verkehren wir künftig zwischen Berlin und Potsdam. Darum, Ihr Spekulanten, hinüber, kauft Terrain, Wald, Feld, Wiesen, Kirsch- und Weinberge; parcellirt, arrondirt, terrassirt, pflanzt, säet, bauet, verkauft dann, vermiethet, genug schafft uns eine neue Sommer-Residenz, freie, schöne, gesunde Wohnungen, wo sich wahre Ländlichkeit und Freiheit mit der Nähe städtischer Bequemlichkeiten vereinigt.« (ebenda, S. 409 f.)

Aus den Akten des Kreisausschusses des Kreises Teltow (Landesarchiv Berlin, Rep. 210/1 Nr. 288):

»Dem Königlichen Landrath Herrn von Albrecht, Ritter p.p. Hochwohlgeboren hierselbst.

Endes Unterzeichneter erlaubt sich hiermit nachfolgende ganz ergebene Bitte vorzutragen.

Ich bin nämlich Besitzer eines in Schönow gelegenen Vierhüfner Gutes, wozu von mir auch mehrere Parcellen Ackers gelegt worden sind. Die Haupt Ackerfläche dieses Gutes reicht ziemlich von Schönow bis Zehlendorf und habe ich im vergangenen Jahre auf etwaselben, dicht bei Zehlendorf, an der Straße von dort nach hier, auf einer Anhöhe, ein im Schweizer

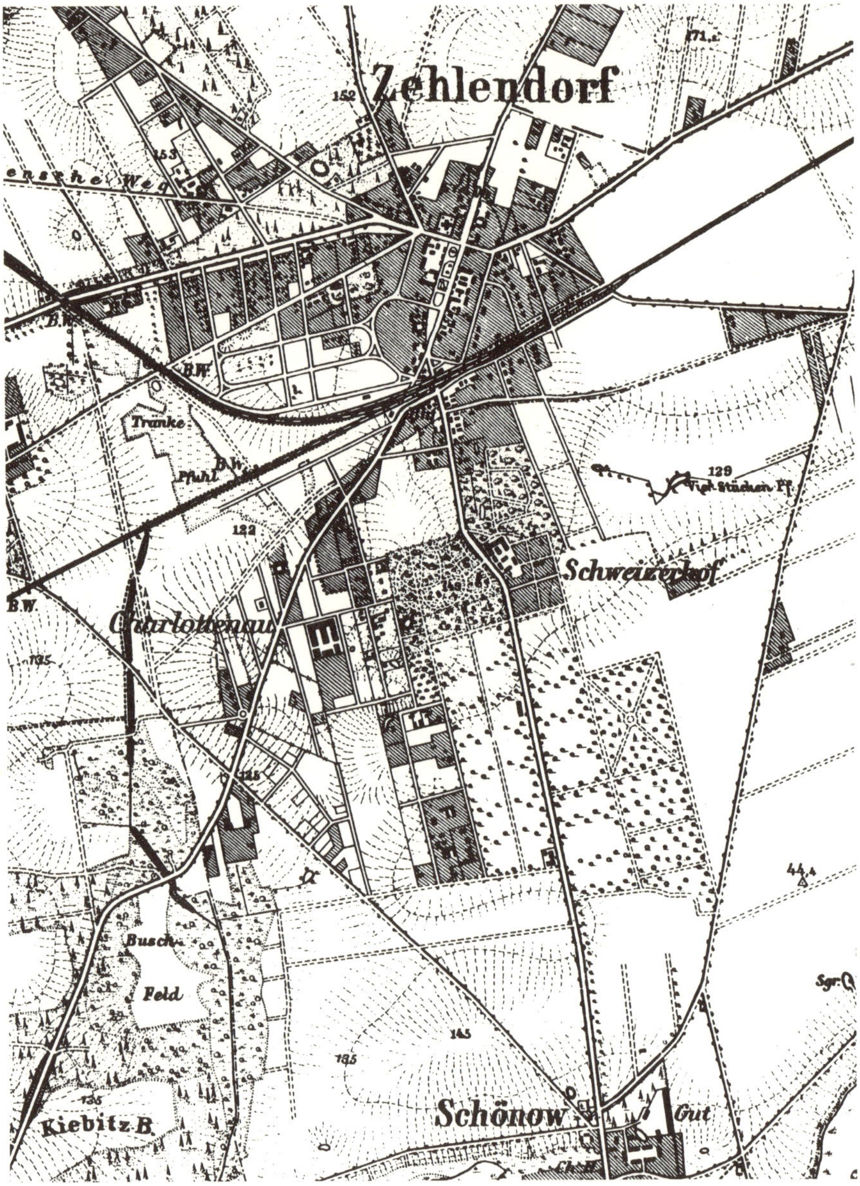

Ausschnitt aus dem Meßtischblatt 1907, Teltow, der Preußischen Landesaufnahme. 1881. Preußischer Kulturbesitz, Staatsbibliothek, No 3803 [1881] Blatt 1.

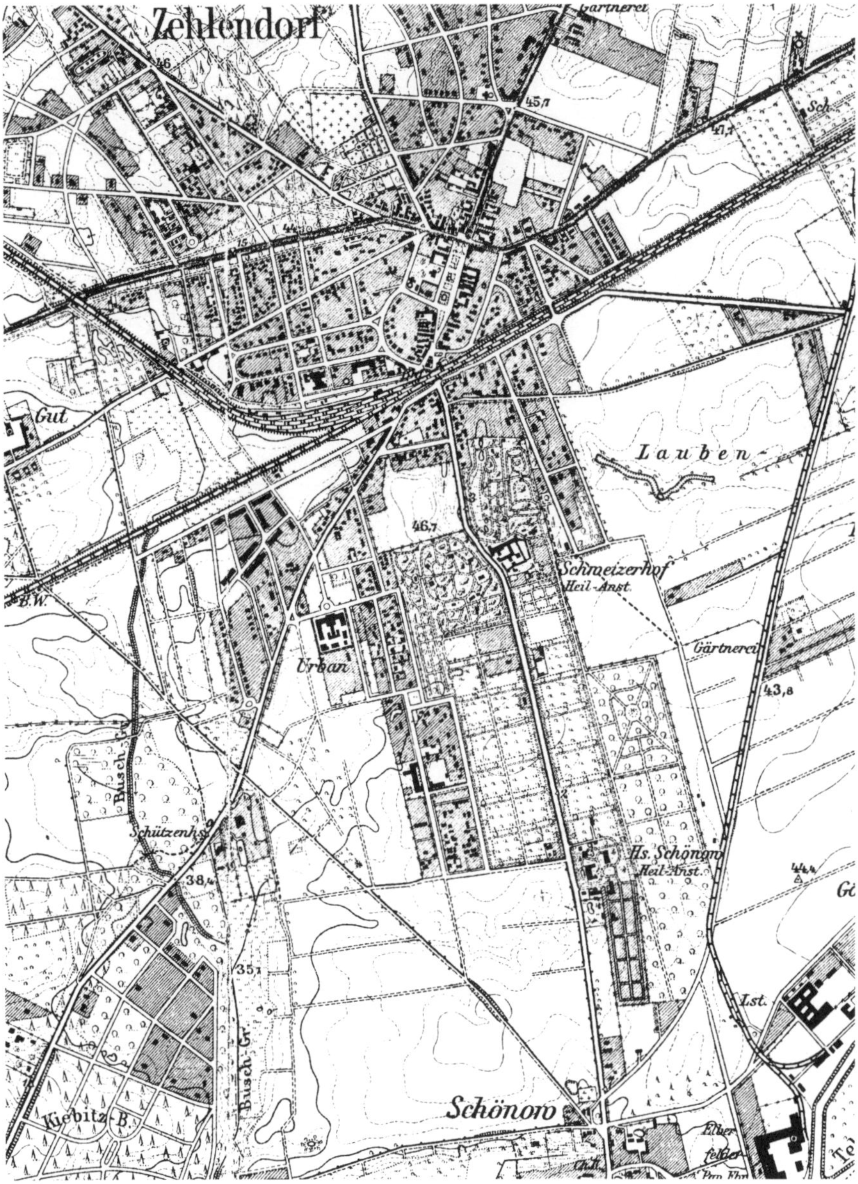

Ausschnitt aus dem Meßtischblatt 1907, Teltow, der Preußischen Landesaufnahme. 1901, berichtigt 1919.

Stiel erbautes größeres Etablissement gesetzt, und das mit großen Baumpflanzungen, Gärten und Park, umgeben. Zur Erbauung dieses Etablissements habe ich die Zustimmung Einer Hohen Behörde im vergangenen Jahre aufgrund der, vom Vermessungs-Reviesor Meyer zu Berlin aufgenommenen Planzeichnung, in welcher auch die Entfernungen von Schönow ad Zehlendorf verzeichnet sind, ad welche ich dem Königlichen Rentamt zu Potsdam eingesandt, nachgesucht und auch erhalten.

Da nun dies Etablissement circa 1/4 Meile von Schönow und 10 Minuten von Zehlendorf entfernt liegt und dasselbe künftig von mehreren Familien aus vielleicht 50 Köpfen, bewohnt werden wird, diese aber nicht einmal angeben können wo sie wohnen, so geht meine ganz gehorsamste Bitte dahin: es »Etablißement Schweizerhof« nennen und bezeichnen zu dürfen.
Der Erfüllung meines ganz ergebenen Gesuches entgegensehend
zeichnen mit größter Hochachtung
Teltow d. 10ten Februar 1851 der Kaufmann Johann Friedrich Krause.«

Aus den Grund- und Hypothekenakten.

Der Kaufvertrag zwischen dem Gerichtsschulzen Johann Friedrich Güthling und dem Kaufmann Johann Friedrich Krause aus Teltow wird am 18. 6. 1849 verhandelt. Güthling verkauft sein Vierhüfner Bauerngut nebst Zubehör und mit allen demselben zustehenden Rechten und Gerechtigkeiten für 6000 Taler Kurant.

Der Kaufvertrag zwischen Krause und Dr. med. Bernhard Heinrich Laehr wird am 17. Dezember 1853 verhandelt. Bei dem hier verkauften Grundstück handelt es sich nicht mehr um das gesamte vormals Güthlingsche Bauerngut, denn Krause hat daraus mindestens die in Schönow gelegene Hofstelle nebst Garten und 43 Morgen 78 Quadratruthen Ackerland am Dahlemer Weg bereits verkauft. Das Kaufgeld beträgt 23 000 Taler, wobei Laehr 1400 Taler eingetragene Lasten übernimmt und 2000 Taler bar hinterlegt. Der Restbetrag von 19 600 Talern wird ihm von Krause creditiert, wobei 4 1/2 % Zinsen in Quartalsraten zu zahlen sind.

Laehr verschuldet sich gegenüber Rathszimmermeister Barrand mit 20 000 Talern für Baumaterialien und Arbeitslöhne. Der Kredit wird mit 5 % Zinsen gewährt (17. 10. 1855).

Im Spätherbst 1863 erwirbt Laehr ein Grundstück von 118 Morgen 85 Quadratruthen Größe (ca. 30,25 ha). Dieses liegt westlich der Chaussee, dem Stammgrundstück gegenüber. In einem Situationsplan aus diesem

Jahr ist dieses Bauerngut des Bauern Ed. Schulze bereits in 12 Parzellen von je ca. 9 Morgen 156 Quadratruthen (ca. 25 000 qm) parzelliert.

Im Jahre 1870 umfaßt das Laehrsche Grundstück »Asyl Schweizerhof« ca. 290 Morgen oder rund 74 ha Land.

3. Anmerkungen zu den Anlagen der Nervenheilanstalt »Asyl Schweizerhof«

Auf welche Weise Dr. med. Bernhard Heinrich Laehr Kenntnis von dem Grundstück mit dem »Etablissement Schweizerhof« erhalten hat, vermag ich nicht zu sagen. Meine Überlegungen zur Grundstückswahl seien deswegen darauf beschränkt, daß Laehr wohl die Chance erwogen haben wird, die ihm ein Platz nahe der Eisenbahnstation Zehlendorf bieten könnte. Es sprach sicherlich für sich, Berlin gleichzeitig so nah und so fern zu wissen – so nah, wenn man den Aspekt der verkehrlichen Anbindung betrachtete, so fern, wenn man die Vorteile der ländlichen Ruhe und der entschieden besseren Luft in der Schönower Abgeschiedenheit bedachte. Für das Projekt einer Nervenheilanstalt mit der von Laehr bevorzugten Therapie war die Aussicht auf Erfolg unabdingbar mit der Forderung nach vollkommener Ruhe und relativer Isoliertheit verbunden.

Laehr zählte zwar nicht zu der ersten Generation von Nervenärzten, die nervenkranke Personen als Patienten akzeptierten und nicht summarisch als »Irre« einstuften, welche in Dollhäusern oder gar Gefängnissen mit Zwangsmaßnahmen ruhig gestellt werden mußten, jedoch scheint die von ihm 1853 gegründete private Nervenheilanstalt »Asyl Schweizerhof« die erste dieser Art in Berlin und Umgebung gewesen zu sein. Welche Pläne Laehr von Anfang an verfolgt hat, läßt sich kaum rekonstruieren.

Wenn man die erste Festschrift liest, welche 1878, also zum 25jährigen Bestehen der Anstalt, erschienen ist, könnte man den Eindruck gewinnen, daß die gesamte Entwicklung mit großer Systematik und reibungslos vonstatten ging. Dem widerspricht jedoch die Tatsache, daß Laehr beim Kauf des ersten Grundstückes im Dezember 1853 gerade mal 10 % Eigenkapital für den Erwerb von Grund und Boden selbst aufbringen konnte. Für die weiteren Neubauten verschuldete er sich bei dem für ihn tätigen Rathszimmermeister Barrand mit 20 000 Talern. Eine Bank scheint an der Finanzierung des Projektes nicht beteiligt gewesen zu sein – es wäre aber reine

Mutmaßung, über das Warum nachdenken zu wollen. Angenommen, daß das Projekt in finanzieller Hinsicht sicher war (über einen Mangel an finanzkräftigen Patienten brauchte er wohl nicht zu klagen), angenommen, daß das unternehmerische Risiko sich im Laufe der Jahre vermindert hatte (nach anfänglichen Versuchen mit Patienten beiderlei Geschlechts spezialisierte er sich bald und nahm nur noch weibliche Patienten auf), angenommen, daß diese private Heilanstalt bald gut kalkulierbaren Gewinn erwirtschaftete, wird es trotzdem keine leichte Entscheidung gewesen sein, als Laehr sich 1863 entschloß, eine noch größere Fläche als die des schon bestehenden Grundstücks dazuzukaufen. Der Umstand, daß dieses dazugekaufte Grundstück westlich der Chaussee und vis á vis von Schweizerhof bereits parzelliert war, läßt untrüglich die Absicht erkennen, entlang dieser Chaussee eine neue Ansiedlung zu gründen. Mit dem Erwerb dieses gesamten Grundstückes hat Laehr ein Ansiedlungsprojekt vereitelt und sich die Ruhe und Isoliertheit seiner Anstalt teuer erkauft. Doch solange er nun Eigentümer dieses Grundstücks bleiben würde, wäre niemand mehr in der Lage, von der Chaussee aus Baugrundstücke zu erschließen. Laehr war jetzt Anrainer an der Chaussee von Zehlendorf nach Teltow (heute: Teltower Damm), auf der östlichen Seite von Zehlendorf mit Unterbrechungen bis zum späteren Teltow-Kanal, auf der westlichen Seite vom heutigen Schweizerhofpark bis zum heutigen Nieritzweg.

Eine Erschließung von möglichem Bauland westlich und östlich der Laehrschen Grundstücke war weit weniger attraktiv als von der Chaussee aus, welche seit 1852 gepflastert war. Ganz und gar hat Laehr dies dennoch nicht verhindern können, aber all diese Unternehmungen störten die Entwicklung seiner Anstalt nicht mehr, denn sie waren weit genug entfernt.

Zur noch besseren Arrondierung sind im Laufe der Jahre noch weitere kleinere Flächen dazugekauft worden. Gemäß einer katasterlichen Zusammenstellung umfaßte das Laehrsche Grundstück im Jahre 1870 ca. 290 Morgen oder 74 ha.

Teile dieses Grundstücks dienten zur baulichen Erweiterung der Anstalt. So ist in der Partie des heutigen Schweizerhofparks ein Komplex von Pavillonbauten entstanden. »Die drei ersten Pavillons (sind) im Jahre 1864 nach einer Skizze des Herrn Prof. Gropius* (ausgeführt worden)«, schrieb

* Es ist damit Martin Gropius gemeint, der Architekt des Kunstgewerbemuseums. Dieses ist der Bevölkerung Berlins heute als Ausstellungsort unter dem Namen »Gropius-Bau« bekannt.

Das Hauptgebäude des »Asyls Schweizerhof«, der von Heinrich Laehr gegründeten Nervenheilanstalt für weibliche Patienten. Die gesamte Anlage ist für den Neubau der John-F.-Kennedy-Schule abgerissen worden, lediglich ein einziges Gebäude ist erhalten geblieben. Es steht inmitten zwischen den Gebäuden der Schule. Aufnahme 8. 5. 1964. Landesbildstelle.

Laehr in der ersten Festschrift von 1878 (S. 3). Andere Teile dieses Grundstücks dienten der Erweiterung von Parkanlagen, der Einrichtung von Obst- und Gemüsegärten und auch einiger Äcker zur landwirtschaftlichen Nutzung. Hinsichtlich der Anlage und Einrichtung all dieser Parks und Gärten ist bemerkenswert, daß Laehr zur Zeit der Entscheidung über den Zukauf des Grundstücks im Jahre 1863 offensichtlich einen intensiven Austausch mit Peter Joseph Lenné gepflegt hat. Diesen Umstand erhellt ein Brief, den der preußische Finanzminister von Bodelschwingh am 11. Oktober 1863 an Lenné richtete, in welchem Lenné gebeten wird, seine Zusage wahr zu machen und für die Außenanlagen der evangelischen Provinzial-Irren-Anstalt in der Stadt Lengerich seinen fachkundigen Rat zu geben. Darin ist u. a. zu lesen: »Im Verhoffen, daß Ew. Hochwohlgeboren noch an Gedachtem sehr gütigen Erbieten festhalten, beehre ich mich, ergebenst mitzuteilen, daß der f. Situations- und Nivellementsplan endlich fertig geworden ist, und sich zur Zeit in den Händen des Herrn Sänitäts Raths Dr. Laehr zu Schweizerhof bei Zehlendorf befindet, der sich auf meinen Wunsch bereit erklärt, die f. Zeichnungen Ihnen persönlich zu ihm vorzuschlagender Zeit zu überbringen und sofort oder später alle gewünschten Erläuterungen zu geben./ Herr Dr. Laehr, ein in der Seelenkunde selten erfahrener Arzt, hat auf meine Bitte sich mit großer Liebe und Treue unserer gedachten wichtigen Bausache durch Angabe der ersten Bauskizzen und fortgesetzte Einwirkung auf die speziellen Bau Pläne und Bauausführung angenommen, häufig die Baustelle usw. besucht und ist, da er die Bedürfnisse der neuen Anstalt auch in Bezug auf Garten- und Park-Anlagen vom ärztlichen Standpunkte aus genau kennt, besser als irgend ein anderer geeignet, Ew. Hochwohlgeboren jede sachgemäße Auskunft zu geben.« (Gerhard Hinz, Peter Joseph Lenné, Hildesheim. Zürich. New York 1989, S. 457)

Die Gleichzeitigkeit der Ereignisse von Laehrs Grundstückszuerwerb im Jahre 1863 und dem Gesprächstermin bei Lenné wegen der Außenanlagen der Irren-Anstalt von Lengerich öffnen der Spekulation bezüglich der Außenanlagen von Schweizerhof Tür und Tor. Pläne oder Schriftstücke aus dem Lennéschen Büro, die die naheliegende Vermutung eines Einflusses oder gar eines Rates in Form eines Entwurfs belegen könnten, sind mir bisher nicht bekannt geworden. Unzweifelhaft zeigen jedoch die Anlagen von Schweizerhof Lennésche Gedanken zur Verschönerung einer ganzen Gegend.

In der ersten Festschrift ist zu lesen: »Es schwebte dem Director die Idee vor, daß, wie in einem Badeort, ein Kurhaus den Mittelpunkt bildet . . .« (S. 14) Im Jahre 1877 konnte »durch einen Contract mit der Chaussée-Direction ein Abkommen getroffen (werden), wodurch auf Kosten des »Asyls« anstatt der wiederholt gekröpften und die Anlagen ruinirenden Pappelbäume Ahornbäume gepflanzt und auf 50 Jahre der Anstalt zugesichert werden. Die Chaussee wird nun beliebter und schattiger Promenadenweg für die Kranken werden.« (S. 33) Mit diesem *Trick* ist es Laehr gelungen, die öffentliche Straße gleichsam zu entwidmen, denn seit der Bepflanzung mit einer Ahornallee machte sie eher den Eindruck einer privaten Vorfahrt zu den Wohngebäuden eines größeren Gutes. Der Eindruck einer größeren privaten Parkanlage wurde noch durch die beiderseits der

Chaussee befindlichen Parkpartien – heute Schweizerhofpark und Schönower Park – verstärkt. Diese im hügeligen Teil des Grundstücks angelegten Partien haben die Chaussee vollkommen in die Gesamtanlage eingebunden.

Daß die Chaussee sich nicht auf einem privaten Grundstück befand, erfuhr der Besucher erst südlich des heutigen Nieritzweges. Die Parkpartien sind in recht bewegtem Gelände situiert worden und diese topographische Gegebenheit wird wohl der Grund gewesen sein für den Wunsch Krauses, sein Etablissement »Schweizerhof« nennen zu dürfen – die Obst- und Gemüsegärten hingegen fanden auf nahezu ebenem Terrain ihren Platz. Diese Obst- und Gemüsegärten sind umgeben und gegliedert durch »Parkstreifen«, das sind die eingangs erwähnten Baumstreifen. Laehr selbst nannte sie »Parkstreifen« und gab damit zu erkennen, daß die gartenbaulich und landwirtschaftlich genutzten Flächen im Sinne einer *ornamented farm* oder *ferme ornée* funktionieren und in Erscheinung treten sollten. Laehr folgt mit diesen Einrichtungen den neuesten Kenntnissen in der rationellen Landwirtschaft, welche u. a. durch Albrecht Thaer vertreten worden sind. Laehr selbst hat, bevor er das »Asyl Schweizerhof« begründete, ein halbes Jahr lang in der Nähe von Eberswalde als Volontär Landwirtschaft studiert. Er wird also mit den damaligen Ideen einer rationellen Landwirtschaft bestens vertraut gewesen sein. Andererseits hat sich Peter Joseph Lenné gerade mit der Fragestellung einer geordneten und funktionierenden Wirtschaftsflur ausgiebig befaßt. Bereits 1825 erschien eine umfangreiche Abhandlung (1826 in der Vereinszeitschrift publiziert) von dem Geheimen Ober-Regierungs-Rath Bethe mit einer Zeichnung von Garten-Direktor Lenné mit dem Titel: »Über Trift- und Feld-Pflanzungen«, welche am Gut Reichenbach in Pommern entwickelt worden sind. Zwanzig Jahre nach dem Reichenbacher Plan begannen, etwa ab 1844, die landespflegerischen Kulturarbeiten auf der Gutsflur in Bornim am Fahrlander See bei Potsdam. Weitgehend ohne romantisches Beiwerk entstand ein ertragssicherer landwirtschaftlicher Betrieb, wobei es vor allem darum ging, die leichten, verwehungsgefährdeten Böden nachhaltig zu sichern. Genau dies war, wiederum zwanzig Jahre später, auch die Fragestellung für die Anlagen auf Schweizerhof.

Laehr beschreibt in der ersten Festschrift von 1878 die Situation: »Die öde Fläche sah traurig genug aus und bei dem freien Zugang der Winde kräuselten sich die Sandflächen. Aber es gab einige Fuss tief hier und da

Lehm und Mergel und die Aussicht war da, auch den oberflächlichen Boden zu verbessern.« (S. 32) Die Anlage der »Parkstreifen« bewirkte für die Grundstücke von Schweizerhof eine Verbesserung der Windverhältnisse und des Kleinklimas überhaupt. Ihre Funktion ist in erster Linie die von Windschutzstreifen. Mit ihnen war es möglich, ausgedehntere Obstquartiere anzulegen. Laehr spricht davon, daß der landwirtschaftliche Betrieb in einzelne, je 2–3 ha große Felder eingeteilt sei, die jeweils von Parkanlagen eingefaßt und reihenweise mit Obstbäumen bestanden seien.« Vermindert auch diese Obstbaumpflanzung den Ertrag des Ackers erheblich, so gewähren gerade durch sie die Felder stets einen freundlichen, gartenmäßigen Eindruck.« (Festschrift von 1893, S. 18) Diese Bemerkung im Zusammenhang mit den genannten Mengen der geernteten Gemüse und Früchte nebst Geldäquivalent sind wohl der deutlichste Hinweis auf die Idee einer »geschmückten Feldflur«, die der Gesamtanlage zugrunde lag.

An dieser Stelle sei nochmals auf die Baum- oder Parkstreifen näher eingegangen. Bei den von Laehr angelegten »Parkstreifen« fällt auf, daß der größte Teil unter ihnen dem eingangs beschriebenen Buchen-Eichen-Typ angehört, lediglich südlich des Schweizerhofparks besteht eine Partie mit »Parkstreifen«, in denen Ulmen und vereinzelt Eichen vorherrschen. An dieser Stelle ist im Gelände eine deutliche Senke ausgebildet, die in nordost-südwestlicher Richtung verläuft und letztlich in die Buschgrabenrinne mündet. Diese Senke ist durch starke Bebauung verändert und teilweise nivelliert, sodaß es heute Mühe macht, sie zu erkennen. Vor dem Umbau des Teltower Dammes 1954 und vor den Bauten der John-F.-Kennedy-Schule sowie der Kirchlichen Hochschule dürfte diese Senke so auffallend gewesen sein, daß ein Wechsel in der Bepflanzung sich geradezu anbot. Genau in dieser Partie befinden sich die Ulmen, während Buchen hier gar nicht vorkommen. Auf allen höher gelegenen Partien des Laehrschen Grundstücks überwiegen Eichen und Buchen. Traubeneichen und Bergahorne sind nur vereinzelt zu finden. Die Birken in den Parkstreifen sind vermutlich aus angeflogenen Samen hervorgegangen; die vereinzelt gefundenen Waldkiefern und einige sehr mächtige Eichen dürften noch aus der alten Heide stammen, d. h. Laehr hat sie geschont. Die Weißdorne kommen an den Rändern der Parkstreifen vor, sie bewirken als recht dichte Gebüsche einen Windschutz in den bodennahen Schichten. Durch den Obst- und Gemüsegarten westlich der Chaussee führte ein Wirtschaftsweg; auch der war mit großer Wahrscheinlichkeit an den Seiten mit Parkgehölzen

BEBAUUNGSPLAN

für das vormals landwirtschaftlich genutzte Terrain
der Nervenheilanstalt Schweizerhof in Berlin-Zehlendorf
Übersichtsblatt 1:4000 Dezember 1912

Der vorliegende Entwurf ist nach Skizzen von Baurat Kiehl gefertigt; darin sind die ca. 7m breiten Baumstreifen der Obstgärten und Felder, deren Erhaltung der Zweckverband Groß-Berlin gefordert hatte, dargestellt. Die Gemeindevertretung stimmte diesem Bebauungsplan am 19. Dezember 1912 zu, am 28. Mai 1913 erteilte der König die Allerhöchste Genehmigung.

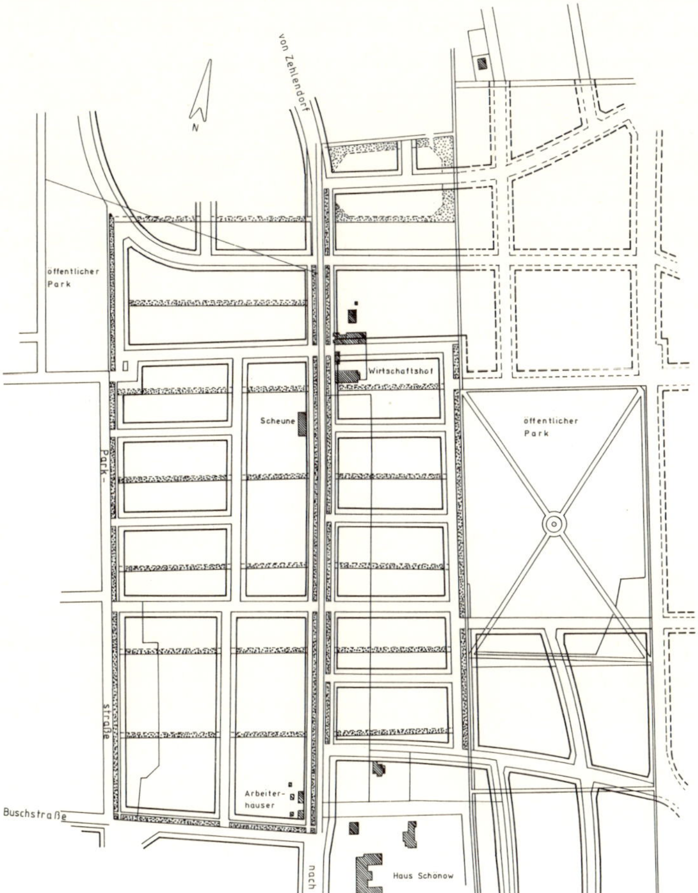

Neu gezeichnet von Grit Hottenträger und Horst Schumacher. Berlin 1987
Quelle: Akten des Kreisausschußes des Kreises Teltow. Landesarchiv Berlin Rep. 210/1 Nr. 883

gesäumt. Von ihm sind kaum noch Reste erhalten. Dennoch ist es denkbar, daß einige Ulmen und Linden an diesem Weg gestanden haben.*

Die aus den vorgefundenen Resten in Gedanken rekonstruierten »Parkstreifen« zeigen mit Blick auf Gustav Meyers »Lehrbuch der Schönen Gartenkunst« Lehrbuchqualität. Meyer entwickelt in seiner 1860 erschienenen ersten Ausgabe: »Jeder Laie weiß heutzutage, daß es zum Gedeihen der Pflanzen nöthig sei, ihnen einen solchen Standort zuzuweisen, welchen sie von Natur lieben, und wird instinktmäßig die Anhöhen mit anderen Gehölzen besetzen, als die feuchten Niederungen, und bei diesem rein auf die kräftige Entwicklung des Einzelnen abzielenden Verfahren zugleich mehr oder weniger, obwohl unbewußt, im Sinne der Naturphysiognomik verfahren ... Der wirkliche Gartenkünstler ... wird ... zu Gruppen und zu größeren Zügen hauptsächlich diejenigen Gehölze vereinigen, welche vorzugsweise auf Bergen gesellschaftlich zusammen leben, wiederum zu anderen solche, welche vorzugsweise in Thälern, in Niederungen oder an Flüssen sich von Natur vereint finden, u.s.f.; er wird diese Vegetations-Charaktere nicht rücksichtslos an einander reihen, oder planlos durch einander würfeln, sondern dieselben so verbinden und verweben, wie es die Lokalität, wenn sie in mannigfache Höhenzüge und Tiefungen geschieden wäre, von Natur fordern würde; und er wird endlich zu diesem Zwecke von selbst geringe Bodenanschwellungen und Muldungen des Terrains als Motive dieser Behandlung geschickt zu benutzen verstehen.« (S. 160) Ferner ist dann zu lesen, wie Gehölze mit unterschiedlich großen Blättern und solche mit hellerem oder dunklerem Grün am vorteilhaftesten zu gruppieren sind. Auch wird ohne Zweifel die schönste Waldart gekürt, wenn Meyer weiter schreibt: »Wenn die Eiche und Buche in dem Park dominiren, wie es in unseren schöneren Laubholzwaldungen der Fall ist, so wird auch die Wirkung der Gehölzgruppirung und der Tinten in ihrer Grundlage gesichert sein; in einzelnen Massen werden, je nach Lage und den Bodenverhältnissen, wiederum die Rüster, Linde oder Eller, nirgends aber der Ahorn, die Esche, Eberesche und Weide, oder solche von unseren Gehölzen dominieren, welche zu den größten oder kleinsten Blattformen zählen.« (S. 161)

* Die Details der Bestandsaufnahme sind enthalten in: Grit Hottenträger/Horst Schumacher. Die Parkstreifen aus den vormaligen Obstgärten des Asyls Schweizerhof in Berlin-Zehlendorf. Städtebauliches und landschaftspflegerisches Gutachten im Auftrag des Bezirksamtes Zehlendorf von Berlin, Abt. Bau- und Wohnungswesen, Gartenbauamt, Berlin 1987 (nicht veröffentlicht).

Blick auf zwei Grundstücke an der Ostseite der Leuchtenburgstraße, mit einem weitgehend erhaltenen Laehrschen »Parkstreifen«. Photographische Aufnahme des Verfassers. Januar 1989.

Die Übereinstimmung der noch erfahrbaren Pflanzungen aus den Laehrschen Anlagen mit den Ideen Lennés zur Landesverschönerung und für eine im Potsdamer Raum ertragssichere Wirtschaftsflur einerseits, sowie andererseits mit den von Meyer niedergeschriebenen Überlegungen zur optimalen Bepflanzung von Park und Garten ist so erstaunlich groß, daß es mir schwerfällt, die Anlagen von »Asyl Schweizerhof« mangels hinreichender Beweise nicht Lenné und Meyer zuzuschreiben.

Umso größer ist meine Hoffnung, daß allein die Möglichkeit einer derartigen Zuschreibung Kraft genug gibt, keine Anstrengung zu scheuen und alles denkbar Mögliche zu tun, um die »Laehrschen Parkstreifen« auch fernerhin zu bewahren. In erster Linie heißt das, sie zu erhalten und zu pflegen, aber auch, sie wiederherzustellen, wo sie in Unkenntnis gar zu sehr ausgedünnt worden sind. Letzteres gilt vor allen Dingen für diejenigen Partien, die sich auf öffentlichem Straßenland befinden, denn dort laufen die Parkstreifen beständig Gefahr, den verkehrlichen Erfordernissen geopfert zu werden.

»Espèces d'espaces«

von

Marie Josée Seipelt

Etwas außerhalb von Zehlendorf, westlich, wird die Potsdamer Chaussee von der Trasse der Wannseebahn gekreuzt. Ungefähr dort, wo der Meilenstein zwei Meilen bis Berlin angibt.

Die Bahn ist 1874 als Abzweig von der Stammbahn, welche bereits 1838 angelegt worden ist, eingerichtet worden. Ihre Trasse bildet eine Brücke über die Chaussee.

Meilenstein am Gemeindewäldchen.
Aufnahme von Paul Dluzniewski. 1991

Eine Skizze von 1891 in der Generalakte zur Potsdamer Chaussee gibt die Breite der Chaussee an der Unterführung mit 10,0 m an, die lichte Höhe der Unterführung mit 4,0 m und die Höhenlage der Chaussee mit +38,0 m über NN. Bis 1905 ist die Straße noch in großen Teilen chaussiert, der Fahrdamm östlich der Bahnunterführung ist aber bereits gepflastert; vermutlich sind die Entwässerungsgräben teilweise beseitigt und durch Tonröhren ersetzt worden.

Als das Puhlmannsche Haus auf dem Grundstück Potsdamer Straße 16-17 1905 aufgeführt wird, ist das für den Gemeindevorstand Zehlendorf Grund genug, sich Gedanken zu einer neuen Gestalt der Straße zu machen. Es gibt erste Überlegungen, die alte Dorftrift zugunsten einer Straßenbahntrasse aufzugeben und die Straße gänzlich zu pflastern.

In einer Skizze aus dem Jahre 1905 ist die Straße in einer Breite von 26,0 m dargestellt. Noch sucht man die alten Alleebäume zu erhalten.

Trasse der alten Chaussee zwischen den Fahrdämmen der Berliner Straße. Aufnahme von Paul Dluzniewski. 1991

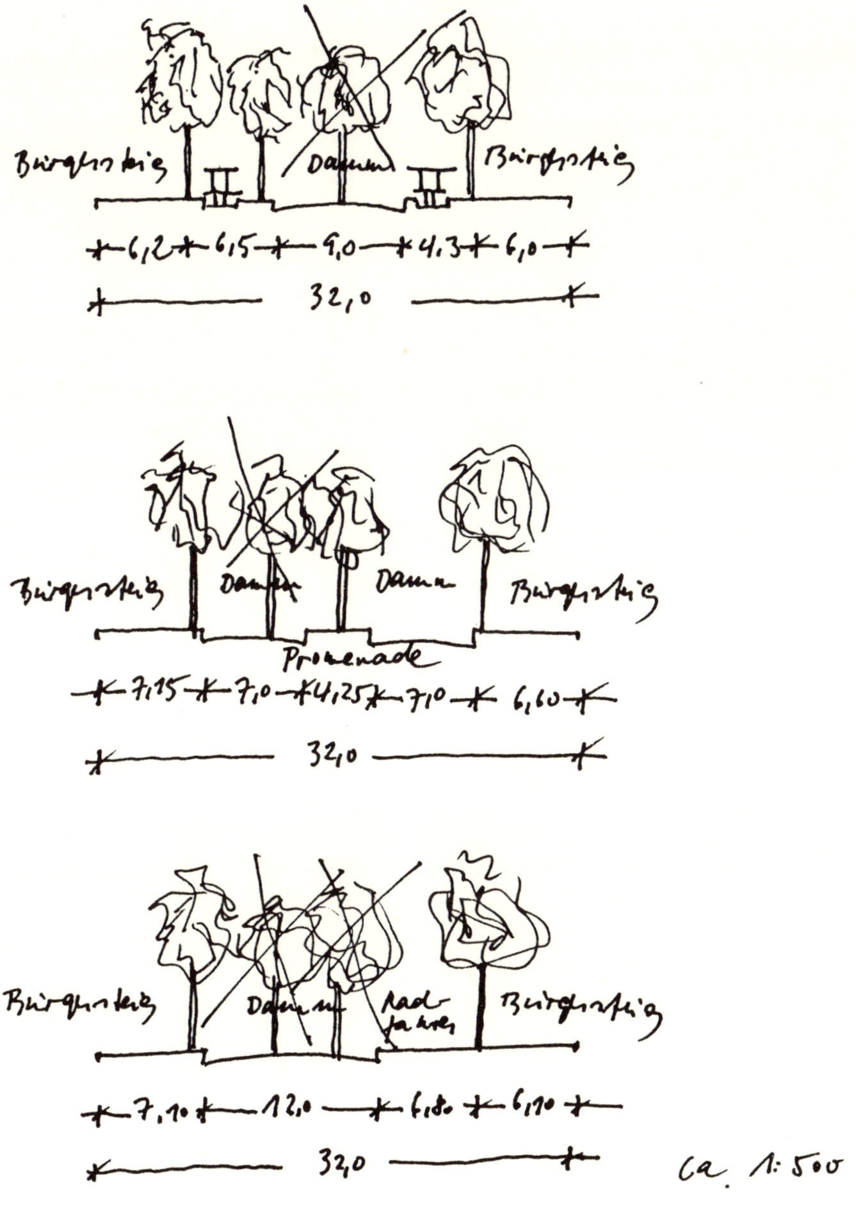

Profilumzeichnungen der Verfasserin nach Angaben aus der Generalakte zur Potsdamer Straße, Nr. 1, Bd. 1, 1862–1912.

In weiteren Überlegungen wird das Fällen der alten Bäume nicht mehr ausgeschlossen, die Straße ist nun auf 32,0 m projektiert.

Die gewaltsamsten Eingriffe in das Profil der Potsdamer Chaussee datieren aus den Jahren 1932–1936. Als Zubringerstraße zur Autobahn wird sie von 13,0 m auf 40,0 m ausgebaut.

Die alte Dorftrift wird vernichtet. Höhennivellierungen, insbesondere an der Bahnüberführung, welche nun für zweigeschossige Omnibusse unterfahrbar gemacht werden soll, haben die Zerstörung eines großen Teils der alten Alleebäume zur Folge.

Gebäude, die nicht unmittelbar an der Chaussee standen, sind über die Verbreiterung unmittelbar an die Chaussee gerückt.

Hier ist empfindlich gestört, was Peter Joseph Lenné, Königlicher Garteningenieur zu Sanssouci, Anfang des vorigen Jahrhunderts vorgefunden hat und zu verschönern gedachte. In seinen »Allgemeinen Bemerkungen über die Brittischen Parks und Gärten« beschreibt er 1824 die Langeweile der dichten Kiefernwände zwischen Zehlendorf und Potsdam und schlägt eine Auslichtung der geschlossenen Waldbestände und das Einstreuen von Laubhölzern vor, »wo die Umgebung anmuthige Landschaftsgemälde darbietet«.

Sein Vorbild sucht er in dem Bestreben der reichen britischen Gutsbesitzer, ihre Feldmarken und Landschaften aufzuschmücken. »Ihre Anlagen fangen bei ihren Wohnungen an, und dehnen sich über ihre Wälder, Berge, Seen und Felder bis zu den äußersten Grenzen dieser aus.«

Lenné betrachtet die Chaussee als Weg durch einen großen Garten, welcher sich von Berlin nach Potsdam erstreckt. Die Chaussee bildet heute die Rückseite eines Straßengefüges, das auf den Mexikoplatz ausgerichtet ist. Trotz der Zerstörungen hat die Straße ihren chausseeartigen Charakter nicht verloren, der in die Ferne gerichtete ausschweifende Blick ist nicht verstellt und eine neu projektierte Bebauung hätte sich diesen stadträumlichen Verhältnissen zu fügen.

Bauliche Veränderungen, nicht gärtnerische, könnten dort, wo blind in die Topographie eingegriffen worden ist, nämlich am Damm und an der Unterführung, zu einer Umformung des Landschaftlichen und zu seiner Erhaltung führen. Es könnten Turmgebäude entworfen werden, die so disponiert sein müßten, daß sie einen ferneren Ort beschreiben. Sie dürften nicht unmittelbar an der Chaussee stehen, sollten vielmehr einen Raum bilden über dem Damm der S-Bahn, der die Landschaft teilt.

OU BIEN, ENCORE:

Dans Paris, il y a une rue;
dans cette rue, il y a une maison;
dans cette maison, il y a un escalier;
dans cet escalier, il y a une chambre;
dans cette chambre, il y a une table;
sur cette table, il y a un tapis;
sur ce tapis, il y a une cage;
dans cette cage, il y a un nid;
dans ce nid, il y a un œuf;
dans cet œuf, il y a un oiseau.

L'oiseau renversa l'œuf;
l'œuf renversa le nid;
le nid renversa la cage;
la cage renversa le tapis;
le tapis renversa la table;
la table renversa la chambre;
la chambre renversa l'escalier;
l'escalier renversa la maison;
la maison renversa la rue;
la rue renversa la ville de Paris.

Chanson enfantine des Deux-Sèvres
(Paul Eluard, Poésie involontaire et poésie intentionnelle.)
aus: Georges Perec, Espèces d'espaces

Die Stadt Berlin ist reich an landschaftlichen Konfigurationen, entlang ihrer Überlandstraßen, entlang ihrer Wasserläufe und an ihren Bahntrassen. Schon seit Jahren sind diese Räume vermehrtem Zugriff ausgesetzt.

Paris ist hierarchisch gegliedert.

Es scheint, als ob Berlin wie Paris werden und seiner Binnenbezüge, welche in der Bewegung entstehen und zerfallen, beraubt werden soll.

Im Stadtinnern, im ehemaligen Ostteil der geteilten Stadt, ist ihr landschaftlicher Charakter hin und wieder architektonisiert. Auch hier sind Umbildungen beabsichtigt, die eine räumliche und ausgebildete soziale Hierarchie zum Modell haben.

Berlin kehrt sich nach außen, Berlin will Hauptstadt werden.

Klassischer Geschmack und Ökologie

von

Thomas Becker

Nur die reine klassische Architektur kann einen Massstab in der Beurteilung dieser Frage geben.

Bruno Taut*

Voraussetzung wäre ein Blick von jener kristallinen Klarheit, welche in die Zeit der antiken griechischen Kunst und Architektur projiziert wird. Taut meint, auf ein gesichertes Verständnis des Adjektivs *klassisch* sich beziehen zu können, indes sein Sinn im Alltagsgerede verschwamm. Im Zusammenhang des zitierten Satzes sind Parthenon und Propyläen als Beispiele genannt. Aus Bewunderung und Gebrauch als Vorbild der historischen Periode, nicht mehr nur implizit spätestens seit der italienischen Renaissance, rührt letztlich eine beschwörende Verwendung her, die auch Taut nicht scheut. Von solch beschwörendem, Wunsch und Hoffnung nach Verbindlichkeit ausdrückendem Sinn, nicht vom präzise denotierenden Einsatz des Wortes, wird hier, unter anderem, die Rede sein. So auch vom *Geschmack*, welcher einmal nicht ob der Beliebigkeit denunziert werden soll, die sonst die Verantwortung fürs ästhetische Urteil ersetzen muß; vom Appell an Subjektivität darin, die in der Verbindung mit *klassisch* zu jenem ein antithetisches Gleichgewicht bildet. Denn wenn für beide gilt, daß, je gültigere Maßstäbe erheischt, desto undeutlicher die Konturen der Begriffe werden, so sind in ihnen doch gegenteilige Intentionen angelegt: *klassisch* sucht, von kanonischen Absichten berufen, äußere Determiniertheit, *Geschmack* möchte auf – gesellschaftlich ausgebildete – sinnliche Erfahrung vertrauen.

Mit dem Bestreben italienischer Aristokratie ab dem 14. Jahrhundert, in der eigenen uneingestanden-bürgerlichen Kultur die gesamte ihrer Vor-

* Bruno Taut, *Architekturlehre*, S. 33. Hrsg. v. T. Heinisch u. G. Peschken; Hamburg/Westberlin 1977.

gänger-Klasse aufzunehmen derart, daß die konkrete Erinnerung an die entmachtete Herrschaft ganz verschwinden, es gleichsam scheinen sollte, die jetzige sei es schon immer gewesen, konvergierte der Rekurs zunächst auf die römische, dann griechische Klassik, was deren Besetzung mit den angesprochenen Konnotationen, von *Ewigkeit* bis *Solidität,* bestimmt hat. Hingegen paßt die Beziehung auf den Geschmack als auf ein unausgesprochenes Gesetz, das die ästhetische Übereinkunft des gesellschaftlichen Verbandes ermöglicht, ja welches sogar die, wenn auch domestizierten, doch je eigenen Sinne des Einzelnen ausdrücklich zum Instrument solcher Übereinkunft macht, besser zum liberalen Bild eines späteren Bürgertums, auch wenn der Begriff bereits zu Anfang des 18. Jahrhunderts verbreitet war. Es bedarf scheinbar keiner offen autoritären Unterdrückung des Andersartigen, es genügt die Ächtung des nicht Eingefügten als eines Beweises des Mangels an Formung; nicht des Rechtes, sondern der Fähigkeit zum Umgang mit dieser Klasse und ihren Privilegien entbehrt der Dissoziierte.

Gleichsam als gewollte Illustration davon erscheint im Rückblick die Kleidung der Studenten in den Jahren der sogenannten Rebellion, in der das Ungefüge gleichbedeutend war mit Nicht-Einordnung ins Establishment. Unterdessen sind die Bürger selber erneut Dissoziierte geworden, diesmal in ihrer eigenen Kultur; die zivilisatorische Mühe eines kleidungsmäßigen Ausdrucks der Anerkennung einer Öffentlichkeit ließ sich einsparen. Natur-Image, oft bloß klobig, der einen, Military-Look anderer, Tennisschuhe und sonstige sportive Accessoires – es ist immer nur Freizeit; Überfluß, Trophäe der Verfügungsgewalt über Arbeitskraft, durchaus im Sinne der Veblen'schen Ostentations-Theorie. Der Verdacht, daß es in so einem Alltag keinesfalls stets sportlich zugehe, drängt sich auf.

Der Klassizismus der Villen des 19. Jahrhunderts mag als eine Variante des Ewigkeits-Topos gelesen werden, als die sozusagen naturnotwendige stetige Wiederkehr einer bürgerlichen Ordnung in unterschiedlichen Ausprägungen; woher sich die mit *klassisch* gern assoziierte Vokabel *zeitlos* erklärt. Vielleicht bekannt ist in diesem Zusammenhang das Wölfflinsche Theorem von dem periodischen Einanderablösen von Klassizismus und Romantizismus.

Der dritte Terminus, Ökologie, steht als bislang letzter stellvertretend für eine Reihe von Versuchen, einem balancehaltenden Wechselspiel der zuerst genannten Kategorien zu entrinnen, um expliziter, eindeutiger und objektiver Kriterien für Gestaltung habhaft zu werden. Er teilt solche Absicht mit Bewegungen, die sich etwa der Biologie, dem Funktionalismus, der Organik usf. verschrieben haben. All diese Namen erweisen sich bei genauerer Betrachtung als mindestens ebenso unexakte Begriffe wie die ersteren.*

Mangel an diesen attackiert Victor Hugo in einem Spottgedicht über die Verlängerung der Rue de Rivoli, deren Sich-Auseinanderdehnen der Proportionen, die Aneinanderreihung zu Elementen gewordener Fassadenstücke ins Beliebige er im Refrain vermittels übertriebener Wiederholung des Wortes »Rivoli« nachahmt und so den Rhythmus ins Hinken bringt. Loos bezieht sich überaus häufig auf den Geschmack: den stadtbekannten Kollegen düpiert er beim Herrenausstatter, indem er genau die Krawatte kauft, die nach Auskunft des andern dem schlechtesten Geschmack entspreche. Auch dort, wo sein Vortrag durch den Verweis aufs Praktische Objektivität der Argumentation zu beanspruchen scheint, wird die kollektive Zeugenschaft dieses oder jenes gegenüber den Österreichern oder Deutschen als fortgeschrittener dargestellten Volkes aufgerufen, dessen Geschmack zur Instanz gemacht.

Le Corbusier wiegelt gegen die ästhetisch normierende Macht der École des Beaux Arts ebenfalls den Geschmackssinn auf, wenn er gegen Brillat-Savarin wettert und die schweren, komplizierten Speisenkompositionen des seinerzeit tonangebenden chef de cuisine als dem Einfluß jener Schule geschuldet denunziert, ja als Beispiel des verdorbenen Zeitgeistes schlechthin anführt.** In der Erörterung der Kleidung des Mannes, welche im Gegensatz zu der der Frau zu allen Zeiten von praktischen Notwendigkeiten bestimmt gewesen sei und somit als Maßstab für wahre Eleganz zu gelten habe, wird hingegen wieder auf die der Klassik zugehörigen Assoziationen spekuliert: deutlich die Parallele zum Taut-Satz.***

* Ich möchte die einzelnen Begriffe bewußt in ihren grammatikalisch inkommensurablen Gestalten belassen, um einem etwaigen Mißverständnis vorzubeugen, Theorie-Münzen sollten gegeneinander ausgespielt werden.

** Übrigens ein seltenes Beispiel für die wörtliche Rückbeziehung auf die ursprüngliche Sphäre des Geschmackssinnes, eines der, positivistisch betrachtet, undifferenziertesten Sinne überhaupt, da als Eigenschaften der Stoffe nur bitter, salzig, süß und sauer perzipiert, alle anderen in Wirklichkeit über den Geruchssinn vermittelt werden.

*** Boshafte Frauen könnten hier anscheinend noch allerhand zutage fördern: während nach Le Corbusier dem »verweichlichten« etc. ionischen Stil gegenüber der Vorrang dem »männlich-herben« dorischen gebührt, zeiht Taut das Erechtheion, wo »natürlich geformten Damen ... mit ihren zarten Köpfchen eine schwere Steinlast« zugemutet werde, der »tiefen Degeneration«.

Ferdinand Kramer hatte den Versuchen um ihn Bemühter, in seinen erklärten Utilitarismus anderes hineinzuinterpretieren, um ihn gewissermaßen hoffähig zu machen für die Neumoderne, stets widerstanden. Es war dem bereits 80jährigen vergönnt, einen J. P. Kleihues zu schockieren, der den Frankfurter Architekten, eingedenk dessen Einrichtungsarbeit zur Weißenhof-Siedlung, nochmal einzuladen gedachte, Analoges zur IBA beizusteuern: Kramers Vorschlag, diesen Zweck durch »ausschließlich bei Woolworth« zu erwerbende Gegenstände erreichen zu wollen, wobei er sich »für besten Geschmack« verbürge, habe der Jüngere unter Bekunden »von größtem Interesse« aufgenommen, sich dann aber nie mehr blicken lassen. In der »Roten Fahne« war nach der Eröffnung jener Siedlung die Möblierung des Mies van der Rohe'schen Hauses als der einzige nützliche Beitrag der ganzen Unternehmung überhaupt zitiert worden.

Jenen objektivistischen Bewegungen eignet ein moralischer Impetus, welcher typisch ist für alle Bestrebungen, nicht nur rein ästhetische, sondern für die gesamte Lebensführung gültige Regeln zu formulieren, während in *klassisch* – Ruhe, Maß, Klarheit etc. – individuelle Lebenshaltung selber ästhetisch vermittelt ist; paradoxe Tendenz aller Moral: daß die im Subjekt liegende Entscheidung zu sittlichem Verhalten im Kodex reguliert wird. Je verdinglichter die Kriterien, denen gehorcht werden soll, um zur wie immer verstandenen Wahrheit zu gelangen, desto autoritärer wird, im Beharren auf ihrer mehr oder minder wissenschaftlich untermauerten Objektivität, ein Absolutheitsanspruch vertreten, der in Widerspruch gerät zum bildhaften Ausdruck – natürlich, menschlich, ungezwungen usf. –, der das jeweilige Selbstverständnis illustrieren möchte. Wo Gestaltung, vermeintlich von aller formalen Orthodoxie befreit, erst einmal den reinen Sachzwängen überantwortet worden ist, bildet sich ein ästhetischer Restbedarf, dessen Befriedigung als Geschmackssache dem Kunden als Hoheitsgebiet verbleibt. Das ist sozusagen ihre postmoderne Dimension, das »Wie hätten Sie's denn gern?« an den übriggebliebenen Stellen, wo die sachlichen Umstände aus sich heraus automatisch nicht genug Formen produzierten. Dergestalt zerfallen in heteronome Determiniertheit einerseits, warenästhetische Anbiederung andererseits, unterscheidet sich die ökologische von früheren naturinspirierten Reformbewegungen durch die Unzulässigkeit bzw. Umkehrung der idealistischen Verzichthaltung: etwas Kälte ertragen zu wollen, um nicht in Doppelglas- oder sonstwie versiegelten Räumen leben zu müssen, aus einem ästhetisch, psychisch oder somatisch begründeten Widerstand gegen das Aquarien-Dasein, würde in erprobt verdinglichter Manier belächelt. Durchdringung von Binnen- und Innenraum, die Taut in einigen Berliner Siedlungen gelang, wäre ohne Chance. Benennte man als Ekel die Ablehnung von der Zwangsvorstellung der Energieeinsparung, mithin auch von der Ökologie, zu verantwortender Widerwärtigkeiten wie der unter den Außenputz geschobenen Vollisolierung aus Polyurethanschaum-Platten, würde das als Geschmackskategorie desavouiert; man müßte denn dem mit einem biologischen Gutachten, also sachbezogen, themenimmanent, zusetzen.

Nun ist die ökologische Bewegung eine spezifische Reaktion auf das bestehende ökonomische System; von dessen eigenen Denkkategorien zugelassen, darf sie nur innerhalb der gegebenen Bedingungen konkurrieren: nicht als alternatives System sondern als die bessere Ware. Nicht quantitative Einschränkung von Bedürfnissen – was nicht schon mit Regression ineins zu setzen wäre – ist gefordert, sondern ihre qualitative Veränderung; es soll nicht weniger gekauft werden, sondern ökologisch. Weil der Gebrauchswert solcher Ware für den Einzelnen bisher nur über relativ abstrakte Gedankengänge einsichtig ist, muß sie sich, um möglichst viel davon an den Mann zu bringen, in einer anziehenden Verpackung darbieten. Daher der warenästhetische Charakter der Natürlichkeit, welche das wichtigste der an den Gegenständen haftenden Markenzeichen ist, ganz im Einklang mit der Theorie Hobbes', derzufolge Schönheit nicht eine Eigenschaft der Dinge selber ist, sondern das Versprechen, daß sie, zukünftig, als Güter zu erlangen seien. Die verdinglichte Wirklichkeit, in welcher diese Güter ihre Tauglichkeit als Waren unter Beweis stellen müssen, ist exemplarisch repräsentiert durch die DIN: Normen, die durch die technische Reglementierung der Herstellung und des Einbaus der Teile physische Dauerhaftigkeit gewährleisten sollen. Ästhetische Dauerhaftigkeit dagegen, einzige Garantie gegen die Wegwerfmentalität, meint die Vokabel *klassisch* – so etwas wie eine ästhetische DIN: im Zweifel Unerprobtem vorzuziehen. Die inflationäre ästhetische Kurzlebigkeit der von der Sezession u. a. vorgestellten Gebrauchsgüter ist Loos der Dorn im Auge, sei dies nun, wie er es will, vom Vorhandensein von Ornamenten bewirkt oder nicht. Darum habe er sich »vor nichts im Leben so gehütet, wie vor dem Produzieren neuer Formen«.

Ob Adorno seine auf Loos gemünzte, gleichsam in Klammern gesetzte Frage, wer eigentlich je gesagt habe, daß nichts vergeudet werden dürfe, heute noch so dastehen lassen würde? Die von Loos gebrandmarkte Vergeudung ist die von Arbeitskraft, nicht von Rohstoffen, gar Natur. Wenn ihn die Möglichkeit begeistert, Marmorplatten in geringsten Stärken als Wandbekleidung brauchbar herzurichten, so ist nicht die Schonung der Ressourcen das Motiv, sondern die vermeintlich ungeschmälerte Ersetzbarkeit menschlicher Arbeitskraft durch Maschinen in der Erzeugung von Oberflächen, deren ästhetische und praktische Qualitäten seit antiken Zeiten bewährt sind. Die leichtere Handhabbarkeit derartiger Teile läßt nachgerade die Taylorisierung der Arbeitsprozesse an der Baustelle vorausahnen, wobei mit der größeren Empfindlichkeit der vorfabrizierten Elemente in der fortlaufenden Entwicklung paradoxerweise niedrigere Qualifikation der Arbeitskräfte einhergehen wird, weil das daraus erwachsende höhere Risiko des Materialbruchs als vorauskalkulierbare Größe bis zu einem gewissen Anteil der immer billiger werdenden Produktion lohnend erscheint. Am Ende steht dann beispielsweise die systematische Ausbeutung der Marmorfelsen von Carrara zu deren Verwendung im italienischen Massenwohnungsbau ab den 50er Jahren. Besonders charakteristisch ist die industrialisierende Verwertung eines aus dem Faschismus übernommenen Details: nach Art eines Blendrahmens in die Maueröffnungen gesetzte, etwa 20 cm breite Streifen, welche, an die Laibung gemahnend, die Ausbildung von Putzkanten ersparen. Eine Art Marmor-Teppichfußboden ist das Resultat des zu Fliesenformat zerschnittenen und auf glatten, harten Estrichen verklebten Minerals. Ähnliches läßt sich für die heute überwiegende Verlegungstechnik von bloß so genannten Parketts empfinden: die direkt auf Zementestrich geklebten Stäbchen oder sonstigen Formate sind bestenfalls noch Bekleidung oder auch nur Verschleißschicht, das heißt, sie kommen allein ihrer Oberflächenbeschaffenheit halber zum Einsatz; oft genug wird auch diese dann der ästhetischen Erfahrung größtenteils entzogen durch die Behandlung mit Kunstharzen, welche neuerdings ihrerseits wiederum »unsichtbar«, sogar in »biologischer Qualität«, erhältlich sind.

Nicht ganz korrekt ist übrigens die Vereinnahmung tout court dieses womöglich älteren, im jetzt »biologisch« genannten Bauwesen vertretenen Interesses unter die Ökologie allgemein. In vorderster Linie ist es ihm nicht um einen Beitrag zu einem, wie auch immer verstandenen, besseren Gesamtsystem zu tun, sondern darum, im bestehenden sich individuell eine der leiblichen Gesundheit möglichst wenig abträgliche Behausung zu schaffen. Ein in dieser Sparte tätiger Kollege hat mir das ziemlich unverhohlen in »wenn man so will, egoistische Variante« der Ökologie übersetzt. Wozu nichts weiter zu sagen ist, da sich, ob biologisch oder nicht, jederman so im Gegenwärtigen einrichtet, wie er's in seiner relativen Autonomie für richtig halten mag. Ich will darum hier auch nicht auf die uralten Vorläufer von ähnlichen Unternehmungen eingehen, noch auf deren Verquickungen mit unseliger Vergangenheit. Grob unterscheidend läßt sich sagen, daß Ökologie einen herstellungs- und gebrauchstechnischen Interessenschwerpunkt hat, die Entscheidungen dem Kriterium einer Energiebilanz unterworfen wissen will, zunächst unabhängig von den biologischen Eigenschaften der bearbeiteten Stoffe selbst. Deren Beobachtung als oberstes Prinzip mag hingegen im Einzelfall zu ökologisch unverantwortlichem Energieaufwand führen, wenn z. B. Holz bestimmter Qualität aus weiter Entfernung mit schweren Transportmitteln herbeigeschafft werden muß, weil seine Verwendung zum Bau von Decken, Dachstühlen etc. in der Gegend nicht üblich ist.* Le Corbusier bewegte sich in einem solchen Widerspruch, wenn er, dessen »Ville radieuse« und andere Vorschläge sich gar nicht so schlecht ins ökologische Denken gefügt hätten, selbst noch in der »Petite maison« am Genfer See die völlige Unabhängigkeit des Entwurfes von den lokalen Gegebenheiten behauptete: reine (klassische?) Architektur.

Den im unsinnigen Schlagwort vom Internationalen Stil je nach Standpunkt enthaltenen Vorwurf mangelnder Bodenständigkeit nun müßte sich jene Verwendung des Marmors in Italien nicht gefallen lassen, würde auch biologisch sicher als unbedenklich eingestuft werden; dennoch ist – im bittersten Sinne wörtlich – offensichtlich, wenn man sich z. B. in den Bergen von Massa-Carrara umschaut, daß irgendwo die Rechnung nicht stimmt, daß ihre Voraussetzungen eines Kriteriums ermangeln.

Vielleicht hat Loos, trotz allem Scharfblick, in seiner Aversion gegen die Kunsthandwerks-Bewegungen ihnen auch dies eine nicht zugestehen wollen: daß sie, zumindest in ihren besseren Vertretern, derselben Verzweiflung am Niedergang der Handwerkskunst entsprangen, die auch ihn wider die eigene Gewißheit manch aberwitzige Forderung auszurufen trieb. Die Sezession hat keinesfalls das Ende der handwerklichen Produktionsweise ursächlich zu verantworten, läßt sich vielmehr als ein letztes Aufbäumen gegen die Ohnmacht verstehen. Bei Loos klingt die Klage über die verlorene Selbständigkeit, in der sich der Handwerker zu seinem Gegenstand vor

* Die Architektur des gesamten Mittelmeerraumes ist bekanntlich zum Großteil einer sehr alten ökologiewidrigen Verhaltensweise, der völligen Entforstung, geschuldet.

der realen Subsumtion verhalten konnte, zuweilen so nach, als hätte diese eben erst sich vollzogen. Die Arbeitsteilung zwischen Möbeltischlern und Architekten war aber nicht am Ende des 19. Jahrhunderts eingeführt worden. Soufflot, Hardouin-Mansard, Ledoux, alle haben sie für Tischler und Polsterer, auch Schlosser gezeichnet, die auch meist längst keine einfachen Handwerker mehr waren. Einer der berühmtesten Betriebe im vorrevolutionären Frankreich, die von Georges Jacob begründete Dynastie von maîtres ébénistes, beschäftigte gegen Ende des 18. Jahrhunderts bereits 200 Arbeiter. Aber auch für David Rieseners Werkstatt dürfte der Ausdruck ›Fabrik‹ nicht unangemessen gewesen sein. In den 30er Jahren des 19. Jahrhunderts zeichnet Giuseppe Jappelli für das von ihm entworfene Caféhaus Pedrocchi in Padua einen Stuhl nach dem griechischen Klismòs, der, absolutes Novum, auf 4 identisch profilierten Beinen steht; in der mathematisch bestimmten, mit dem Zirkel auszumessenden Krümmung der Rückenlehne ist die Bewegung der arbeitenden Hände abstrahierend vorweggenommen, die Realisation in Konzept und Ausführung geschieden worden.

Neu dagegen dürfte die ausdrückliche Rolle des Architekten als Geschmacksexperte sein, welche ihm in einer Zeit zuwächst, da ein Bismarck die deutschen Fabrikherren auffordern zu müssen glaubt, sich öfters im Kontor blicken zu lassen: nicht mehr bloß formales Eigentum an den Produktionsmitteln fordert seinen Tribut; der Bourgeois muß selbst arbeiten und wird sich, wie so vielem, auch den Interieurs der eigenen Residenz nicht mehr recht widmen können. Hat ein Architekt einen Bau in diesem oder jenem *Stil* vorgeschlagen, wird er nun aufgefordert, doch gleich eine Einrichtung entsprechender Linie mitzuliefern. Die Wiener Werkstätten u. a. zeigen zum ersten Mal, wie solche durchgestylten Linien aussehen und wie sie produziert werden können. Im Architekten-Künstler entpuppt sich ein kleinbürgerlicher Erbe des Hofzeremonienmeisters, der sich freilich, nicht lange nach dessen Erfindung, als Autor eines *Gesamtkunstwerks* verstanden wissen will. Seinen Abstand dazu muß Loos immerzu verleugnen, um, ungeachtet seiner Polemik gegen solche Usurpation der Wohnsphäre (die sei zum »Ausleben seines schlechten Geschmacks« dem Bauherrn vorbehalten), durch die nichts auslassenden Kommentare zu Damenwäsche, Reitstiefeln etc. in Erinnerung zu bringen, daß die Lebensbereiche nicht ästhetisiert werden müssen, sondern selber schon zugleich Bereiche ästhetischer Aktivität sind.

Vergleicht man die Arbeiten etwa der Sezession und die ästhetischen Resultate der Öko- bzw. Bio-Welle, so wird sogleich deutlich, wie die scheinbar gemeinsame Tendenz des Im-Bestehenden-sich-einrichten-Wollens – in der Vorstellung eines endgültigen Zustandes übrigens wieder ein der Klassik-Sehnsucht verwandtes und doch nicht erreichbares Ziel – in Wahrheit zu entgegengesetzten Dimensionen führt: in den bis zu den Eßbestecken durchexerzierten Uniformierungsbemühungen der fin-de-siècle-Künstler schwingt eine geradezu tragische Ahnung von der Unmöglichkeit einer heilen Welt mit, während das Natur-Design ein Jahrhundert später mit der panischen Furcht vorm Untergang der ohnehin als heile nicht zu habenden Geschäfte macht. Da, wie oben ausgeführt, die ökologische Ästhetik andererseits sich nicht, oder noch nicht, als vollständiges System anzubieten vermag, trifft sich der Geschmack ihrer genötigten Anhänger eigenartigerweise zuweilen mit dem neuesten Rausch fürs Industrie-Design, welches als Produkt der Yuppie-Jahre doch wohl eher der unökologischen Sphäre zugeordnet werden müßte.

Sich der Rezyklierbarkeit der Stoffe zu versichern scheint nun eine der wenigen möglichen Antwort-Versuche auf das Gesetz der Amortisation zu sein, welches in der kapitalistischen Produktionsordnung jeden Versuch, zu bleibender Qualität zu gelangen, als aussichtslos erscheinen läßt. Wiederverarbeitung der Stoffe ist immer auch eine Weiterverarbeitung, d. h. durch Zufügen von Arbeit, ökologisch gesprochen: von Energie, eine jedesmal größer werdende Entfernung, auch ästhetisch, von ihrer ursprünglichen Zusammensetzung. Aber eben durch die steigende Kenntnis immer höherer Grade von Dekomposition und Dichte der Resynthetisierung der Materialien ist der Zugriff auf die rohe Natur ständig ungehemmter geworden. Die Senkung sowohl physisch als auch kostenmäßig des proportionalen Anteils der Rohstoffe am Endprodukt durch deren immer rückstandsfreiere Ausnutzung ist in Wahrheit die dauernd perfektionierte Verwertung der Arbeitskraft, d. h. Verschleißung von Arbeitsvermögen. Das relativ billiger werdende Einzelstück kann und muß in stets größerer Masse auf den Markt geworfen werden. Wer, wie der Schreiber dieser Zeilen, einmal in unreflektierter Bestürzung über ganze verschwundene Berge momentelang der Hoffnung sich hingeben mochte, durch höheren Grad der Synthese, d. h. Künstlichkeit der Aggregation, könnte die restlose Ausplünderung der Materiallieferantin verhindert werden, mußte angesichts riesiger, zur Herstellung von Keramikfliesen und Tonziegeln leergegrabener Lehmgründe in der Po-Ebene rasch eines Besseren sich besinnen. Von solchem Anblick tröstet auch nicht die historische Dignität der ältesten der in plastische und Abbinde-Phase scheidenden Techniken, wogegen etwa das Trockenlegen bzw. Umleiten ganzer Flüsse um der Zuschlagstoffe willen das ohnedies feststehende Volksurteil über den Beton kaum mehr verschlimmern dürfte. Zu dem mag auch die Nicht-Wiederverwendbarkeit einer schnell zu großer Härte zu erstarren fähigen Masse beitragen, der die nahezu ausschließliche Verwendung des Kalkes als Bindemittel hat weichen müssen. In der Erfahrung der umkehrbaren und unendlich wiederholbaren Karbonatisierung des Kalziums war das Motiv ewiger Wiederkehr angelegt, Recycling seit Jahrtausenden praktiziert worden.

Der neapolitanische Architekt Francesco Venezia erinnert in seiner Arbeit zum Wiederaufbau der vom Erdbeben zerstörten sizilianischen Stadt Gibellina daran, daß in unserer Gegenwart von zwei, anthropologisch in Kannibalismus und Mumifizierung unterschiedenen, Kultformen der Vergangenheits-Bewahrung allein letztere gepflegt wird. So, wie stattdessen griechische Bauern ihr marmorn-architektonisches Erbe in verschiedenen Kohäsionszuständen: als ganze Teile, als Bruchstücke oder zu Staub zermahlen, seit jeher ihren Bauten wieder einverleibten, hat bürgerliche Gesellschaft von früh an die einer glücklichen Urerinnerung zugeschriebenen Architekturformen in mehr oder weniger umgebildeter Synthese wiederverwendet: Recycling ist im verdinglichten Verständnis auch ein Name von Renaissance.

Kein gutes Beispiel, weil wörtlich, scheint mir dafür James Stirlings Arbeit des letzten Dezenniums. Wörtlichkeit ist es nicht weniger, wo sie sich ironisch gibt; Anführungszeichen potenzieren eher die Unbefriedigung über den schuldig gebliebenen Quellenbeleg. Betrachtet man Stirlings Umgang z. B. mit den Anschlußstellen zwischen Solbänken und geschlossenen Partien von Außenwänden, bleibt der Zweifel, ob sie einem außerordentlich komplizierten Gehirn sich entrangen oder ohnmächtige Anwendung irgendwelcher DIN-Verordnungen seien auf einen Werkstoff, mit dem der steinmetzmäßige Umgang seit langem verlernt wurde. Die technische Verfügung des produzierenden Subjekts über die Materie vermittels Maschinen, die jeglichen Naturstein wie Butter zu gleichwelchen Formen schneiden können, verkehrt sich zur Unterwerfung der ästhetischen Produktion unter ihr völlig äußerliche Gesichtspunkte: die Wahl des Natursteins ist denkbar gar nicht so eklektisch, wie sie tut, denn aus Beton wären ähnliche Profilarbeiten womöglich teurer.

Dies ist die Stelle, an welcher der ökologische Energiebegriff nicht stimmt; die Differenz zwischen lebendiger Arbeit und Produktionsmitteln, in denen jene einerseits verschwindet, andererseits in den Produkten vorgetäuscht erscheint, ist unterschlagen. Dem der stofflichen Natur entnommenen Material hätte, damit diese nicht länger als unerschöpfliches Gratis-Reservoir mißbraucht werde, die Verausgabung lebendiger Arbeit zu korrelieren, freilich nicht in einer buchhalterisch zu erfassenden Proportion. Geschmack, verstanden als Produkt ästhetischer Arbeit an der je eigenen Person, dürfte sich der Verhökerung als »natürlich« oder sonstigem Schwindel nicht andienen; er hat keinen bilanzierbaren Energiewert.

Gegenüber dem obsoleten Unterfangen einer Objektivierung von Gestaltung in einer Gesellschaft, deren eigenes Gesetz schon selbst nichts anderes zuläßt und auch noch die Ergebnisse unter beliebigen Etiketten am ästhetischen Markt offeriert, wäre nicht mit Wörtlichkeit zu korrespondieren, sondern das in jenem umgangssprachlichen Gebrauch erhoffte Nicht-Eklektische zu erarbeiten, das in seinem Namen der ältesten Eklektik überhaupt sich unterworfen weiß.

WILL ES DIE STUNDE DER GUNST
UND PAART SICH DAS BAUEN
MIT KUNST,
ENTSTEHT ARCHITEKTUR.

DAS KUNSTWERK FÜR SICH
KANN ALLEIN BESTEHEN.
WILL MAN JEDOCH EIN BAUWERK SEHEN,
BEDARF'S GUTER TECHNIK,
ABER IHRER NICHT NUR.

Günter Anlauf

Hamburger Bürgerhäuser im Spiegel von Inventaren des frühen 17. Jahrhunderts

von

Uwe Meyer-Brunswick

Das traditionelle Hamburger Bürgerhaus ist bekanntlich durch Katastrophen, vor allem aber den zerstörerischen Umgang der Hamburger mit ihrem baulichen Erbe bis auf vereinzelte traurige Reste aus dem Stadtbild verschwunden. Zum Glück ist umfangreiches Quellenmaterial erhalten geblieben, so daß manche Untersuchungen zur Baugeschichte dennoch möglich sind. Besonders interessant ist der große, im Hamburger Staatsarchiv bewahrte Bestand an Inventaren, die einst für Auktionszwecke angefertigt wurden. In ihnen hielt man fest, was auf zu versteigernden Grundstücken an unbeweglichem Gut vorgefunden wurde, was »niet-, erd- und nagelfest« war, wie man sagte. Diese Bücher, die anfangs auch Mobilienaufstellungen sowie Schiffe verzeichnen, umfassen den Zeitraum von 1628 bis gegen Ende des 19. Jahrhunderts und sind fast lückenlos erhalten. Gleiches gilt für die bei den Auktionen angefertigten Protokolle mit Verkaufsmodalitäten und erzielten Preisen. Stichproben bei einigen aus der Literatur bekannten Häusern haben ergeben, daß es zumindest bei größeren Bauten gute Chancen für das Vorhandensein wenigstens einer Beschreibung gibt.

Hier soll es nun um die Informationen gehen, die sich aus den ältesten Inventaren gewinnen lassen. Ich habe mich dabei auf die ersten fünf Bände der »Inventier- und Verkaufsbücher«[1] beschränkt; mehr hätte vermutlich nicht viel Neues gebracht und wäre bei der zur Verfügung stehenden Zeit auch nicht zu bearbeiten gewesen. Detaillierte Ausführungen zur Art dieses und anderen für die Geschichte des Hamburger Bürgerhauses wichtigen Quellenmaterials habe ich an anderer Stelle gemacht, so daß hier darauf verzichtet werden kann.[2]

In den genannten Bänden also sind die 1628–30 angefertigten Beschreibungen von etwa 70 innerhalb der Tore befindlichen »Erben« enthalten. (Außerhalb gelegene Immobilien habe ich nicht berücksichtigt.) Der größte Teil lag natürlich in der heutigen Altstadt; die neue Umwallung, die dann das Kirchspiel St. Michaelis mit umfaßte, war gerade erst fertiggestellt worden, und auch dann wurde die Neustadt ausweislich der überlieferten Karten nur zögernd bebaut. Dementsprechend vermelden die Inventare dortiger Häuser manchmal Besonderheiten, wie wir sehen werden. Insgesamt bilden die beschriebenen Baulichkeiten in bezug auf Lage, Größe und Ausstattung wohl einen recht guten Querschnitt durch den Bestand der damaligen Zeit; vom großen Brau- bis zum kleinen Handwerkerhaus, vom mehrstöckigen Mietshaus bis zur Bude ist in den Beschreibungen alles vertreten.

Wenden wir uns zunächst dem Äußeren zu, präziser dem der knapp 80 Vorderhäuser (zu verschiedenen Erben gehörten mehrere Häuser mit Straßenfront), die man sich in der Regel als Wand an Wand mit den Nachbarn stehende Giebelhäuser vorstellen muß; Traufgänge kamen in Hamburg nur gelegentlich vor, etwa um an ein Fleet zu gelangen. Vierzehn der beschriebenen Häuser, weniger als ein Fünftel, besaßen eine steinerne Giebelwand an der Straße, was als Besonderheit stets notiert wurde. Die Häuser mit massiver Fassade standen in der Brauerstraße, Filterstraße, Johannisstraße (2), am Fischmarkt, im Schopenstehl, am Rödingsmarkt (3!), in der Steinstraße, am Burstah, in der Kleinen und Großen Bäckerstraße und in der Katharinenstraße. Von diesen hatten wiederum nur acht beidseitig massive Seitenwände, zwei je eine »Brandmauer«.

Die genannten Straßen befanden sich meist in den »reicheren«, in Wassernähe gelegenen Bezirken der Stadt, die im wesentlichen auch die Bereiche waren, in denen Bier gebraut werden durfte.[3] So waren denn auch von den Häusern mit Steingiebel immerhin neun mit dem Braurecht ausgestattet. Dazu kamen noch zwei derartig privilegierte Fachwerkhäuser. Die Braugerechtigkeit spielte eine wichtige Rolle für den Wert der zu verkaufenden Immobilie, denn das Bierbrauen oder, wenn man davon keinen Gebrauch machen wollte, der Verkauf von Braugenehmigungen, »Orloffen« genannt, sicherte ein ständiges Einkommen. Der Besitz eines Brauhauses war so natürlich auch für die Kreditwürdigkeit ein Pluspunkt.

Wichtigstes Gerät zum Brauen war die kupferne Braupfanne, die wegen ihrer Größe eingemauert war und somit zur unbeweglichen Ausstattung zählte. Bei der Besichtigung unserer Häuser hat man sie in fünf Fällen gesehen, manchmal auch noch andere Gerätschaften wie »Kuven« (Bottiche) oder die »Darre« (zur Malzgewinnung). Nur einmal, bei einem Haus in der Johannisstraße, wurde der Standort der Pfanne hinzugeschrieben: unten in einem am Fleet stehenden Speicher; als Besonderheit war das wohl der Erwähnung wert. Von den Brauerben ohne Pfanne, wo also der augenfälligste Beweis der Braugerechtigkeit fehlte, wurde einmal wenigstens der »Pfannenbrief«, ein andermal allgemein das Recht zur Bierherstellung hervorgehoben. In den übrigen Fällen beschränkte man sich auf die Nennung der dem Brauwerk dienenden Räumlichkeiten wie Kornböden und »Moldtluchten« (Malzböden)[4] oder sogar nur auf die Bezeichnung als »Brauerbe«. Tatsächlich gebraut wurde also lediglich in jedem zweiten Brauhaus. Das paßt gut zu Bings Angabe, nach der 1608 nur noch in 286 von 531 Brauhäusern Bier hergestellt wurde.[5] Das mit dem altehrwürdigen Brauprivileg verbundene Prestige für ein Haus war jedoch offenbar auch dann noch Geld wert, wenn das Brauwerk überhaupt nicht ausgeübt werden konnte: so wurden für einen Prozeß vor dem Reichskammergericht die Mietkosten für Brauhäuser (1586–91) zusammengestellt, bei denen das Brauwerk aber ausdrücklich nicht mitvergeben wurde.[6] Sie waren auch so etwas Besonderes.

In diesem Zusammenhang sei noch auf weitere Arten von Gerechtigkeiten hingewiesen, die in den Büchern Erwähnung finden: je ein Backhaus stand am Speersort und an den Kajen (dort genauer im Hof, aber der Begriff wurde auf das gesamte Erbe übertragen); zwei Grundstücke in der Breitenstraße und am Schaarmarkt waren mit der Schmiedegerechtigkeit ausgestattet, eines an der Spitalerstraße mit der Gerechtigkeit des Töpferamtes. Wegen der mit dem Betrieb der Öfen verbundenen Brandgefahr waren solche Nutzungen bei den Nachbarn nicht gerade beliebt; daran entzündete Streitigkeiten wurden bis vor das Reichskammergericht getragen.[7] Umso wichtiger war es, entsprechende Rechte zu betonen. Gegen Feuerschäden versichert waren übrigens, nach Angabe der Inventare, nur vier Häuser, zwei von ihnen Brauhäuser. Derartige Versicherungen waren die Vorläufer der 1676 gegründeten staatlichen Hamburger Feuerkasse.

Bei steinernen Giebeln, kehren wir zum Äußeren der Häuser zurück, haben sich die Schreiber meist darauf beschränkt, jene als solche zu benennen, ohne zusätzliche Angaben zu machen. Es wird sich dann in der Regel um ältere Häuser gehandelt haben, deren Fassaden dem bei Massivfronten üblichen Bild entsprachen und außer ihrem Material nichts Verkaufsförderndes an sich hatten. Im Bild überliefert ist die »Neue Apotheke« am Großen Burstah, später nach einem Eigentümer »Oberdörffersche« benannt, ein wohl 1531 erbautes Haus mit Treppengiebel, das in einem Inventar beschrieben ist.[8] In diesem ist nur von einem »steinen Giebel« und ebensolchen Brandmauern die Rede. Ein weiteres Haus, das mit Steingiebel und -wänden geschildert und im Bild auf uns gekommen ist, stand an der Brauerstraße/Ecke Winserbaum.[9] (Vermutlich könnte man Darstellungen weiterer Häuser finden; jedoch ist die Suche aufwendig, da für die genaue Lokalisierung eines beschriebenen Gebäudes, Voraussetzung für eine Identifizierung im Bild, meist erst über die Eigentümer die spätere Hausnummer ermittelt werden muß.) Natürlich gab es vereinzelt auch Neubauten. Ein Haus am Rödingsmarkt hatte laut Inventar einen »guet new steinen Giebel«, der aber sonst wohl nicht weiter auffiel.

Anders war es bei einem Haus in der Johannisstraße, denn es wurde bei seiner Beschreibung abschließend bemerkt, daß das »gantze Haus fein luchtig von Fenstern« gewesen sei (»luchtig« hängt mit dem Wort »Lucht« zusammen, das verschiedene Bedeutungen hatte, u. a. »Fenster«, aber auch »Luft«[10]). Fenster, Lichtöffnungen mit Glasscheiben, gehörten eigentlich zu Wohnräumen, im Gegensatz zu herkömmlichen Holzluken oder -gittern vor den Lagerböden. Offenbar gab es hier besonders viele davon, wie es derzeit, vielleicht nach Antwerpener Vorbild, in Hamburg Mode war und an der erhalten gebliebenen Sandsteinfassade vom »Kaisershof« im Museum für Kunst und Gewerbe noch ablesbar ist. Tatsächlich lagen über der Diele jedoch nur Lagerböden. Wenn man diese hinter Fenstern versteckte, ist das ein Hinweis, daß nicht mehr, wie noch bei dem erwähnten Haus in der Brauerstraße, der durch große Speicherböden nach außen dokumentierte Besitz an Handelsware für die Stellung in der Gesellschaft als entscheidend erachtet wurde, sondern vielmehr die an vielen Wohnräumen zu erkennende Führung eines kultivierten Lebens. Besonderheiten wiesen auch das von dem Theologen Georg Dedeken bewohnte Haus in der Katharinenstraße und eines im Schopenstehl auf: sie hatten einen »steinen Giebel mit ausgehawenen Steinen« bzw. einen »ausgehawene(n) Steingiebel«, waren also mit bildhauerisch bearbeitetem Sandstein geschmückt oder überhaupt daraus hergestellt. Auch dafür ist die »Kaisershof«-Fassade ein Beispiel.

Bei rund Dreiviertel der Gebäude wurde zum Äußeren überhaupt nichts notiert. Diese Häuser bestanden vollständig aus Fachwerk, das in Hamburg, im Gegensatz zu seiner weitgehend massiv erbauten Schwesterstadt Lübeck, so verbreitet war, daß ein Kommentar in der Regel überflüssig war. Die Art der Konstruktion war bei den meisten Fachwerkhäusern vom Prinzip her gleich, wenn auch die Dimensionierung natürlich sehr unterschiedlich sein konnte. Die Stockwerke wurden in der Regel einzeln abgezimmert, wobei die Diele mit eventuell vorhandenen Zwischengeschoßräumen stets als Einheit behandelt wurde. So konnte man in den Inventarbüchern zu zwei als neu bezeichneten Gebäuden in der Spitalerstraße und in der Hankentwiete schreiben, daß sie »drei Stender hoch« gewesen wären. Diese Angabe war nur sinnvoll, wenn die Ständer, also die senkrechten Hölzer des Fachwerkverbandes, üblicherweise nicht durch mehrere Etagen liefen. Wo man jene Konstruktionsart in Hamburg fand, in der Fachwerkterminologie etwas unglücklich »Geschoßbau« genannt (im Gegensatz zum hier weitgehend üblichen »Stockwerkbau«)[11], werden auswärtige Zimmerleute am Werk gewesen sein; solche Häuser sind etwa aus Minden oder Einbeck bekannt. Quasi als Pendant zur Höhenangabe über die Ständer konnte man die Tiefe bzw. Breite eines Gebäudes mit der Anzahl der Gefache angeben, wie es hier gelegentlich geschah; so bei einem Haus in der Neustädter Fuhlentwiete, dessen Ausdehnung mit »18 Fach« angegeben ist.

Eine Besonderheit war offenbar ein Haus in der Steinstraße, das vorn einen »holten«, einen hölzernen Giebel hatte. In der Stadt war diese besonders feuergefährdete Bauweise wohl schon eine Ausnahme; sie wird in den Beschreibungen nur einmal genannt, bezeichnenderweise im Stadtteil St. Jacobi, der von den mittelalterlichen Quartieren am längsten dörflich geprägt war. Trotz der doch offenbar wenig eindrucksvollen Fassade besaß das Haus eine reiche Ausstattung.

Häufig werden in den Inventaren, besonders bei massiven Giebelwänden, steinerne Eingangsstufen erwähnt. Das Höherlegen des Erdgeschosses, das die für den Warentransport zwischen Diele und Straße hinderlichen Eingangstreppen erforderlich machte, wird in Hamburg zuerst in der Stadtmarsch erfolgt sein, um etwas Schutz vor den regelmäßigen Überschwemmungen zu gewinnen und trotz hohen Grundwasserstandes Keller zur Warenlagerung und zur Vermietung anlegen zu können. Da hier, wie gesagt, die Gebiete mit wohlhabenderen Einwohnern lagen, hat man vielleicht mit der Zeit Eingangstreppen auch als Hinweis auf die Lage des Hauses und damit als Prestigeobjekt gesehen. An den Seiten der Treppen oder des Treppenpodestes waren oft Bänke, mitunter mit stelenartigem Abschluß, angeordnet, sogenannte Beischläge, so daß man vor der Tür sitzen, die Straße beobachten und mit den Nachbarn sprechen konnte, so wie es alte Leute auf dem Lande gelegentlich noch heute tun.

Dort oder im Ausland wird der Streifen vor dem Haus manchmal auch immer noch für das Gewerbe des Hausherren genutzt, wie es früher in unseren Städten überall üblich war. So ließ der Hamburger Rat 1460 verkünden, daß Verkauf und Lagerung von Waren vor den Türen nicht weiter als bis zum Rinnstein oder Beischlag erlaubt sei.[12] Die Erwähnung von Treppen und Beischlägen sagte also auch etwas über die Nutzungsmöglichkeiten des vor dem Haus liegenden Straßenraumes aus. Gleiches gilt für die hier bei einigen Gebäuden erwähnten »Ausluchten«, erkerartige, aber auf dem Erdboden ruhende Vorbauten vor der Stube, die ebenfalls in den Straßenraum hineinragten. Ähnlich wie ein Herrscher, der von den Erkern seines Schlosses sein Territorium überwachen konnte, konnte der selbstbewußte Bürger von seiner Auslucht die Straße nach allen Seiten »kontrollieren«.

Betrat man das Innere der Häuser, gelangte man in aller Regel zuerst auf die häufig einen großen Teil des Erdgeschosses einnehmende »Deel«, die Diele, die deswegen auch stets als erster Raum beschrieben ist. Nur in einem Haus an der Rosenstraße fehlte sie offensichtlich, aber bei jenem handelte es sich um ein »Herbergirhaus«, wo man gleich in die »Dornße« kam, wohl die Gaststube. Die Diele wurde in zeitgenössischen Quellen mitunter auch schlicht als »Haus« bezeichnet, was verbal an längst vergangene Zeiten erinnerte, als »im Hause« und »auf der Diele« quasi dasselbe bedeuteten.[13]

Seit alter Zeit und auch noch als unsere Inventare aufgestellt wurden, war dies der übliche Ort, wo gekocht wurde. Fast immer wird auf der Diele ein »Schorstein« erwähnt, der Rauchfang über dem wegen seiner simplen Ausführung und Selbstverständlichkeit hier nie genannten Herd. Bei einem sehr kleinen Haus in der Spitalerstraße, wo er nicht notiert wurde, zog der Rauch wohl noch so ab. Manchmal wurde auch ein »flamischer Schorstein« gesehen, ein Kamin, der in diesen Fällen (auch) zum Kochen benutzt wurde. Vor Zug versuchte man die Feuerstelle durch leichte Raumabtrennungen aus Föhren- oder Eichenholz zu schützen, die bei etwa jedem vierten bis fünften Haus genannt sind. In zwei Fällen wurde die Angabe allerdings nachträglich wieder gestrichen; dort handelte es sich also wahrscheinlich nicht um einen festen Bestand, sondern um leicht zu demontierende Stellwände, wie sie auch in Aufstellungen beweglicher Habe dieser Zeit öfter zu finden sind. Vereinzelt waren die Abtrennungen mit Glasfenstern versehen, was besonders vermerkt wurde. So besaß das erwähnte Holzgiebelhaus an der Steinstraße »1 Küche umbher mit Glase Fenster«.

Die Kochecke hatte ihren Platz meist hinter der Stube, zu der wir noch kommen werden. Die Feuerstelle befand sich wohl gewöhnlich an der gemeinsamen Wand, so daß von ihr auch der Stubenofen beheizt werden konnte. In Lübeck hatte sich dies seit Ende des 14. Jahrhunderts oder sogar früher herausgebildet[14], und in Hamburg wird es wohl nicht anders gewesen sein. In der Regel werden in den Beschreibungen zur Lage des Kochplatzes keine Angaben gemacht, es wußte wohl jeder Bescheid. Nur in wenigen Fällen findet sich die Bemerkung, daß jener bei der Stube gelegen hätte. Interessanterweise sind das fast immer die Fälle, wo ausdrücklich von »Küche«, nicht nur von »Schorstein« gesprochen wird. Eine »Küche« konnte also auch woanders als hinter der Stube liegen, sonst wäre die Ortsangabe überflüssig gewesen. Die Abtrennung von der Diele war wohl nicht das entscheidende Kriterium für die Benennung, da auch übliche Kochstellen (keine »Küchen«) mit festen Windfängen angetroffen wurden. In einem Inventar wurden zunächst notierte Windfänge wieder gestrichen, waren also wohl entfernt worden; der Begriff »Küche« blieb aber stehen, muß demnach auch ohne jene für passend gehalten worden sein.

Die Inventare lassen erkennen, daß man sich derzeit in einem Übergangsstadium befand: der zur Diele hin mehr oder weniger offene, mit Rauch- und Geruchsbelästigung verbundene Kochplatz wurde allmählich zum abgeschlossenen Raum, was wiederum die Diele wohnlicher und vornehmer machte; also auch hier, wie schon beim Äußeren der Gebäude bemerkt, eine zunehmende Differenzierung im Hause und Verfeinerung der Lebensweise.[15] Etwas jüngere Quellen belegen dann, wie der Ort der Essenszubereitung manchmal ganz von der Diele verschwand und, wohl nach höfischem Vorbild, an eine nicht sichtbare Stelle, etwa in den Keller, verbannt wurde, wobei allerdings als Zeichen bürgerlicher Lebensweise und Tradition häufig eine herausgeputzte Prunkküche auf der Diele zurückblieb.

Die ebenfalls von der Diele abgeteilte, aber schon lange als selbständige Raumeinheit existierende, auch in kleinsten Häusern vorhandene Stube oder »Dornße«, die Begriffe wurden meist synonym gebraucht, lag in der

Regel an der Vorderseite des Hauses, neben dem Eingang, so daß eine Standortangabe meist für entbehrlich erachtet wurde. Nur wenn sie sich ausnahmsweise hinten befand oder es mehr als eine Stube gab, auch das kam gelegentlich vor, beschrieb man die Lage genauer bzw. sprach von »Vor-« und »Achterdornße«. Mit der Bezeichnung »Stube« war fest verbunden die Heizbarkeit des Raumes, in der Regel durch einen Kachelofen. In diesem Zimmer konnte man Geschäftspartner und anderen Besuch angemessen empfangen oder die für den Warenverkehr nötigen Schreibarbeiten erledigen. Zumindest in Lübeck ist die Nutzung als »Skrivekamere« bereits sehr früh belegt[16], wird also auch bei Hamburger Kaufleuten schon lange üblich gewesen sein. Mitunter gab es außer der Stube (bzw. den Stuben) auf der Diele auch noch eine oder mehrere (Schlaf-)Kammern, die, wie der Begriff »Kammer« derzeit noch in aller Regel aussagte, keinen Ofen hatten (später werden diese Begriffe nicht mehr konsequent unterschieden). Die Abtrennung von Räumen für bestimmte Nutzungsarten hatte also teilweise ziemliche Fortschritte gemacht. An ganz alte Zeiten erinnerten jedoch noch ein Haus an der neuen Burg und eines am Dovenfleet, wo es nach den Inventarangaben im Erdgeschoß überhaupt keine Stube oder Kammer gab und so die Diele, mit dem Kochplatz, den ganzen Raum einnahm.

Wie beim Bürgerhaus in Norddeutschland allgemein üblich, war in Hamburg das Dielengeschoß verhältnismäßig hoch, was praktische (Bierbrauerei), aber auch repräsentative Gründe gehabt haben wird.[17] Bekanntermaßen suchte man im Laufe der Zeit dem Wunsch nach immer mehr separaten Räumen dadurch nachzukommen, daß man im ungenutzten oberen Bereich der Diele, an den Seitenwänden, Gelasse einbaute, die teilweise an den Deckenbalken befestigt waren und daher »Hangelkammern« genannt wurden. Vielleicht waren die Vorläufer vorn offene Bretterborde gewesen, wie sie Ebba Tesdorpf im alten Zippelhaus, dem Hamburger Speicher der Bardowieker Bauern, noch gezeichnet hat; die Bretter lagen dort wie die Böden der Hangelkammern auf Balken, die auf der einen Seite in der Mauer steckten, auf der anderen Seite an der Decke hingen.[18] Hangelkammern haben die Schreiber unserer Inventare immerhin fünfzehnmal gesehen (und auch so genannt), allerdings meist ohne eine genauere Lageangabe wie »vorn« oder »hinten« zu notieren, da das offenbar ohne Bedeutung war. Die Erschließung erfolgte in der Regel durch eine eigene Treppe, aber auch das wird nur in wenigen Fällen angedeutet; z. B. bei einem Haus am »Neuen Kran«, wo im Anschluß an die straßenseitige

Dornße eine kleine Wendeltreppe und dann eben die Hangelkammer aufgezählt werden. Nach ganz oben kam man über eine weitere Wendeltreppe im hinteren Bereich. Gedient haben die Hangelkammern wohl meist als Schlafräume für Personal und vielleicht auch entferntere Familienangehörige.

Eine zweite, häufig realisierte Möglichkeit der Nutzung des Luftraumes war die Unterteilung der von der Diele abgetrennten Stube oder Kammer in zwei übereinanderliegende Zimmer. Auf so gebildete, zu einem nicht vollständigen Zwischengeschoß gehörende Räume deuten wohl Formulierungen wie »baven der Dornße noch 1 Dornße« hin. Für die Erschließung gilt gleiches wie für die Hangelkammern; sie waren anfangs isoliert angelegt und hatten eigene, nur bis dorthin reichende Treppen. So konnte es vorkommen, daß zwei oder gar drei je nach Bedarf angeordnete Treppen von der Diele nach oben führten.

Eine Verbesserung in dieser Hinsicht war die Verbindung der oberen »Dielenräume« durch einen Gang, so daß man mit einer Treppe auskam. Dieser zur Diele hin mit einem Geländer gesicherte Gang, der zu einem charakteristischen Element norddeutscher Dielen werden sollte und bei großen Häusern dann sogar manchmal ringsum geführt wurde, war um 1630 noch eine verhältnismäßig neue Sache; eine derartige »Galerie«, so der später in Inventaren häufig anzutreffende Ausdruck, wird nur einmal, an den Wandbereitermühren, erwähnt. In diesem Haus, das zur Zeit der Aufnahme erst »vor ungefehr 8 Jahren gebawet« worden war (und auch schon über eine »Küche« verfügte), wurde zudem als Besonderheit vermerkt, daß die Treppe bis auf den zweiten (obersten) Boden führte. Ein solcher Hinweis auf die nach moderner Weise an einer Stelle zentralisierte Vertikalerschließung taucht auch bei einigen anderen Hausbeschreibungen auf, war aber noch die Ausnahme. Übrigens sind stets nur Wendeltreppen genannt; wo Angaben über Treppen fehlen – auf der Diele etwa in jedem zehnten Haus, darüber (außer bei durchgehenden Treppen) fast immer – hat es wahrscheinlich nur schlichte geradläufige gegeben, die derzeit nicht modern waren und eine Erwähnung nicht lohnten. In Ausnahmefällen wurde betont, daß die Treppe »ausgeschnitten« war, also wohl ein geschnitztes Geländer besaß; mit dem gleichen Wort wurden in jener Zeit mitunter auch Täfelungen und Schränke beschrieben.

Wie schon gesagt, sind die Lageangaben zu Zwischengeschoßräumen zumindest aus heutiger Sicht oft nicht ganz eindeutig. Das gilt dann auch für die Etagen, die über der Diele mit ihren Einbauten lagen. Verständlich sind die vereinzelt anzutreffenden Formulierungen »uff dem andern Stenderwerk« (d. h. auf dem 2.) oder »uff dem 3. Stenderwerk«, die sich auf die Fachwerkkonstruktion beziehen (s. o!). Weitaus häufiger findet man aber nur die schlichte Bezeichnung »oben«, die man anscheinend gern, aber leider nicht nur dann wählte, wenn man ein volles Obergeschoß benennen wollte. Mitunter wurden solche aber auch als »Bohnen«, also als Böden bezeichnet, was sich in Schleswig-Holstein auf dem Lande noch lange gehalten hat; dort sprach man ebenfalls generell von »Böhn«, wenn man ein Stockwerk eines städtischen Hauses meinte.[19] Eine konsequente sprachliche Unterscheidung zu im Dach liegenden »Böden«, also zu Böden im moderneren Sinne, sowie zwischen Wohn- und Lagernutzung läßt sich nicht erkennen. So bezeichnete man bei dem schon erwähnten neuen und massiven Brauhaus am Rödingsmarkt das vornehm ausgestattete 1. Obergeschoß als »1. Bohnen«; das Dach begann erst beim nicht zu Wohnzwecken genutzten »3. Bohnen« (dort werden die seitlichen Regenrinnen erwähnt). Bei der Burstah-Apotheke nannte man den zwischen massiven Seitenwänden liegenden, mit Wohnräumen versehenen 1. Stock den »1.«, das unterste Dachgeschoß darüber den »andern Bohnen«. In anderen Häusern unterschied man dagegen »oben« vom »1. Bohnen«. Meist ließe sich nur anhand zusätzlichen Archivmaterials, etwa Abbildungen oder jüngeren und dann ausführlicheren Inventaren, klären, was jeweils gemeint war.

Wegen der Unsicherheit, welche Angaben sich auf ein Zwischen- und welche sich auf ein 1. Obergeschoß beziehen, ist es nur manchmal möglich, die Anzahl der Geschosse über der Diele eindeutig zu bestimmen. In der Niedernstraße und am Kattrepel lag in zwei Fällen über der Diele (mit und ohne Zwischengeschoß) nur noch ein Dachboden. Bildlich überliefert ist ein ähnliches Gebäude aus der Spitalerstraße.[20] Häuser wie diese weisen auf eine (von mehreren?) Entwicklungslinien des Hamburger Bürgerhauses hin; auf Bildung eines zunächst einstöckigen Dielenhauses aus einem für das 11./12. Jahrhundert nachgewiesenen dreischiffigen Typus durch Abtrennung der seitlichen »Kübbungen«.[21] (Später wird Lübeck einen starken Einfluß ausgeübt haben, dessen im 13. Jahrhundert eingeführtes, stets massives und in erster Linie für Handel und Warenspeicherung konzipiertes Dielenhaus von Anfang an mehrstöckig gewesen ist.[22]) Zu den höchsten Häusern zählte das genannte Brauhaus an der Brauerstraße, das nach Inventarangaben über der wahrscheinlich partiell durch ein Zwischengeschoß unterteilten Diele vier »Moldtluchten« (dem Foto nach Obergeschoß und drei Dachböden) und einen weiteren Boden aufwies. Bei den meisten Häusern lag die Gesamtgeschoßzahl zwischen drei und fünf.

Das Stockwerk über der Diele, sei es nun ein 1. Obergeschoß oder ein Dachboden, wurde fast immer zum Wohnen (mit-)genutzt, mindestens durch eine Schlafkammer. Häufiger wird auch eine zusätzliche Stube genannt, die manchmal aufgrund ihrer Ausstattung als Festraum zu erkennen ist, wenn nicht sogar ausdrücklich, wie bei der Burstah-Apotheke oder dem Brauhaus am Rödingsmarkt, ein Saal erwähnt wird. Gesellschaftsräume in diesem Stockwerk gingen auf herrschaftliche Vorbilder zurück und sind vielleicht über Lübeck nach Hamburg gekommen; Saalgeschoßhäuser und Dielenhäuser mit Saalgeschoß sind dort seit dem 13. Jahrhundert nachgewiesen.[23] Davon unterschieden werden muß ein ebenfalls häufig an dieser Stelle genannter »Wohnsaal«, womit eine Mietwohnung gemeint war, meist bestehend aus einem (Vorraum mit Herd und) Rauchfang, Stube mit Kachelofen und eventuell einer Kammer; derartige Mietshäuser lagen natürlich meist nicht gerade in den Straßen der vornehmen Brauhäuser. Eine dritte Bezeichnung von »Saal«, nämlich ein »Lustsaal«, erscheint bei drei Häusern an der Neustädter Fuhlentwiete, bei denen es sich um Garten- oder Sommerhäuser mit dahinterliegendem knapp skizzierten Lustgarten handelte; sie sind also mit üblichen Wohnhäusern nicht direkt vergleichbar, zeigen aber, welchen Charakter die Neustadt damals noch hatte.

Den Abschluß der Beschreibung der Vorderhäuser bildet in der Regel der Keller, der zur Lagerung von Lebensmitteln (»Bier-«, »Wein-« oder allgemein »Speisekeller«), zur Bierherstellung (»Braukeller«) oder für andere Gewerbe (»Packkeller«), auf der Straßenseite relativ häufig auch als vermieteter »Wohnkeller« oder als Laden (»Kramkeller«) diente. In der Regel verfügten Hamburger Keller nur über Holzdecken, die nicht weiter erwähnt werden. Nur an der Brauerstraße wurde ein »gewölbter«, also massiver Keller gesehen. Im Keller oder im Hof, je nach Lage, befand sich auch der Hahn der Wasserleitung, sofern man an eines der privaten, von der Alster oder durch Feldbrunnen gespeisten Wasserversorgungssysteme angeschlossen war; zehn Häuser verfügten nach Angabe der Inventare über diesen Luxus.

Bei einigen Grundstücken, so an der Filterstraße, am Speersort, der Johannisstraße und in der Steinstraße, wird nach dem Vorderhaus, oder, wenn der Weg bei der Aufnahme so verlief, auch im Anschluß an die Diele

(»hinten im Hause«), ein wohnlich oder gar vornehm ausgestattetes »Achtergebawte« beschrieben, ein Flügel, wie er zumindest später, sofern das Grundstück es zuließ, hinter reicheren Häusern zur Aufnahme von Repräsentationsräumen allgemein üblich war. Aus dem Text geht nicht immer eindeutig hervor, daß man sich in einem anderen Gebäudeteil befand, so daß die Zuordnung zu einem Flügel mitunter nur spekulativ ist. Massive Bauten hinter dem Vorderhaus, bei denen man an Kemenaten denken könnte, wie sie in Lübeck weit verbreitet waren, sind nicht genannt.

Die Entwicklung der Innenausstattung wurde bereits von Finder detailliert beschrieben[24], so daß ich mich hier kurz fassen kann. Der Fußbodenbelag von Diele, Stuben, Kammern und Sälen bestand fast ausnahmslos aus gebrannten Formsteinen, sicher verschiedener Farbe und Qualität, die »Astern« genannt wurden. »Fliesen«, wahrscheinlich aus Kalkstein, kamen nur selten vor. Die Diele war meist in erster Linie Arbeitsraum, der, abgesehen vom Fußbodenbelag und ab und zu einem Handstein, keiner näheren Beschreibung bedurfte. In einigen Häusern waren jedoch schon wohnliche Dinge hinzugekommen, wie etwa Wandtäfelungen, feste Schränke oder Bänke. Einige Male wurde ein »Harnischschapp« gesehen, in dem die für das Bürgermilitär nötige Bewaffnung des Hausherrn untergebracht war. Deren Umfang war abhängig von Einkommen und gesellschaftlicher Stellung, und so sprach es für sich, wenn man dafür einen ganzen Schrank brauchte, den man wohl auch gern im Blickfeld von Besuchern hatte. Weiteren Aufschluß über die beginnende Wohnlichkeit der Diele können Mobilienverzeichnisse geben, die ja ebenfalls in den Inventierbüchern enthalten sind, hier aber nicht näher behandelt werden können.[25] Erwähnt sei der Nachlaß eines Hein Petersen (wohl der ehemalige Eigentümer des großen Hauses an der Brauerstraße), bei dem »im Hause«, also auf der Diele, eine große »Krone« (Leuchter) aus Messing gesehen wurde. Da derartige Listen häufig in erster Linie nach dem Material zusammengestellt sind, lassen sich nicht immer Aussagen zu einzelnen Räumen machen.

Über Wände und Decken wurde nur etwas notiert, wenn es Besonderes zu vermelden gab, also hauptsächlich in etwas größeren Häusern. In den Stuben sah man dort häufiger Wandpaneele, die manchmal auch näher beschrieben sind; aus Eichenholz, aus »Wagenschott« (astfreiem Holz), geschnitzt, farbig gefaßt (mehrfach in gelb) oder sogar mit Malerei versehen. Ähnliches galt für die (Holzbalken-)Decken. Standardmäßig gehörte zu einer Stube ein Kachelofen, den es natürlich in unterschiedlichen Ausführungen gab; eines der exklusivsten Exemplare wird als bunt und unten mit Messingpfeilern beschrieben. An fester Möblierung kamen in Stuben Bänke und Einbauschränke, hauptsächlich für Lebensmittel (»Bier- und Speiseschapp« oder »Schenkscheibe«), vor; manchmal auch ein »Cobußbett«, also ein Alkovenbett, dem man demnach eine repräsentative Bedeutung beimaß. Schlafkammern auf der Diele waren nicht sehr häufig, hatten dann aber wohl ebenfalls eine herausragende Bedeutung. Manche waren bemalt und wiesen einen Kamin auf, was sicher als Steigerung gegenüber der daneben- bzw. davorliegenden Stube gemeint war, zu der ein solcher in aller Regel nicht gehörte.

Stuben und Kammern in Zwischengeschoßlage dienten meist nur privaten Zwecken, wie die dürftigen Angaben der Inventare zur Ausstattung zeigen. Das 1. Obergeschoß hatte dagegen, entsprechende Verhältnisse vorausgesetzt, wieder gesellschaftliche Bedeutung, wie schon gesagt wurde. Eine Besonderheit gegenüber der Dornße unten in der Diele waren bildhauerisch bearbeitete Kamine, die hier mehrfach genannt sind. Manchmal gab es auch dort noch eine reich ausgestattete Schlafkammer. Als besonders exklusives Beispiel sei das 1. Obergeschoß (der »1. Bohnen«) des oben angesprochenen Brauhauses am Rödingsmarkt erwähnt: es wies vorn eine mit schönen Paneelen, einer wohl bemalten Kassettendecke, einem bunten Kachelofen und außerdem einem prächtigen Kamin ausgestattete Stube auf, hinten aber einen großen Saal, dessen Boden gefliest (!) war und der über »steinerne Fensterrahmen« und ebenfalls einen Kamin verfügte. Falls ein Flügel vorhanden war, konnten sich dort ebenfalls vornehm ausgestattete Prunkzimmer befinden, hier etwa bei einem (weiteren) Haus in der Steinstraße. In der Regel lagen sie wohl im Obererdgeschoß, meist etwas höher als die Diele. Aus dem Text der frühen Inventare gehen solche Details allerdings noch nicht hervor; später wird das anders.

Im Schnitt bei etwa jedem zweiten Haus, unabhängig von dessen Größe oder sonstiger Ausstattung, wurde mindestens ein »Secret« oder »Privet« gesehen, also ein Abtritt. Im einfachsten Fall befand sich darunter ein Behälter, der gelegentlich geleert werden mußte. Es gab aber in Wassernähe auch Abflußleitungen, die in die Fleete mündeten, was als besonderer Komfort erwähnenswert war. Noch einfacher war es bei den Häusern, die mit der Rückseite am Wasser standen und so eine sehr bequeme Entsorgungsmöglichkeit hatten. Bereits im 13. Jahrhundert gab es an solchen Häusern Vorbauten, »Lauben« oder »Loven« genannt, die auch hier gelegentlich gesehen wurden; nicht sehr häufig, da sie an den Typ des Außendeichhauses gebunden waren, dann aber meist zusammen mit einem Abtritt. Ein Zeichen von Vornehmheit mag es gewesen sein, wenn man, was manchmal vorkam, über ein »Secret« bei der Schlafkammer verfügte.

Durch die Benennung als »Spiker« eindeutig gekennzeichnet sind die gelegentlich ebenfalls auf tieferen Grundstücken vorhanden gewesenen Speicher. Pferdeställe gab es an der Spitalerstraße (für 40 Pferde, also kommerziell genutzt), der Rosenstraße (Gasthaus) sowie auf der Fuhlentwiete (Gartenhäuser). Weitere Baulichkeiten, auf die ich nicht mehr eingehen will, waren kleine Wohnhäuser im Hof (Buden), Waschhäuser, Badestuben oder Werkstätten für verschiedene Professionen.

Nachweise

1 Staatsarchiv Hamburg (StA), Auktionswesen (Aw) 1, Bde 1–5.

2 Uwe Meyer-Brunswick, *Palaisähnliche Hamburger Bürgerhäuser des 17. Jahrhunderts und ihre Geschichte*, Hamburg, 1990.

3 Wolf Bing, *Hamburgs Bierbrauerei vom 14. bis zum 18. Jahrhundert*. In: ZHG 14, 1909, S. 263 ff. – Heinrich Reincke, *Forschungen und Skizzen zur Geschichte Hamburgs*, Hamburg, 1951, S. 59 ff. – Matthaeus Schlüter, *Historisch und Rechts-begründeter Tractat von denen Erben in Hamburg . . .*; Hamburg, 1698, S. 214 ff.

4 Otto Mensing (Hg.), *Schleswig-Holsteinisches Wörterbuch*, Neumünster, 1927 ff.

5 Bing, *Hamburgs Bierbrauerei . . .*; S. 297.

6 StA, Reichskammergericht S 82, 6. Teil, pag. 265 f.

7 Z. B. StA, Reichskammergericht C 11.

8 StA, Aw 1 Bd. 5, 5. 2. 1630. – Abb. bei Wilhelm Melhop, *Althamburgische Bauweise*, Hamburg, 1908, S. 42; u. Wolfgang Rudhard, *Das Bürgerhaus in Hamburg*, Tübingen, 1975, T 11c.

9 StA, Aw 1 Bd. 1, 8. 1. 1629. – Abb. bei Melhop, *Althamburgische Bauweise;* S. 43.

10 Mensing, *Schleswig-Holsteinisches Wörterbuch*.

11 Günther Binding (Hg.), *Fachterminologie für den historischen Holzbau: Fachwerk – Dachwerk* (36. Veröffentlichung der Abteilung Architekturgeschichte des Kunsthistorischen Instituts der Universität zu Köln), Köln, 1990.

12 Jürgen Bolland, *Hamburgische Burspraken 1346 bis 1594, mit Nachträgen bis 1699*, Hamburg, 1960, 45,7.

13 Vgl. Bruno Schier, *Hauslandschaften und Kulturbewegungen im östlichen Mitteleuropa*, Göttingen, 1966 (2), S. 136!

14 Wolfgang Erdmann, *Die Küche im Mittelalter*. In: Die Lübecker Küche (Hefte zur Kunst und Kulturgeschichte der Hansestadt Lübeck, 7), Lübeck, 1985, S. 21.

15 Vgl. Renate Reichstein, *Küche und Küchennutzung der frühen Neuzeit im Spiegel der Lübecker Nachlaßinventare*. In: Die Lübecker Küche, S. 91 ff!

16 Wolfgang Erdmann, *Die Entwicklung des Lübecker Bürgerhauses im 13. und 14. Jh. unter dem Einfluß von Profanarchitektur aus dem Ostseeraum.* In: Die Heimat, 1982, S. 230.

17 Vgl. Jens Christian Holst, *Beobachtungen zu Handelsnutzung und Geschoßbildung an Lübecker Steinhäusern des Mittelalters.* In: Hausbau in Lübeck (Jahrbuch für Hausforschung 35), Sobernheim, 1986, S. 102!

18 Melhop, *Althamburgische Bauweise*; S. 297.

19 Mensing, *Schleswig-Holsteinisches Wörterbuch*; Stichwort »Böhn«.

20 Abb. bei Melhop; S. 230.

21 Reincke, *Forschungen . . .*; S. 28 ff. – Josef Schepers, *Westfalen in der Geschichte des Nordwestdeutschen Bürger- und Bauernhauses* (Der Raum Westfalen, IV 2, Sonderdruck), Münster, 1965, S. 139 f. – Reinhard Schindler, *Ausgrabungen in Alt-Hamburg*, Hamburg, 1959, pass.

22 Holst, *Beobachtungen . . .*; S. 93 ff.; mit weiteren Literaturhinweisen.

23 Ebenda.

24 Ernst Finder, *Hamburgisches Bürgertum in der Vergangenheit,* Hamburg, 1930, S. 248 ff. – Speziell zu Tischlerarbeiten auch Max Fehring, *Tischleramt und Tischlerhandwerk in Niederdeutschland unter besonderer Berücksichtigung hamburgischer Quellen,* Hamburg, 1928 (Ms. in 3 Bden im Museum für Hamburgische Geschichte).

25 Hier bietet der Bestand »Reichskammergericht« im StA zusätzliches Material.

Eine Einstimmung auf Schumachers Hamburg

von

Hartmut Frank

»... denn nur als ästhetisches Phänomen
ist das Dasein und die Welt
ewig gerechtfertigt ...«
Friedrich Nietzsche, Geburt der Tragödie.

Das Licht ist das besondere an Hamburg. Nicht die Sonne im Zenith oder das malerische Streiflicht am frühesten Morgen, sondern das intensiv strahlende Licht, das sich so eigentümlich aus dem niedrigen nördlichen Sonnenstand und der hier stets hohen Luftfeuchtigkeit ergibt. Und noch mehr jenes sonnenlos diffuse Licht an wolkenverhangenen Regentagen, bei »Hamburger Wetter«, jener klimatische Schwebezustand, bei dem es schwer fällt zu entscheiden, ob es nur dunstig und feucht ist oder bereits begonnen hat zu regnen.

Der Fremde, der das erstemal nach Hamburg kommt, hat gewöhnlich Mühe, dieses Licht als etwas bemerkenswertes zu entdecken. Er neigt eher dazu, sich über das »schlechte Wetter« zu ärgern, und kann dann weder dem Licht noch den anderen Besonderheiten des Ortes etwas abgewinnen. Eine generelle Ausnahme bilden da nur die vielen skandinavischen Gäste der Stadt. Ihnen ist zwar nicht der Regendunst, aber zumindest das flache Sonnenlicht bestens vertraut. Für sie ist Hamburg zudem etwas wie das Tor zum beneideten warmen Südeuropa und wird entsprechend milde beurteilt.

Die anderen Besucher, vor allem jene aus dem Süden, muß man in den Stadtpark in Winterhude führen, um sie mit dem Wetter zu versöhnen und sie von ihren ortsfremden Vorurteilen abzulenken. Kein anderer Park dieser insgesamt so grün erscheinenden Stadt eignet sich gleichermaßen dazu, weder der alte, herrschaftliche Jenischpark in Klein-Flottbek mit seinem Blick über die Elbe und den Hafen, noch die in jeder Generation einmal umgestalteten Wallanlagen rings um die innere Stadt und auch nicht der beneidenswert innerstädtisch gelegene Alsterpark mit seinen einladenden Promenaden.

Man muß es sich gut überlegen, wo man den etwa vier Quadratkilometer großen Stadtpark mit Gästen betritt, damit sie richtig auf seine differenzierten Teilräume und unterschiedlichen Gesichter eingestimmt werden. Man sollte es je nach Wochentag und Tageszeit und natürlich je nach Wetter anders beginnen.

An einem sonnigen Sonntagnachmittag etwa sollte man den Park von Westen durch das Sierichsche Wäldchen betreten, das hier schon bestand, bevor der Park angelegt wurde. Man trifft in der Mitte dieses Gehölzes, an einer mit 26 m über dem mittleren Meeresspiegel für Hamburg bemerkenswert hohen Stelle, selbstverständlich der höchsten des Parks, auf den die ganze Anlage beherrschenden voluminösen Wasserturm mit einem Planetarium im Obergeschoß. Aber nicht dieser Turm beeindruckt an dieser Stelle, sondern der plötzliche Wechsel des Lichtes, wenn man aus dem dunklen feuchten Wäldchen auf eine breite Schneise hinaustritt, die vom Turm wegführt und den Blick in der Ferne auf eine im Sonnenlicht flimmernde grenzenlos weit erscheinende Wiese öffnet.

Den Turm kann man erst wahrnehmen, wenn man in der Schneise weitergeht und etwas Abstand gewonnen hat. Er ist ein monumentales Trumm mit einer pathetischen, von einer Kaskadenanlage zum Park hin betonten Schaufront. Wie schon das Wäldchen hatte Fritz Schumacher 1908 beim Beginn seiner Planungsarbeiten für den Park auch diesen Wasserturm als vorgegeben zu berücksichtigen. Aber er konnte den siegreichen Wettbewerbsentwurf Otto Menzels nachträglich in seinem Sinne so sehr modifizieren, daß heute selbst von den fachkundigen Hamburgern kaum einer an Schumachers Autorschaft zweifelt.

Man wird an einem solchen Tag nicht in das Wäldchen zurückgehen, sondern dem Licht und dem kaum merklichen Gefälle des Terrains folgen, die einzige den Park kreuzende Verkehrsstraße überqueren und erst am Ende der Schneise wieder verharren. Zwei bemerkenswerte Plastiken des Berliner Bildhauers Georg Kolbe aus hellem Kalkstein, zwei in expressiver Bewegung erstarrte, auf den Knien kauernde weibliche Gestalten, flankieren diesen Ort und definieren eine Art Schwelle oder Torsituation vor der immensen, sanft zu einem See hin abfallenden »Volkswiese«, die das Herz dieser Parkanlage bildet und deren sattes Grün sofort an englische Parks denken läßt.

Auf ihrer weiten Fläche spielen locker verteilte Menschen Fußball oder Federball, lassen Kinder Drachen steigen und sitzen ganze Familien in Gruppen in der Sonne. Erst die große Zahl der Menschen und ihre dennoch auffällig geringe Dichte geben der Wiese eine Dimension. Sie ist so groß, daß sich die Rufe der Spielenden und die Schreie der Kinder zu keinem Lärm steigern können. Wir stehen eine Weile, um die lichte Weite vor uns erfassen zu können. Langsam lassen wir den Blick weiterwandern zu dem unterhalb der Wiese in der Sonne glänzenden Wasserbecken und der offenen Stadtsilhouette dahinter am Horizont. Dann erst folgen wir einem der beiderseits der Wiese verlaufenden Wege und kommen langsam vorbei an den sonntäglichen Müßiggängern zum See hinunter. An dessen Ufer setzen wir uns in Gras, beobachten die gemächlichen Wasservögel, die kleinen Ruderboote und das Gewimmel im gegenüberliegenden Schwimmbad.

Bevor wir unser Zeitgefühl ganz verloren haben, raffen wir uns auf und schlendern durch den südlichen Parkteil mit seinen schattigen Wegen zurück. Vorbei an Sport- und Spielplätzen kommen wir zum »Landhaus«, einem der wenigen noch erhaltenen von Schumacher im Park errichteten Gebäude. Hier suchen wir uns einen freien Tisch im Gartenrestaurant und lassen unseren Spaziergang bei einem kühlen Glas Bier mit einem geruhsamen Gespräch über das bemerkenswerte Strahlen im Hamburger Sonnenlicht ausklingen.

An Regentagen, zumal in der Woche, empfiehlt es sich, den Spaziergang an der südöstlichen Ecke des Parks beginnen zu lassen, dort wo Schumacher den Haupteingang vorgesehen hatte und wo sich seine große, im letzten Krieg zerstörte »Stadthalle« als Kontrapunkt des Wasserturms am anderen Ende der zentralen Achse erhoben hatte. In den Umkleideräumen eines später eingerichteten Schwimmbades haben sich letzte Reste der südlichen Loggia dieses repräsentativen Gebäudes erhalten. Alle anderen Spuren sind gründlich beseitigt. Ein flaches rundes Wasserbecken, das nur bei den Bastlern von Schiffsmodellen beliebt ist, markiert heute den Ort. Die große »Kaskadenanlage«, mit der Schumacher auf dem gegenüberliegenden Seeufer die Achse betont hatte, ist ebenso spurlos den Aufräumarbeiten der Nachkriegsjahre zum Opfer gefallen wie das nördlich des Sees gelegene stimmungsvolle »Stadtcafé«.

Von den markanten Architekturen aus rotem Backstein, mit denen Schumacher die Angelpunkte seiner Raumfolgen betont hatte, ist in dieser Ecke des Parks nur die eindrucksvolle Hafenanlage erhalten. Hier berührt der

Goldbek-Kanal den Park und verbindet ihn mit dem Netz belebter innerstädtischer Hamburger Wasserwege. Schumacher wollte selbstverständlich den Hauptpark der so sehr vom Wasser geprägten Stadt mit dem Schiff erreichbar machen und natürlich auch das zentrale Festhaus an dessen Eingang.

Hohe Ziegelmauern und zwei mit Keramiken von Richard Kuöhl zurückhaltend geschmückte, gemauerte Brücken fassen das kleine Hafenbekken, das gerade an Regentagen eine seltsam feierliche Melancholie ausstrahlt. Diese Anmutung bereitet jeden Ankommenden bestens auf die dünnen Nebelschleier über den Wiesen im Park und auf die von Tau und Regen tropfenden Baumgruppen und Alleen vor. Er wird sie bei seinen Spaziergängen durch die nordöstlichen kleinteiligen Ziergärten des Parks ebensowenig wieder abstreifen können wie in den großflächig aufgebauten Teilräumen der zentralen Achse und des mittleren Parkteils.

Schumacher hat seinen Park absichtsvoll inszeniert wie eine Folge Böcklinscher Gemälde oder Wagnerscher Opernszenen. Alle Elemente des Parks sind darauf eingestimmt, die Lichtkontraste, die Raumbildungen, die Bauten, die Plastiken, die Schmuckanlagen, die Pflanzungen, die Brunnen, die Wasserbecken, die Spielflächen, Sportplätze und Liegewiesen. Bis heute ist es den Gartenplanern späterer Jahre mit ihren veränderten Gestaltungsidealen nicht gelungen, das Schumachersche Grundkonzept des Parkes ganz zu beseitigen, obwohl sie sich die allergrößte Mühe gegeben haben. Die meisten Bauten sind zerstört, viele der streng den Raum begrenzenden Pflanzungen aufgelockert, Orte voller Bedeutung, wie der »Kaskadenbau«, die »Milchwirtschaft« oder das Heine-Denkmal, spurlos verschwunden. Aber die Großform hat Bestand. Sie prägt noch immer den Grundcharakter dieses Parkes und macht ihn zu einem so besonders hamburgischen Ort.

Schumacher baute seinen Park nicht anders als seine Stadt. Er plante ihn nicht als natürliche Insel in der Großstadt, nicht als Pseudonatur oder Gegenwelt. Sein »Volkspark« ist für ihn ein notwendiges Organ der modernen Großstadt wie die »Wohnstadt« der Siedlungen, wie die »Geschäftsstadt« der Kontorhäuser und wie die »Arbeitsstadt« des Hafens und der Industriequartiere. Auch der Park findet seinen Sinn nur in Verbindung zu den anderen Organen.

Entsprechend löst Schumacher die Aufgabe, die sich ihm hier stellte, mit den gleichen Mitteln. Hier wie dort muß die Planung selbstverständlich die technischen Grunderfordernisse, wie Erschließung, Flächennutzung und Funktionsverteilung, lösen. Aber sie muß darüber hinaus dem Sozialen eine ästhetische Dimension verleihen, eine Aufgabe, die weit über das Technische hinausreicht und die nur der Künstler zu leisten im Stande ist. Die Großstadt mit allen ihren Elementen, von der »Volkswohnung« bis zum »Volkspark«, sieht Schumacher als ein »soziales Gesamtkunstwerk«, das er als der Dirigent der Stadtplanung in allen diesen Bereichen und in seiner Gesamtheit so inszenieren will, daß ein harmonisches Ganzes entsteht. Er folgt hier treu den Theorien seines Friedrich Nietzsche, den er aufs äußerste verehrt hatte. Erst die neue, von seinem Willen als schaffender Künstler geprägte Gestalt gibt dem amorphen Chaos der Großstadt einen Sinn und eine Lebensberechtigung.

Der Park der modernen Großstadt ist ein Ort spezifischer Aktivität der Großstadtbewohner. Diese erholen sich nicht allein beim Betrachten von Blumenrabatten und grünen Wiesen. Sie sind keine echten Müßiggänger, sie treiben hier Sport, spielen Fußball, reiten, rudern, sonnen sich, laufen, springen, gehen ins »Stadtcafé« oder die »Milchwirtschaft«, hören sich Konzerte und Vorträge an, betrachten Plastiken bekannter Künstler oder bekommen durch die Ausstrahlung des Parks in seiner Gesamtheit intuitiv einen Eindruck vom hamburgisch norddeutschen *genius loci.* Der Stadtpark ist eine Bildungsanstalt besonderer Art, die den Großstädter für sein aufreibendes Alltagsleben wiederherstellen soll.

Schumacher gestaltet seinen Park mit den gleichen Bausteinen wie die Stadt. Die Rolle der öffentlichen Monumentalbauten übernehmen in dieser im Goetheschen Sinne pädagogischen Provinz des »Stadtparks« die Architekturen vom Wasserturm bis zur Stadthalle. Das Wegenetz bleibt eine dienende untergeordnete Verbindung der verschiedenen Nutzungsbereiche, ohne selbst raumbildend zu werden. Die Rolle der Plätze übernehmen Freiflächen, Sondergärten, Spiel- und Sportplätze. Die Raumbegrenzungen dagegen schafft er statt mit Baublöcken mit Pflanzungen, die anhand detaillierter Modelle sorgfältig dimensioniert und angeordnet werden. Die gesamte Gartenplanung folgt den Regeln der Architektur. Sie bleibt Raumkunst wie die Stadt und distanziert sich bewußt von der Pseudonatur eines Landschaftsgartens.

Wie in der Stadt führt Schumacher auch alle Bauten des Stadtparks grundsätzlich in rotem Backstein aus. Er hatte sie allerdings bei seinem Vorentwurf, den er 1908 vor seinem Amtsantritt in Hamburg noch in

Dresden angefertigt hatte, in Naturstein geplant. Dann in Hamburg erkannte er schnell die symbolische Kraft des einheitlichen Materials für seine Vision der modernen Großstadt als Gesamtkunstwerk. Er wartete nicht die Kritik der in Hamburg starken Heimatschutzbewegung ab, die seit längerem schon eine Wiederbelebung der mittelalterlichen norddeutschen Backsteintradition forderte, sondern stellte sich entschlossen und mit bemerkenswertem Erfolg an ihre Spitze.

Schumacher beginnt seine Hamburger Arbeit mit dem Stadtpark. Dort nimmt er die Stadt vorweg. Der Stadtpark wird zum Modell der künftigen Stadt. Hier lernen die Hamburger das Sehen und Empfinden, mit dem sie die neue Stadt erfahren sollen, die Schumacher ihnen bauen will. Er lehrt sie hier, die feinen Differenzen der Topographie und des Lichtes zu achten und erhöht selbst das Wasser, das Allgegenwärtigste und Banalste einer Hafenstadt, durch Architektur.

Er schafft das nicht allein durch den roten Backstein, sondern vielmehr durch sein gründliches Verständnis davon, welche Gestalt diesem Ort angemessen ist.

Die Hamburger und ihre Gäste können im Stadtpark die Grundstimmung ihrer Stadt erfahren, sie können dort lernen, ihr Licht zu sehen.

Goerds Augenschule
oder das Werden einer Diplomarbeit

von

Matthias Koch

Wenn wir von Goerd außer fachlich kompetenten Korrekturen während der Arbeit an unserem Diplom noch eine Empfehlung mit auf den Weg in die hochschulfreie Welt bekommen haben, dann diese: Entwickle aus den vorhandenen Gegebenheiten wesentliche Möglichkeiten für den Entwurf! Dazu teilte er uns noch einen wichtigen Gestaltungsgrundsatz mit: »Eine Idee ist besser als zwei, aber zwei sind immer noch besser als sechs«.

Weil einer unserer Kollegen aus dem 18. Jahrhundert sich diese Regel zum Prinzip machte, bekam er den entsprechenden Namen: Capability Brown, auf deutsch *Fähigkeit-Brown*. Lancelot Brown, wie er mit bürgerlichem Namen hieß, wurde einer der berühmtesten englischen Landschaftsarchitekten. Er hat die unterschiedlichen Gegebenheiten der natürlichen Geländeoberfläche für seine Gartenentwürfe genutzt. Die Offenheit dieses Architekten, die jeweils sich bietenden Möglichkeiten zu Qualitäten des Entwurfs zu machen, wurde zu seiner maßgeblichen Fähigkeit. Sich diesen Möglichkeiten gegenüber zu öffnen, war das, was wir von Goerd vermittelt bekamen.

Im folgenden werden die intellektuellen und psychologischen Voraussetzungen für Goerds Empfehlung beschrieben.

Vor dem Entwurf ist erst einmal der Bauplatz zu untersuchen. Dabei können ganz unterschiedliche Dinge auffallen oder übersehen werden, denn bei der Betrachtung von mehreren Dingen treffe ich unbewußt eine Vorauswahl, und zwar im Augenblick des Sichtkontaktes. Über das Auge unterscheidet mein Gehirn in diesem Moment in bekannt, unbekannt, gut, schlecht, interessant, langweilig, gefährlich, anregend usw. Ausgewählt, zugeordnet und gewertet wird nach Erfahrungen, die ich im Laufe des Lebens gesammelt habe, oder nach Maßstäben, die anerzogen oder angenommen wurden. Diese Wertung ist beeinflußbar, denn Erfahrungen macht man laufend neu und Maßstäbe können sich verändern. Wenn ich mir dessen bewußt werde, kann ich lernen, dieselben Dinge mit *neuen Augen* zu sehen, indem ich meinen Blick und meine Wahrnehmung schule und hinterfrage. Die Wertung im Augenblick meines Sichtkontaktes mit Dingen funktioniert dann immer noch unbewußt, kann aber analysiert werden. Helfend sind dabei Gespräche mit anderen über die gewonnenen Eindrücke.

Auf den Bauplatz bezogen bedeutet das, zu versuchen, möglichst viele Gegeben- und Besonderheiten eines Ortes zu erkennen, zu diskutieren und zu entscheiden, ob sich daraus Qualitäten für den Entwurf ableiten lassen. Welche Dinge dabei eine Rolle spielen, wieviele man erkennt und welche Schwerpunkte man sich setzt, hängt vom *geschulten Auge* ab.

Goerd bei der Formenlehre. Zeichnung des Verfassers.

Am Beispiel unserer Diplomarbeit will ich versuchen aufzuzeigen, wie wir Goerds Augenschule, die innerhalb seiner Vorlesungen, Seminare und Korrekturen stattfand, angewendet haben.

Als Aufgabe wählten wir uns, für einen größeren zusammenhängenden, räumlich und inhaltlich vernachlässigten Bereich der Hamburger Innenstadt neue Nutzungen und städtebauliche Formen zu finden. Die Arbeit trägt den Titel »Entwurf für den Domplatz« und wurde verfaßt von Kai Haberland und mir. Mit Domplatz meinen wir ein Grundstück südlich der Petrikirche zwischen Domstraße und Schopenstehl und dessen nähere Umgebung. Hier wurde vor mehr als tausend Jahren die Hammaburg gegründet, die sogenannte »Keimzelle« Hamburgs. Am Standort der ursprünglichen Taufkirche im Zentrum dieser Befestigungsanlage wurde im Mittelalter der Hamburger Dom errichtet. Nach seinem Abriß am Anfang des letzten Jahrhunderts wurde an derselben Stelle die Gelehrtenschule des Johanneums gebaut. Heute wird der Domplatz als Parkplatz genutzt. In unmittelbarer Nachbarschaft befinden sich Börse und Alster, zwei der wichtigsten Hamburger Dreh- und Angelpunkte.

Der historisch schwergewichtige Ort ist unserer Meinung nach fähig, weitaus mehr zu tragen als den ruhenden Verkehr. Was uns hier am meisten fehlt, ist das städtische Leben. Wir wollen deshalb den Domplatz wieder in das Interesse der Hamburger Öffentlichkeit rücken und ihn für die Bürger neu einrichten, ohne Eintrittsgelder oder Verzehrzwang.

Wir haben eine kleinteilige Bebauung entworfen, die unterschiedliche Wege, Gassen, Höfe und Plätze bildet. In den meisten Gebäuden sind drei Nutzungen untergebracht: im Erdgeschoß Einzelhandel oder gastronomische Betriebe, darüber Kontorgeschosse und in den Staffelgeschossen Mietwohnungen. In einem schlanken Turm soll es auf 14 Geschossen nur Wohnungen geben. Darunter befinden sich zwei Luftgeschosse, die eine Turmloggia bilden, eine kleine, zum zentralen Platz geöffnete und von dort erschlossene Halle. Ein dreigeschossiges kulturell genutztes Gebäude mit einem öffentlich zugänglichen Kreuzgang enthält einen Vortrags- oder Kinosaal, eine Bibliothek, Ausstellungsflächen, Seminar-, Tagungs- und Verwaltungsräume. In Verbindung mit den kommerziell genutzten Einrichtungen der übrigen Gebäude soll damit eine Belebung rund um die Uhr gewährleistet sein. Die Kleinteiligkeit der Bebauung bietet besonders den Fußgängern interessante neue Aufenthalts- und Bewegungsräume an. Die vielfältigen Durch- und Ausblicke, z. B. vom Petri-Turm nach Süden zur Speicherstadt oder von der Steinstraße nach Westen zum Rathaus, und die Wege und Verbindungen der Nachbarschaft werden aufgenommen und fortgeführt oder durch neue Räume ergänzt. Durch dieses Raumkonzept und die Art der Nutzungen soll eine Verflechtung mit der Umgebung erreicht werden.

Nun zu den von uns ausgewählten Gegebenheiten des Domplatzes im einzelnen und dem, was daraus im Entwurf geworden ist. Zuerst beschreibe ich die Topographie des Bauplatzes, dann komme ich zu seiner umfangreichen Vergangenheit.

Die Hammaburg stand auf dem Gefälle des Geestrückens. Es verläuft nach Süden in Richtung zum Hafen, der damals hier am ruhigen Nebenfluß der Elbe lag. Dieses Gefälle ist heute noch deutlich wahrnehmbar im Verlauf der Straßen Bergstraße, Schmiedestraße, Alter Fischmarkt und Brandstwiete. Der Domplatz selbst wurde für den Innenhof des Johanneums planiert. Der zentrale Platz unseres Entwurfs nimmt die ehemalige Geländebeschaffenheit wieder auf und bekommt deshalb eine geneigte und windschiefe Oberfläche, an deren unterem Ende das Kreuzganggebäude liegt. Im Osten teilt sich der Platz in zwei Ebenen: vom oberen Niveau gelangt man über die Turmloggia und eine Brücke zu einem großen Ausstellungsraum. Auf der unteren Ebene liegt der Eingang des Vortrags- oder Kinosaals. Das Gefälle wird hier im Zuschauerraum bis hin zur Bühne fortgesetzt. Selbst wenn man nichts von einer Hammaburg oder einem Geestrücken weiß, bekommt dieser Platz doch eine besondere Ausstrahlung. Er macht an dieser Stelle exemplarisch aufmerksam auf die teilweise erheblichen Höhenunterschiede in der Innenstadt. Als Radfahrer spürt man deutlich die Steigungen, die in der dichten Bebauung sonst kaum erkennbar sind. Das Gefälle wird zu einem Motiv des Entwurfs.

Bei den archäologischen Ausgrabungen in den 80er Jahren wurde der Sockelrest eines Mittelschiff-Pfeilers des Doms entdeckt und konserviert. Durch eine Glaskuppel und einen Baldachin wird er in unserem Entwurf zum doppelten Orientierungspunkt: Einerseits ist hier die Öffnung des Platzes zur Domstraße und damit nach Norden in Richtung Petri-Kirche und Mönckebergstraße gekennzeichnet, zum anderen gibt es hier einen Zugang zu einer Tiefgarage, die den Platz teilweise unterkellert. Der »Dompfeiler« kann sowohl vom Platz als auch vom Innern der Garage aus betrachtet werden. Dabei kann man erkennen, daß die Höhe des ehemaligen Domfußbodens an dieser Stelle weit unter der des Platzes liegt. Au-

Schwarzplan. Zeichnung von Kai Haberland.

ßerdem kann ein interessierter Beobachter auf einer Beschriftung erfahren, daß dieser Sockel den zweiten nördlichen Mittelschiff-Pfeiler getragen hatte. An der Fassade des Gebäudes, das den Platz im Westen begrenzt, ist ein Querschnitt der Domgewölbe in Originalgröße mit unterschiedlichem Material dargestellt. Diese Fassade würde den Grundriß des Doms kurz hinter seinem Turm durchschneiden. Der Querschnitt befindet sich also exakt am historischen Standort. Auf dem Platz stehend ist es so möglich, eine Vorstellung von der ehemaligen Größe des Innenraums der fünfschiffigen Halle des Doms zu bekommen. Mit Hilfe des durch den Baldachin betonten Dompfeilersockels läßt sich ein Stück des Grundrisses gedanklich rekonstruieren.

Der Kreuzgang in dem Gebäude im Süden des Platzes soll ermöglichen, inmitten des lauten Stadttreibens einen Ruhepol zu finden. Die Form, in der die kulturell genutzten Räume um ihn herum gruppiert sind, erinnert an Klosteranlagen und hebt diesen Ort auch inhaltlich von der Umgebung ab. Dem Besucher wird die Assoziation zu kirchlichen Bauten nahegelegt.

Zu den formalen Zitaten aus der Vergangenheit des Domplatzes gehört außerdem, daß zwei Teile des Johanneums am jeweils genau recherchierten historischen Standort wieder aufgebaut werden: zum einen bilden ein Teil der ehemaligen Arkaden und der dazugehörige Eckrisalit den östlichen Abschluß eines neuen Gebäudes. Damit wird die Fußgängerhalbinsel zwischen Speersort und Domstraße überdacht und gleichzeitig der Verbindungsweg von der Mönckebergstraße am Hulbe-Haus vorbei hinüber zum Domplatz betont. Zum anderen wird ein Stück des Seitenbogens zum früheren Johanneums-Innenhof wieder aufgebaut und dient zwischen unserem Turm und dem Pressehaus von 1936 als Zeichen für den Zugang zum oberen Platzniveau mit der Turmloggia und die Tiefgarageneinfahrt.

Die Wände der Tiefgarage durchschneiden die Erdschichten, in denen die Reste der Hammaburg und deren Vorgängeranlagen liegen. Die interessantesten dieser Schnittprofile werden als Relief fixiert und in der Nähe der dazugehörigen Fundorte an den Garagenwänden unter dem Platz angebracht. Wir wollen so anschaulich machen, daß man sich hier mitten im Zentrum der »Keimzelle Hamburgs« befindet.

Das einzige heute noch vorhandene Gebäude auf unserem Entwurfsgebiet ist ein Toiletten- und Tankstellenhäuschen aus den 20er Jahren. Es liegt seit mehreren Jahren ungenutzt im Südwesten des Domplatzes am Alten Fischmarkt. Es soll wieder als Imbiß und öffentliche Toilette in Betrieb genommen werden. Wir geben dem ehemaligen Platz Alter Fischmarkt im Norden einen Abschluß durch ein neues Gebäude und beziehen so das Toilettenhäuschen mit in den neu geformten Raum ein.

Den Hamburger Bürgern möchten wir nicht nur abwechslungsreiche neue Innen- und Außenräume anbieten, sondern gleichzeitig die Möglichkeit schaffen, Stücke aus der hamburgischen Vergangenheit en passant erfahren zu können. So könnte die Idee beschrieben werden, die uns beim Entwurf vorschwebte. Wichtig war uns dabei der Perspektivwechsel vom Entwerfer

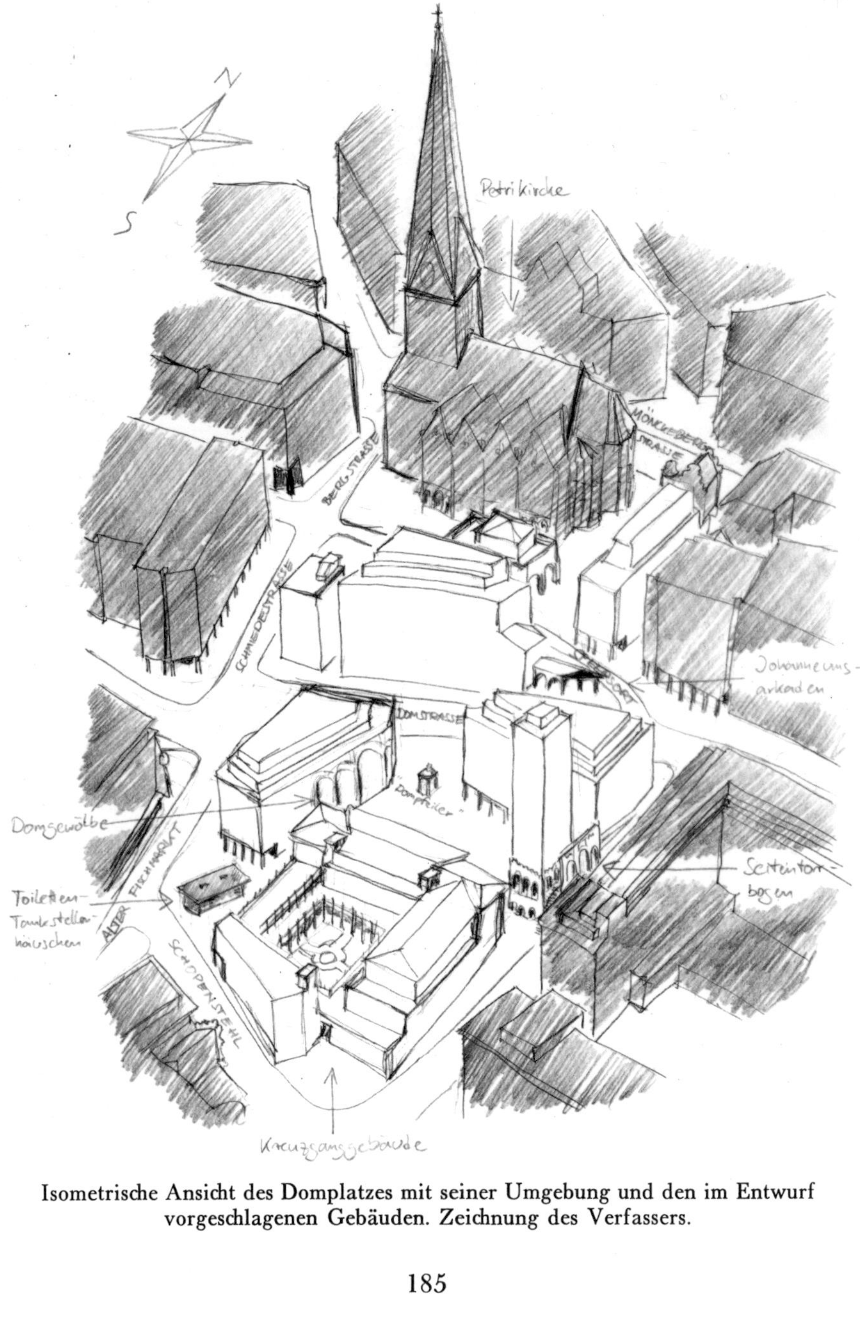

Isometrische Ansicht des Domplatzes mit seiner Umgebung und den im Entwurf vorgeschlagenen Gebäuden. Zeichnung des Verfassers.

zum Benutzer, in diesem Fall also vom Stadtplaner über den Architekten zum Fußgänger, Bewohner und dem dort arbeitenden Menschen. Ich würde unsere Zitate nicht gerade ehrfürchtig, aber doch respektvoll nennen. Dies ist unsere Art, geschichtliche, räumliche und aktuelle Gegebenheiten zu vermitteln und nicht auszusondern. Auch hier war wichtig, den Perspektivwechsel von der Topographie zur Historie und den von der Vergangenheit zur Gegenwart vorzunehmen und zu entscheiden, in welche Inhalte und Formen er umzusetzen ist. Wir haben versucht, mit ständig *neuen Augen* zu sehen und die alt und neu wahrgenommenen Dinge in unseren Entwurf miteinzubeziehen. Er entspricht damit unserem heutigen augengeschulten Verständnis vom Umgang mit der Geschichte eines Bauplatzes. Dieser fand bei der umfangreichen Vergangenheit des Domplatzes dank Goerds Ermutigung glücklicherweise auf eine unverkrampfte und spannende Art statt. Was von den Gegebenheiten zunächst intuitiv wahrgenommen wurde, haben wir zu analysieren versucht und bewußt in unseren Entwurf einfließen lassen. Die beschriebenen Perspektivwechsel konnten vorgenommen werden aufgrund von Erfahrungen, die über die Jahre gesammelt wurden und die unser Gefühl fürs Entwerfen weiterentwickelt haben. Goerds Gespür für solche Dinge und die Konsequenz seines Denkens konnten wir an seiner Person nachvollziehen. Seine pädagogischen Fähigkeiten resultieren daraus, daß bei ihm Reden und Handeln zusammenkommen. Er hat über unseren Blick unser Denken geschult.

Entwurf für den Eutiner Schloßpark

von

Kai Haberland

Dieser Beitrag ist die überarbeitete Fassung eines Studienprojekts, das in Zusammenarbeit mit Clemens Hoops und Matthias Koch bei Goerd Peschken und Jane Sörensen entstand. Anregung dazu war der Vorschlag von Fritz Jantzen, zu untersuchen, ob sich das einst vorhandene Barockparterre im Schloßpark von Eutin rekonstruieren ließe.

Schon nach der ersten Ortsbesichtigung stand fest, daß dieser Ansatz nicht zu einem befriedigenden Ergebnis führen würde, und zwar aus folgenden Gründen:

- Der Park zerfällt in mehrere Teilbereiche. Eine Einzelmaßnahme wie die Rekonstruktion eines Parterres würde das Erscheinungsbild des Parks insgesamt nicht verbessern.
- Eine Wiederherstellung ist zudem kaum möglich, da man nicht von einem bestimmten Parterre sprechen kann. An dem barocken Garten haben mindestens drei Bauherren über einen Zeitraum von circa achtzig Jahren gearbeitet.
- Es scheint ebenfalls wenig sinnvoll, einen einzelnen Zustand aus dieser Periode der ständigen Bearbeitung herauszugreifen. Der Garten ist niemals im eigentlichen Sinn fertiggestellt worden.
- Die Rekonstruktion eines verlorengegangenen Barockparterres könnte nur eine ideelle sein. Selbst der authentische Nachbau bringt das Vergangene nicht wieder, bleibt eine Neuschöpfung.
- Nicht zuletzt stellt sich die Frage nach dem Sinn einer solchen, aus dem Zusammenhang gelösten »Dekoration«. Oder anders gefragt, läßt sich Geschichte vielleicht auch lebendiger darstellen?

Bei einer ersten Ortsbesichtigung war jedoch auch klar geworden, daß die Beschäftigung mit dem Eutiner Schloßgarten ein sehr reizvolles Thema ist. Nicht allein das für die Rekonstruktion vorgesehene Areal, sondern viele Teile des Parks boten Anlaß zur Bearbeitung und so bekam das Projekt eine neue Richtung. Ziel war es, einen Entwurf zu erarbeiten, der den Park zu einem Ort macht, an dem man sich gern aufhält. Er soll Raum für unterschiedlichste Bedürfnisse und Aktivitäten bieten, d. h. dem Besucher die Möglichkeit zur zwanglosen und individuellen Nutzung geben.

Basis des Entwurfs ist die gegenwärtige Gestalt des Eutiner Schloßgartens. Der Park sollte nicht neu erschaffen, sondern es sollten primär die ihm eigenen Qualitäten entwickelt und gesteigert werden. Auf dieser Grundlage konnten Aspekte, die zuvor gegen eine Rekonstruktion sprachen, als Entwurfsmotive verwandt werden.

- Die Mehrteiligkeit des Parks ist insofern ein Vorzug, als sie vielfältige Aktivitäten nebeneinander ermöglicht.
- Bei der Neuplanung einzelner Parkteile wird auf Bedürfnisse eingegangen, die in dem heutigen Park nicht berücksichtigt sind. Um nur ein Beispiel zu nennen: eine große Wiese für Spiel und Sport gibt es zur Zeit nicht, für eine solche ist das Areal der bisherigen Gärtnerei vorgesehen.
- Die ständige Entwicklung und der kontinuierliche Wandel des Eutiner Schloßgartens, die einer Restaurierung entgegenstehen, sind entwurfsbestimmend. Genau dieser Prozeß soll veranschaulicht werden. Nicht ein Zustand wird sichtbar gemacht, sondern die Geschichte des Parks gilt es zu zeigen.

Diese drei Aspekte haben die Entwurfsarbeit geleitet. Erst durch die Überlagerung von heutigem Zustand mit sowohl Neuem als auch Altem entsteht der Park, der als Ziel formuliert war. Wie das im Einzelnen geschehen ist, sei anhand einiger Beispiele dargestellt.

Ich möchte dabei mit dem Teil des Parks beginnen, der die stärksten Veränderungen erfahren hat, dem nördlichen Bereich mit dem Schloß. Zunächst wurde der dort gelegene Zugang erneuert. An Stelle des undefinierten Abgangs in den Park führt nun eine Treppe vom Schloßvorplatz zum tiefer gelegenen Schloßgarten. Durch ein kleines Bauwerk, betretbar über ein Podest auf halber Treppe, wird der Höhenunterschied noch einmal besonders zur Wirkung gebracht. Das Gebäude ist um einen vorhandenen Baum herum errichtet und besteht somit nur aus Wänden. Die Fenster-Öffnungen in den Wänden sind so angeordnet, daß sich der Park dem Betrachter ausschnittweise präsentiert. Insbesondere der unmittelbar

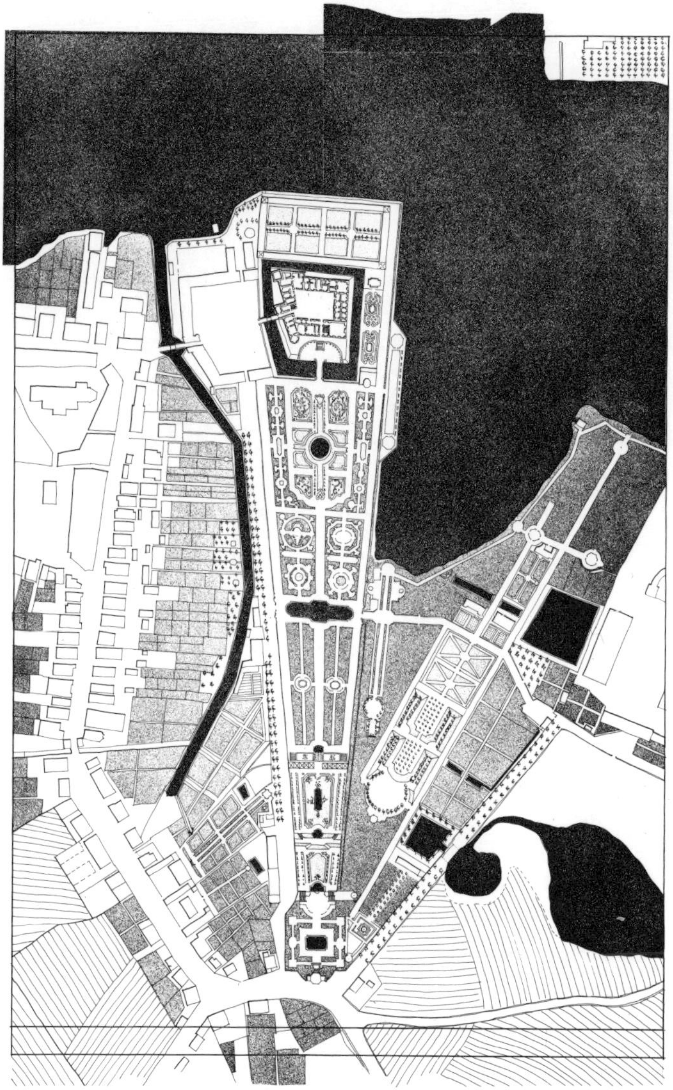

Der Eutiner Schloßgarten.
Umzeichnung des Verfassers nach einem Stich von 1751.

anschließende Teil des Gartens ist von dem etwas erhöhten Standort des Bauwerks aus gut zu überblicken. Vom Schloßplatz aus ist dieser nahe gelegene Gartenteil nicht zu sehen. Der eingestellte Baum verwehrt die Sicht durch den Bau, so daß dem Betrachter vom Platz aus Blicke am Gebäude vorbei in weiter entfernt liegende Bereiche des Parks geboten werden. Die Treppe selbst ist nicht der Eingang zum Park. Sie dient nur der Überwindung des Niveauunterschieds. Noch befindet man sich außerhalb des Gartens und blickt an der Mauer entlang, die den Park zur Straße hin abschließt. Erst nachdem man sich nach links gewandt hat, öffnet sich der Park dem Besucher.

Ein weiteres Beispiel ist der Teil südlich des Schlosses zwischen der Straße Jungfernstieg und der Lindenallee. Die Allee und das Seeufer werden größtenteils vom Buschwerk befreit, der Bereich läßt sich auf diese Weise optisch erweitern. Entlang der oben erwähnten Mauer werden nach Vorlage alter Pläne und Ansichten des Eutiner Gartens Parterres, Bosquets und ein Heckentheater angelegt, die die Art und Weise barocker Gartengestaltung verdeutlichen. Dieser neubarocke Teil liegt etwas tiefer als der ihn umgebende landschaftliche Bereich. Beabsichtigt ist der Eindruck der geschichtlichen Überlagerung; als sei die Oberfläche des Landschaftsgartens an dieser Stelle entfernt und der darunter verborgene Barockgarten nun teilweise freigelegt. So werden zwei aufeinanderfolgende Perioden der Gartenkunst mit jeweils gegensätzlichen Prinzipien zugleich veranschaulicht. Dabei läßt sich gedanklich das eine oder das andere Gesamterscheinungsbild durch weitere Bedeckung bzw. Abtragung vollständig rekonstruieren.

Der neugestaltete Zugang und die Rodung von Buschwerk ermöglichen einen neuen Weg. Er führt auf dem Niveau des Parks unter der Schloßbrücke hindurch um das Schloß herum und durchquert dabei den im Norden gelegenen ehemaligen Küchengarten. Gegenwärtig befindet sich hier ein Parkplatz. Die ihn umfassende Mauer soll erhalten bleiben und so einen abgeschlossenen Bereich schaffen, der nach alten Plänen wieder als Garten angelegt wird. Möglich wäre hier beispielsweise ein Duftgarten.

Nahe dem Küchengarten findet die Lindenallee ihren nördlichen Abschluß. Um den Bezug zum See zu verstärken, wurde eine Treppenanlage entworfen, die den Weg in den See zu verlängern scheint.

Ebenfalls auf den See ausgerichtet ist ein Geländestreifen, der sich östlich der Allee befindet – das ehemalige Bowlinggreen. Hier wurde in Anlehnung an barocke Formen ein Platz geschaffen, der dem Besucher die Möglichkeit gibt, in Ruhe den Blick auf das Wasser zu genießen. Ein besonderer Vorzug dieses Ortes, der durch wellenförmige Hecken begrenzt

Das Areal der ehemaligen Nutzgärten. – Der neuangelegte Zugang zum Park, gesehen vom Jungfernstieg aus. – Die Anlage der ehemaligen Eremitage. Perspektivische Ansichtszeichnungen des Verfassers.

Der Eutiner Schloßpark. Gegenwärtiger Zustand.
Zeichnung des Verfassers.

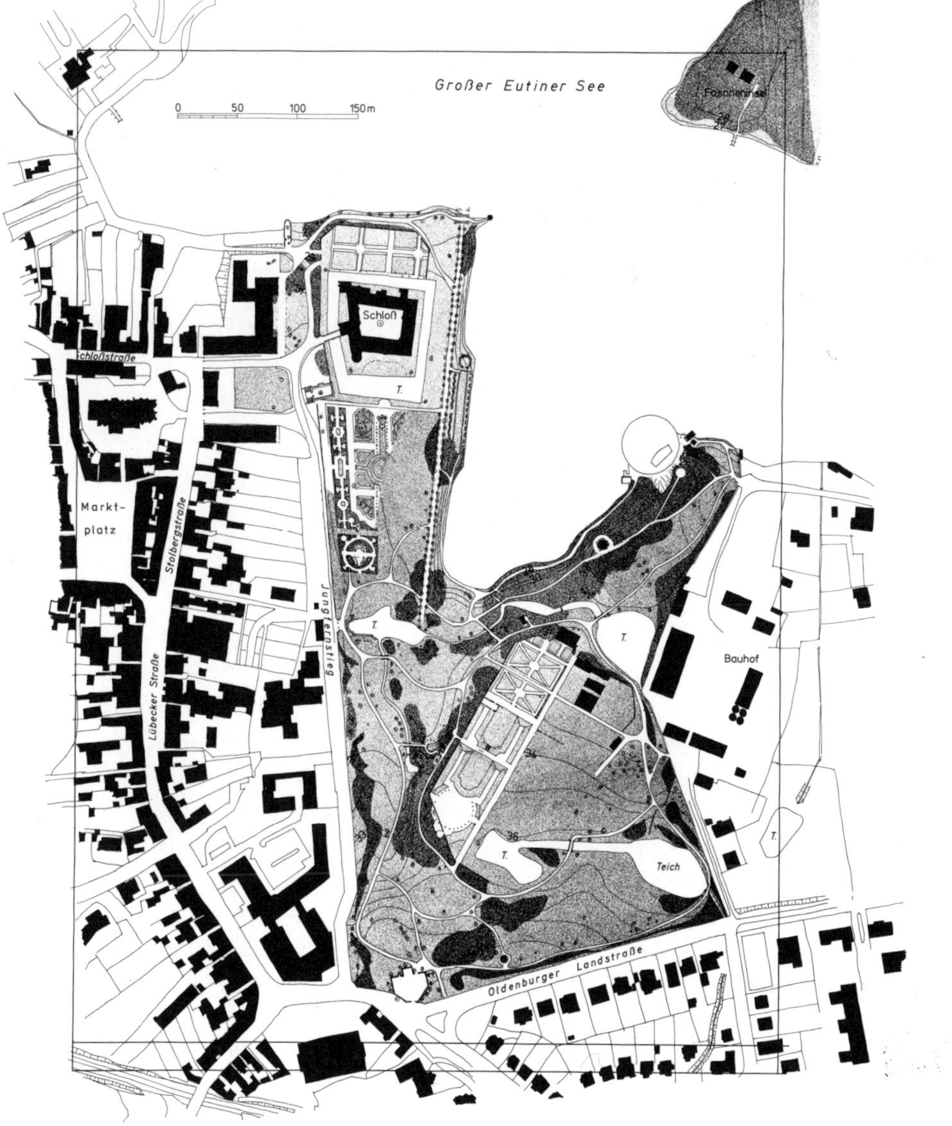

Der Eutiner Schloßpark. Plan der Neugestaltung.
Zeichnung des Verfassers.

wird, besteht darin, daß man bei günstiger Witterung an den Darbietungen der Freilichtbühne akustisch teilhaben kann.

Ich verlasse an dieser Stelle meiner Ausführungen den Nordteil des Parks und wende mich dem Südteil zu. Vom Jungfernstieg aus gibt es ungefähr auf halber Länge einen weiteren Zugang zum Park. Der dort liegende Teich markiert die Grenze zwischen dem oben beschriebenen Nordteil und dem nach Süden ansteigenden Gelände. Nach englischem Vorbild als Landschaftsgarten angelegt, entspricht diese Partie noch im wesentlichen dem ursprünglichen Konzept von vor zweihundert Jahren. Um den Teich ist ein Bereich gedacht, der den Übergang von dem einen in den anderen Parkteil verdeutlichen und zugleich erleichtern soll. Dieser Bereich wird mit den stilistischen Merkmalen beider Parkteile ausgestattet, er ist gedacht als optische Brücke. Ähnliches findet sich auch am Südende der Allee. Als Blickpunkt in der Achse wird die Flora-Statue wiederaufgestellt, die alten Überlieferungen zufolge dort ihren Platz hatte. Obwohl dem Nordteil zugehörig, steht sie im landschaftlichen Bereich, noch dazu durch einen Wasserlauf von der Allee getrennt.

Im folgenden möchte ich auf zwei weitere Elemente des ursprünglichen Barockgartens eingehen. Es handelt sich dabei um die Eremitage und den Nutzgarten mit der Orangerie.

Die Eremitage, ehemals zwischen Haupt- und Nutzgarten gelegen, gibt es als solche nicht mehr. Geblieben ist eine kesselförmige von Eiben umstandene Anlage mit sehr eigentümlichem Charakter. Dieser Eindruck soll mit der neuen Wegeführung, den Hang entlang, verstärkt werden; dem selben Ziel dient die Ruinenimitation. Barocke Planung sah eine Allee vor, die die Eremitage mit der Bucht des Sees verband. Gegenwärtig versperrt dichtes Gestrüpp die Sicht auf das Wasser, so daß durch gezielte Rodung der Blick erst freigelegt werden muß.

Stärker als bei der Eremitage sind die Veränderungen am ehemaligen Nutzgarten. Lange Jahre gewerblich genutzt, soll er auch formal wieder Bestandteil des Parks werden. Er ist im Gegensatz zu anderen Bereichen für den längeren Aufenthalt entworfen. Das dreiseitig von einer Mauer umgebene Areal diente bis vor kurzem als Baumschule und Gärtnerei. Von den Pächtern verlassen, ist es jetzt frei für eine Neugestaltung. Diese Möglichkeit wird genutzt, um heutigen Bedürfnissen entgegenzukommen; die gesamte Fläche ist dem Spiel und dem Sport gewidmet. Dazu gehören eine große Wiese und, entlang der bestehenden Mauer, ein Terrain, das barocke Formensprache zitiert. Die Zitate entbehren jedoch allen musealen Ernstes; frei von gärtnerischer Nutzung darf hier ebenfalls gespielt und gefaulenzt werden.

Im Nordosten, dem Terrain zugehörig, befinden sich Orangerie und einige Gärtnereigebäude. Durch ihre Nähe zur Spielwiese sind sie vorzüglich geeignet zur Einrichtung eines Cafés, eventuell mit großer Sandkiste für Kleinkinder in Sichtweite. Auch Toiletten und ein Waschraum für schmutzige Kinderfüße sollten dort zu finden sein. In unmittelbarer Nachbarschaft erhebt sich eine Gitterkonstruktion mit Aussichtsplattform. Sie erlaubt dem Besucher, aus der ihn umgebenden Parkwelt aufzutauchen und Umschau zu halten; dabei verhindern die umstehenden Bäume jedoch den direkten Blick auf die Spielwiese.

Mein letztes Beispiel ist die Freilichtbühne, die ebenfalls überarbeitet wurde. Der Entwurf sieht vor, die Zuschauertribüne mit Orchestergraben und kleiner Vorbühne auf einen runden Ponton in den Großen Eutiner See zu setzen. Runder Ponton deshalb, damit alles zusammen schwimmend drehbar ist und so die gesamte Landschaft zur Kulisse wird. Die für den Spielbetrieb notwendigen Einrichtungen sind in dem Schwimmkörper oder an Land in neu zu erstellenden Kulissenbauten untergebracht. Die räumliche Konzentration der Anlage erleichtert den Theaterbetrieb und macht die weit entfernten Garderoben-Pavillons überflüssig.

Abschließend noch ein kurzes Resümee. Dieser Entwurf, der seinen Ausgang bei einer historischen Betrachtung genommen hatte, fügt den überlieferten Schichtungen eine neue, eine vorläufige Deck-Schicht, hinzu. Dabei ist der Park gesetzt als ein öffentlicher Ort, der seiner Art und seiner Gestaltung nach heutigen Anforderungen zu genügen hat. So wird mit dem vorliegenden Beitrag die Geschichte des Eutiner Schloßgartens fortgeschrieben und die Idee des Parks gegenwärtigem Lebensgefühl entsprechend weiterentwickelt.

Denkmalschutz: Last oder Chance?
Das verflixte Erbe für unser alltägliches Leben.

von

Horst H. Siewert

Die Allgemeinheit geht heute bei dem Thema Denkmalpflege meist davon aus, daß dabei von etwas Schönem die Rede ist, das in der Regel auch mit schönen Bildern vorgestellt wird. Aber auch wenn dies nicht ganz falsch sein mag, so liegt hinter dem schönen Schein doch ein Berg von Problemen und Widersprüchen. Dabei setze ich voraus, daß im Grundsatz keine Meinungsverschiedenheit mehr darüber besteht, daß heute Denkmalpflege notwendig und sinnvoll ist. Aber schon bei der Frage, welchen Beitrag die Denkmalpflege zur Gestaltung unseres Lebensraumes erbringen kann, beginnt die Unsicherheit und der Widerspruch der Meinungen, die oft nur vermittels eines offiziellen Denkmalschutzes aufgelöst werden können.

Wenn man einmal unterstellt, daß es bei der Denkmalpflege um die Erhaltung unseres historischen Kulturerbes in unserem städtischen und ländlichen Lebensraum, also vorwiegend um die Erhaltung historisch geprägter Architektur geht, so stellt sich allerdings auch die Frage, warum die Denkmalpflege durch einen staatlich verordneten Schutzauftrag, den Denkmalschutz, ergänzt werden muß, um bestehen zu können. Wieso ist es uns nicht möglich, mit unserem Kulturerbe, für das wir große Museen bauen und teure Forschungsprojekte durchführen, auch in unserem alltäglichen Lebensraum ganz selbstverständlich ohne staatliche Verordnung umzugehen? Warum erwarten wir auf der staatlichen Ebene Schutz und Erhaltung unseres Kulturerbes, sind aber im privaten alltäglichen Bereich oft nicht bereit, aus freien Stücken darauf Rücksicht zu nehmen? Warum fordern wir als Privatperson mit den Argumenten der »Nützlichkeit« und der »Wirtschaftlichkeit« für uns selbst die Einschränkung des Denkmalschutzes und fahren dann im Urlaub für teures Geld an ferne Orte, um uns dort Geschichte zu Gemüte zu führen – in der Erwartung, daß man dort den Aufwand für die Erhaltung der historischen Architektur nicht gescheut hat?

Der Umgang mit dem ererbten Kulturgut war vor der Industrialisierung unseres Lebens und der damit verbundenen Veränderung unserer Gesellschaft im Grunde kein derart umstrittenes Thema. Dies gilt sowohl in bezug auf die Frage der Erhaltung wie auch auf die der Veränderung und Erneuerung historischer Bauten. Diese Feststellung wird durch die vielfältige Baugeschichte manch alten Gebäudes belegt. Als es z. B. darum ging, den ehemals modernen und neuzeitlichen Stil der Gotik einzuführen, war es keine Frage, daß dafür verschiedene romanische Bauten aufgegeben wurden. Wenn heute dennoch in mancher gotischen Kirche viele romanische Reste vorhanden sind, so ist das nicht einem wie auch immer begründeten Denkmalschutz zu verdanken, sondern dem Grund, daß es ökonomischer war, alte Teile nicht erst abzubrechen und zu erneuern, sondern sie entsprechend umzugestalten. Der Gedanke der Erhaltung im Sinne des heutigen Denkmalschutzes kam nur dort zum Tragen, wo dem Gebäude ein besonderer Symbolwert anhaftete.

Auch die Befunde der Bauforschung zeigen immer wieder, wie selbstverständlich ehedem mit der Architektur vergangener Zeiten umgegangen und wie die Entwicklung neuer Gedanken, Vorstellungen und Nutzungswünsche in das Baugeschehen eingefügt wurde. Obwohl also der Umgang unserer Vorfahren mit ihrer gebauten Umwelt vom Gedanken der Anpassung an das jeweils Aktuelle beherrscht war, blieb trotz der ständigen Fortentwicklung der Baustile und der Architekturauffassung der Respekt vor der Geschichte ganz praktisch bewahrt. Deshalb hat sich auch eine Fülle von historischen Architekturbefunden aus den verschiedensten Epochen der Vergangenheit bis heute erhalten. Sichergestellt wurde die Achtung vor der Geschichte in der Architektur über die Ausbildung der Baumeister und Architekten, die ihr Wissen u. a. aus dem Studium vorhandener Bauten erwarben, also im Grunde eine historische Ausbildung erfuhren. Zum andern sicherte aber auch die Rückbesinnung auf die Antike, die spätestens seit der Renaissance fast allen Epochen unserer Geschichte eigen ist, eine Kontinuität in der Architekturentwicklung. Und nicht zuletzt war wohl auch die Tatsache hierbei wichtig, daß die Bautechnik in den verschiedenen Geschichtsepochen bei allem Fortschritt bis an das 19. Jahrhundert heran auf die gleichen Möglichkeiten und Grenzen verwiesen war.

Mit der massenhaften Einführung anderer Techniken und neuer Baumaterialien wurde die ehemals gesicherte Kontinuität in der Architektur abgelöst durch neue Möglichkeiten und ganz neue Perspektiven in der Bauentwicklung. Aber auch bisher nicht gekannte Bauaufgaben provozierten ein Umdenken. Daß die Architekten diesen neuen Aufgaben gegenüber zunächst sehr unsicher waren, zeigt z. B. die Diskussion über die Frage, ob ein Bahnhof im Sinne eines öffentlichen Versammlungsraumes als römische Basilika oder aber als Ausgangspunkt eines Verkehrsweges wie ein Stadttor auszuführen sei. Der Gedanke aber, daß die neuen Möglichkeiten im Bauen zu ganz neuen Lösungen in der Architektur und in der Stadtplanung führen müßten, tauchte bereits im 19. Jahrhundert mit solcher Radikalität auf, daß damals schon ganze Stadtbereiche abgeräumt und neu aufgebaut wurden.

Gefördert wurde diese Tendenz durch die soziale Umstrukturierung und die Krise der Städte im 19. Jahrhundert, die zu so offensichtlichen Mißständen führte, daß die Altstadt als ein überholter, den neuen Bedingungen des städtischen Zusammenlebens nicht mehr adäquater Lebensraum angesehen wurde. Es bildete sich eine bis in unsere Tage wirkende Altstadtfeindlichkeit heraus, bei der es zur Verwechselung von Ursache und Wirkung kam, und die Architektur für die sozialen und hygienischen Mißstände verantwortlich gemacht wurde. Ein Resultat dieses Mißverständnisses war die Altstadtsanierung, deren Ziel in der Beseitigung der Altstadt zugunsten einer neuen Stadtform bestand. Daß sich jenes Mißverständnis zunächst in dem Architekturkleid des Historismus entwickelte, macht die Widersprüchlichkeit dieses Prozesses nur noch deutlicher. Wenn in dieser Zeit der Gedanke der Denkmalpflege als einer staatlichen Aufgabe entstand und sich damit der Denkmalschutz als öffentliche Institution herausbildete, so zeigt das auch, wie bedroht die architektonische Tradition zu jener Zeit bereits war und daß diese Bedrohung trotz allen Fortschrittsglaubens als Kehrseite dieses Fortschritts erkannt worden ist.

Die Befreiung der neuen Architektur und des Städtebaus von der historischen Form schien dann mit der sogenannten Neuen Sachlichkeit und der Architekturauffassung des Bauhauses erreicht und eine Rettung der Großstadt unter Verzicht aller historischen Tradition der Architektur möglich. War es vordem noch unbestritten, daß sich das Leben einer Generation in der von den Großeltern geprägten Umwelt abspielte und mit der Fortentwicklung dieses Lebensraumes die Gestalt der Welt für die Enkel, also der

Welt von morgen, vorbereitet wurde, so wollte sich seit dem Ende des 19. Jahrhunderts jede Generation plötzlich ihre Welt selber schaffen, ohne Rücksicht auf die Tradition von gestern zu nehmen. In dieser Geisteshaltung wurde auch noch der Wiederaufbau unserer zerstörten Städte nach dem Zweiten Weltkrieg geplant und begonnen. Historische Bauten hatten da nur noch als einzelne Wahrzeichen einer vergangenen Epoche Platz.

Das Interesse an Geschichte war deshalb nicht rettungslos verschüttet. Sie wurde aber aus dem täglichen Leben entlassen und der Wissenschaft überantwortet. Die Zeugen der Geschichte wurden in Museen gesammelt, also in aus den alltäglichen Lebensbezügen ausgeklammerten Bereichen. Dort wo dieses Abstellen nicht so ohne weiteres möglich erschien, weil es ökonomische Prozesse behinderte, wie bei der Stadtarchitektur, kam es zur Preisgabe durch Abriß. Als sich dann zum Ende der 60er Jahre unseres Jahrhunderts immer deutlicher herausstellte, daß die Versprechungen der sachlichen Architektur und des neuen Städtebaus nicht in Erfüllung gingen und die totale Neugestaltung unseres Lebensraumes unter Vernachlässigung von Tradition und Erbe zu keinem sinnvollen Ergebnis führte, wurde der Ruf nach der Erhaltung historisch geprägter Architektur und damit der Ruf nach Geschichte im praktischen Leben immer lauter. Mit der Hilfe des Denkmalschutzes sollte die Neubaulawine der Nachkriegszeit gestoppt und die drohende Unwirtlichkeit der Städte verhindert werden. Die treibende Kraft in dieser Entwicklung war allerdings nicht der Denkmalschutz, sondern es waren die Bürgerinitiativen, die sich gegen die Totalsanierung unserer Städte zur Wehr setzten.

Wie umstritten dieser neue Trend des Städtebaus war, zeigt sich u. a. in dem Vorwurf der Geschäftsleute, die dem Denkmalschutz und den ihn unterstützenden Gruppen unterstellten, sie würden die Stadtkerne, die in der Regel mit den historischen Altstadtbereichen identisch sind, zu Museen umfunktionieren. Damit sei aber ein gesundes Wachstum der City als Kern einer städtischen Entwicklung in Frage gestellt und die Grundlage einer gesunden Wirtschaft gefährdet. Der Denkmalschutz würde sich damit seiner eigenen Handlungsmöglichkeiten berauben, da es schließlich die Wirtschaft sei, die den Denkmalschutz finanziere. Daß diese Frage falsch gestellt war, zeigte sich sehr deutlich in der Sachdiskussion. Es ging in Wirklichkeit um die Alternativen autogerechtes Stadtzentrum oder Verkehrsberuhigung und City oder Wohnstadt bzw. darum, in welchen Größenordnungen und mit welchen Schwerpunkten eine sinnvolle Funktionsmischung angestrebt werden sollte. Der eigentliche Grund für die Verkehrsberuhigung ist der Mensch, der heute in einer verkehrsberuhigten Stadt leben und arbeiten möchte. Man schlug den Denkmalschutz und meinte die Stadtplanung. Daß dennoch beide voneinander profitierten, bleibt unbestritten.

Aus dem bisher Gesagten ist u. a. ersichtlich, daß Architektur als kulturelles Erbe Bestandteil einer genutzten Welt bzw. unseres alltäglichen Lebensraumes ist, daß sie im Grunde als ein Ergebnis dieser Nutzung verstanden werden muß. Nur so ist der permanente Veränderungsprozeß der Architektur zu begreifen. Insofern ist es auch aus der Sicht der Denkmalpflege nicht vertretbar, wenn wir heute aus dem auf uns überkommenen Kulturerbe ein reines Museum machen würden. Wenn wir Architektur zu Museumsstücken reduzieren, so berauben wir sie ihres Lebenszusammenhanges und stempeln sie zu einem mysteriösen Objekt einer fernen Welt. Zum anderen verlöre damit unser alltäglicher Lebensraum an Gestaltqualität und Erinnerungswert und wir würden damit wie in der Nachkriegszeit auf ein Stück Identifikationsmöglichkeit verzichten müssen. Lebensqualität und Geschichte fänden dann nur noch sonntags im Rahmen der Freizeitbeschäftigung Eingang in unser Bewußtsein.

Mir scheint bei dieser Analyse die Tatsache wichtig, daß das wachsende Interesse der Öffentlichkeit an der Denkmalpflege und dem Denkmalschutz einherging mit einer zunehmenden öffentlichen Forderung nach einem humanen Städtebau. Gleiches schwingt wohl mit, wenn sich Schinkel bereits 1815 mit dem Argument für einen Denkmalschutz einsetzte, daß »unser Vaterland von seinem schönsten Schmuck so unendlich viel verlor ... und wenn jetzt nicht ganz allgemeine und durchgreifende Maßregeln angewendet werden ..., wir in kurzer Zeit unheimlich nackt und kahl wie eine neue Kolonie in einem früher unbewohnten Lande dastehen«. Daß heute vielfach schöner Schmuck mit historischer Gestalt verwechselt wird, ist, wie ich meine, Ausdruck des gedankenlosen Umgangs mit den Zusammenhängen von Denkmalpflege und Stadtgestaltung. Wird doch Lebensqualität in unseren Städten nun wirklich nicht ausschließlich durch historische Bauten erzeugt, sondern kann auch heute nur durch das Zusammenwirken der verschiedensten Gestaltkräfte geschaffen werden. Historisch geprägte Bauten können, wenn sie als einziges unsere Umwelt gestalten, auch zu einer Verödung führen.

Mit der Einrichtung des Denkmalschutzes als einer staatlichen Institution wurde die Erhaltung historisch geprägter Architektur zu einem öffentlichen Anliegen erhoben. Denkmalerhaltung ist damit weder ein Selbstzweck des Denkmalschutzes noch einer der Wissenschaft. Das Argument, es ginge beim Denkmalschutz um die Bewahrung unseres Kulturerbes für unsere Enkel, ist allgemein sicher nicht falsch, konkret aber doch eine nicht hinreichende Begründung, um damit die Mühen, die wir uns heute damit machen, so kontrovers sie auch manchmal ausgetragen werden, zu rechtfertigen. Wissen wir denn, ob unsere Enkel unsere bzw. dann ihre Tradition noch gleich bewerten wie wir heute? Denken wir doch nur an unser heutiges Urteil über den Städtebau der Nachkriegszeit. Entscheidend kann doch nur sein, daß wir unsere Umwelt so gut und human wie möglich gestalten und die Zukunft für Optionen offen halten. Nur dieses Bemühen kann jetzt schon Anspruch auf Bestand vor einer zukünftigen Generation haben.

Den eigentlichen Sinn und Zweck des Denkmalschutzes müssen wir also aus unseren heutigen Bedürfnissen ableiten. Und dies kann doch nur die Erkenntnis sein, daß Kultur, auch die Wohn- und Lebenskultur, nicht aus sich selbst entsteht, sondern das Ergebnis einer Tradition ist. Oder mit Thomas Mann gesagt: »Erben zu können, das ist es was wir Kultur nennen.« Eine kulturelle Gestaltung unseres Lebensraumes ist also für uns heute nur möglich, wenn wir die Erhaltung historischer Bausubstanz in seine Gestaltung konkret mit einbeziehen. Hier liegt, wie ich meine, der wahre und dauerhafte Grund für den öffentlichen Auftrag an den Denkmalschutz.

Wenn wir dies allerdings so akzeptieren, so handeln wir uns in dem zukunftsorientierten Bewußtsein unserer Welt heute sofort einen Konflikt, einen Widerspruch zwischen Gestern und Morgen, ein. Denn wie wollen wir die Architektur der Vergangenheit bewahren und gleichzeitig die moderne Umwelt der Zukunft vorbereiten? Diesem widersprüchlichen Bewußtsein entspricht es auch, daß Bauherren zuhause einen Neubau der Erhaltung vorziehen, um dann an anderem Ort das kulturelle Erbe fremder Länder zu genießen. Es würde allerdings auch einem falschen Bewußtsein entsprechen, würde der Denkmalschutz seinen Erhaltungsauftrag zu einem alles andere ausschließenden Dogma erheben. Während die Verlegung der Kultur in ferne Länder eine Gefahr für unsere Tradition zuhause darstellt, ist ein Dogma des Denkmalschutzes nicht zu befürchten. Ist er doch in dem Ringen um die Erhaltung unserer Tradition immer in der Defensive, selbst wenn der eine oder andere Denkmalpfleger manchmal dies so nicht erkennen will und so mancher Bauherr das Gegenteil behauptet. Der Schutz des Alten wurde offiziell erst dann sanktioniert, als dieses durch den unaufhaltsamen Vormarsch des Neuen überrollt zu werden drohte, und im Grunde kämpfen Denkmalpflege und Denkmalschutz auch heute noch gegen diese Gefahr.

Doch zurück zu dem oben genannten Widerspruch. Seine Auflösung kann nur von der Erkenntnis her erfolgen, daß auch wir heute in einem Prozeß der Geschichte und der Architekturentwicklung stehen. Das bedeutet, daß der Denkmalschutz eigentlich die Aufgabe hat, unsere Tradition, das Erbe der Architektur von gestern, durch das Heute in die Welt von morgen zu überführen. Der Denkmalschutz hat also nicht einen statischen Zustand zu konservieren, sondern ist selber Teil eines Veränderungsprozesses, in dem und an dem er mitwirkt. Er, der Denkmalschutz, ist zwar in seinem Schutzauftrag auf das aus der Vergangenheit Überkommene bezogen, muß sich aber in der Auseinandersetzung um seine Schutzobjekte den Architekten heute und ihren Planungen für die Zukunft stellen. Umgekehrt kann auch für den modernen Architekten, wenn er sich in seiner kulturellen Dimension ernst nimmt, nur das Miteinander von Tradition und Gegenwart Grundlage seines Handelns sein. Erinnern wir uns daran, daß die Gestaltqualität unserer Welt weder allein durch das Architekturerbe noch allein durch die neue Architektur bestimmt sein kann, sondern von beiden getragen werden muß und dabei ohne Zweifel ganz maßgeblich von den modernen Architekten getragen wird. Der Denkmalschutz spielt heute in diesem Konzert zwar eine wichtige, aber letztlich doch nur eine zweite Geige. Diese Geige muß er zwar kräftig spielen, er kann dies aber nur im Disput mit den Architekten auf die Dauer erfolgreich durchhalten. Mir scheint dieses Streitgespräch, wenn es auch vom Architekten ernsthaft und in der Tradition seines Berufes geführt wird, wichtiger als alle gesetzlichen Verordnungen.

Mit unseren täglichen Erfahrungen wird es möglich sein, das Gestern und das Morgen in unserer gestalteten Umwelt heute zu versöhnen, und zwar dann, wenn der Zukunft unser Handeln, der Vergangenheit unser Herz verpflichtet ist.

Geschichte und Pflege

von

Rudolf Alexander Thiessen

Sie erinnern sich: Hegel sagte einmal, daß er sich niemals anmaßen würde, einem Schuster Ratschläge über das Verfertigen von Schuhen zu geben, und das war ihm die Einleitung zur mokanten Frage, warum nur jeder Schuster ihm Ratschläge zur Verfertigung philosophischer Gedanken geben zu müssen glaubt. Und so mögen Sie sich fragen, was ein Religionsphilosoph über Denkmalpflege zu sagen hat.

Wenig – glauben Sie mir. Aber Herr Heinisch hat mir zarterweise dies auch nicht abverlangt. »Geschichte und Pflege« ist das Thema, das er vorschlug, und da mag es förderlich sein, wenn ich Ihnen ein paar Gedanken nun eben nicht über Denkmalpflege, sondern über Religion, über den Begriff der Religion, vortrage.

Zuweilen hilft der starre Blick. Der starre Blick auf die Wörter. Natürlich stimmt die erste Assoziation, die sich einem jeden beim Wort Religion einstellt: das habe was mit Glauben zu tun, und dieser Glaube sei organisiert in Kult und Ritual. Und tatsächlich hat man damit eine Beschreibung der Produktion des gesellschaftlichen Zusammenhalts, die für frühe Kulturen so selbstverständlich gilt wie für moderne parareligiöse Systeme, wie den Nationalsozialismus. Aber der starre Blick auf das Wort führt weiter. Unser Wort Religion enthält etwas sehr Spezifisches und überhaupt nicht Selbstverständliches: die Reliquie. Und es wäre wahrhaftig nicht der dümmste Philosoph, der in diesem Stamm »Reliquie« das Zentrum der religiösen Bewegung von der römischen Antike, die uns diesen Begriff bescherte, über die Spätantike und die Geschichte des Christentums vermutete. Und doch kann man mit jedem halbwegs ernsthaften Menschen ein ernstes Gespräch über Religion führen, während kaum ein moderner Mensch sich das Schmunzeln verwehren kann, das ihn angesichts der Haare oder Fingernägel oder der mottenzerfressenen Kutte des Heiligen überkommt. Dabei ist es von eminenter Logik, daß im Christentum der Spätantike die Reliquie das Zentrum des Gottesdienstes und seines Hauses besetzt (– und damit die heiligen Gerätschaften an den Rand, in die Sakristei drängt).

Das Zentrum des christlichen Glaubens ist die Pflege des Andenkens. Schon die Abendmahlsformel macht dies zwingend: solches tut zu meinem Gedächtnis! Und wie man im kollektiven Verzehr des Religionsstifters die Gemeinde der Gläubigen ein ums andere Mal neu konstituiert, so betet man die Splitter des Kreuzes, an das Er geschlagen wurde, an, auf daß dies Opfer nicht nur das höchste sondern das letzte war und die Erlösung endgültig sei. Die Gebeine der Heiligen garantieren das Andenken ihrer frommen Werke und das hält sie gegenwärtig. Nur dadurch gehen sie nicht verloren und wirken heilsgeschichtlich weiter. (Natürlich hat die Bundeslade im Zentrum des jüdischen Tempels eine ganz ähnliche Funktion, und doch springt die Differenz ins Auge: hier wird das Andenken einer göttlichen Handlung sichergestellt und gefeiert wird der Bund Gottes mit dem Hause Israel, auf daß er unverbrüchlich sei.) Auch daß über den Reliquienhandel die Heilsgeschichte zum Geschäft wurde, sollte nicht den Blick dafür trüben, daß eine Zivilisation, deren Eschatologie auf die resurrectione della carne, auf die Wiederauferstehung des Fleisches, setzt, auf Verkörperungen der Entkörperten gar nicht verzichten kann.

Aber lassen Sie mich zum starren Blick auf das Wort zurückkommen. Religion – so mein Vorschlag – heißt zunächst, das Andenken zu pflegen und die Reliquie ist Objekt und Mittel dieses Andenkens. Den Zusammenhang dieses Andenkens nennen wir Heilsgeschichte.

Nun, das heute gebräuchliche Wort für Andenken ist selbstverständlich nicht Reliquie, sondern Souvenir. Und ich zögere keine Sekunde, dem Souvenir lebensgeschichtlich exakt die Stelle zuzuweisen, die die Reliquie heilsgeschichtlich besetzt. Oder, um es mit Walter Benjamin zu sagen: das Souvenir ist die säkularisierte Reliquie. Sie soll dem Einzelnen den Zusammenhalt (und tatsächlich: die Wirklichkeit) seiner Geschichte garantieren. Das Andenken, das Souvenir in der Vitrine, beweist, daß man da war, oder wenn es ein lebensgeschichtlich bedeutendes Ereignis war, daß man dabei war. So stellten bis in die Gegenwart hinein die Kriegstrophäen die bedeutendsten Souvenire. – Ich denke, man beginnt zu ahnen, daß so betrachtet, das Denkmal zwischen Reliquie und Souvenir angesiedelt ist.

Nun denn: der starre Blick aufs Wort. Der infinitive Stamm des Substantivs Religion ist religere. Es ist der antiken Religion ein so heiliges Wort, daß es vorzugsweise über sein unheiliges Gegenteil bestimmt wurde: negligere. Das nun heißt sehr einfach und eindeutig: vernachlässigen. Die religiöse Aufmerksamkeit der antiken Religion läßt sich in einem Satz aussprechen: wir müssen ein jedes Orakel befragen, auf daß kein göttliches Wahrzeichen vernachlässigt werde. Und selbstverständlich: die christliche Religion der Spätantike lebt nicht primär aus der gespannten Aufmerksamkeit erwarteter göttlicher Wahrzeichen, sondern aus dem unablässigen Andenken des größten aller Zeichen, der Auferstehung.

So hat uns der Blick auf das Wort Religion zunächst sprachlich in die größte Nähe zur Denkmalpflege gebracht: die unablässige Pflege des Andenkens. Und wenn dies die formale Bestimmung der Religion ist, die unsere Zivilisation prägte, so wird sofort deutlich, wie wenig selbstverständlich Geschichte und ein spezifischer Begriff von Geschichte ist. Geschichte wird nicht nur gemacht, in dem Sinn, in dem historische Materialisten vom Machen der Geschichte reden, nicht nur gemacht in dem Sinn, in dem ihr Erzähler sie macht, sondern sie entsteht nur und erst in einer sehr spezifischen zivilisatorischen Form, als unablässige Pflege des Andenkens. (Das nivellierende Gerede von den »Weltreligionen« vergißt auch nur zu fragen, was denn der entsprechende Begriff in der entsprechenden Sprache bedeutet. So ist zum Beispiel der noch am ehesten entsprechende Begriff der griechischen Antike – entsprechend, weil ähnliche Stellung im Gesamtzusammenhang der Interpretation des Kosmos –, Sie werden es kaum glauben: theoria. Weswegen die spezifische Religiosität der Griechen nicht zu Unrecht »Religion der Schau« (Kerenyi) genannt werden konnte). Aber wenn ich »unablässige Pflege des Andenkens« die christlich spätantike Übersetzung des Wortes religio nenne, so verschweige ich nicht, daß diese Übersetzung eine Interpretation war, und was ich Ihnen hier vorschlage, folglich die Interpretation einer Interpretation ist. So will ich Ihnen die schlichte lateinische Bedeutung des Wortes religio nun auch nicht verschweigen: »wählerische Behutsamkeit« – ohne jede nähere »religiöse« Aufladung.

So schenkt uns das Wort religio einen Zugang zu dem, was abendländisch Geschichte heißt, und einen Normenkatalog, was deren Pflege heißen dürfte:

religio/wählerische Behutsamkeit; religere/unablässiges Pflegen; reliquie/Andenken.

Offenkundig soll das Andenken mit äußerster Behutsamkeit gewählt werden, denn nicht alles, was es beansprucht zu sein, ist der unablässigen Pflege würdig. So verweist der pflegliche Umgang mit Geschichte noch nicht auf einen Mangel an ihr. Sie wäre vor dem nicht. Nicht nur nicht mehr, sondern schlechthin nicht. Andenken, also Pflege, ist die creatio ad nihil der Geschichte, sie erst verwandelt das Nichts des puren Ereignisses in die tradierbare Erfahrung dessen, was wir Geschichte nennen. Und: Geschichte ist nicht ohne Nähe. Deshalb ist Vergegenwärtigung ihre Zauberformel. Aber wie stellt man Nähe her? Ich weiß, jetzt wird es langsam zur Zumutung, aber vielleicht erlauben Sie mir doch noch einen starren Blick auf das Wort religio. Was hieß Nähe in jener Sprache, die uns das Wort Religion bescherte? pietas. Der Glaube, der christliche Glaube, das ist die pistis. Nicht pietas. Diese meint schlicht Nähe; aber warum – um Gottes Willen – ist Nähe so wichtig? Warum ist sie nicht nur so wichtig, sondern warum wird dies auch noch so betont? Häufig klären sich Probleme der Religion oder der Mythologie durch Inversion. Distanz ist das Problem, das hinter der Betonung der pietas steckt. Nicht nur, daß Gott fern sein könnte. Viel einfacher und viel komplizierter. Die römische Antike setzt sich der griechischen entgegen. Deren Pathosbegriff war die theoria, die Schau, die Anschauung – und das setzt Distanz voraus. Der Pathosbegriff religio lebt vom Andenken und dies gelingt nur durch Vergegenwärtigung. Die schafft Nähe, und diese Nähe wird gefeiert noch in jeder Verkörperung der pietas. (Das Urbild solch rettender Nähe ist die Tochter, die ihren Vater oder ihre Mutter säugt, oder eben auch Aeneas, der seinen Vater wie ein Kind auf seinen Schultern durch die Welt trägt.) Aber mehr noch, und sonst hätte ich Sie gar nicht mit dem Begriff der pietas in diesem Zusammenhang aufgehalten: »Die unsichtbare Nähe seiner Götter umgibt Aeneas und schafft um ihn eine dichte Atmosphäre, in der er sich wie ein Blinder bewegt. Er muß geführt werden und wird geführt. Er braucht Zeichen – und erlangt sie.« (Kerenyi)

Die Nähe, die in der pietas gefeiert wird, ist das Eingeständnis der Blindheit. Gegenüber dem griechischen Stolz auf die Schau und auf das aus ihr resultierende Wissen wird in eigentümlicher Demut die eigene Blindheit betont, und dadurch – weil man nicht dem Wahn seiner eigenen Vermögen verfällt – wird man den Griechen überlegen. Dieses Demutsmodell, am schönsten beschrieben von Vergil, bringt man nicht ohne weiteres in einen Zusammenhang mit dem Imperium. Stärkste und weltverändernde Wirkung hatte es in seiner paulinischen Wendung: als die Schwäche, die die Stärke ist, an der das Imperium bricht. Aber ich will zurückkommen auf die Pietas, welche Zeichen braucht, um nicht zu irren, die Nähe, die Zeichen braucht, um nicht vom Wege des Andenkens, der richtigen Pflege abzukommen. Probleme mit der Geschichte bekommt man, und glauben Sie mir: auch die Geschichte bekommt dann Probleme, wenn es nicht mehr gelingt, pietas zu schaffen. Dann reißt das Band der Geschichte, dann vermag keine Reliquie mehr, das Andenken zu garantieren, dann erliegt die Aufgabe des unablässigen Pflegens einer galoppierenden Schwindsucht, dann kann von wählerischer Behutsamkeit gegenüber keinerlei Sache mehr die Rede sein – und religionsgeschichtlich gesprochen: es blühen zahllose Sekten wahllos, deren Haß auf die Geschichte sie eint.

Ich will Ihnen nun nicht die Geschichte der Heiligen Treppe zu Rom – schräg gegenüber von San Giovanni in Laterano – erzählen, aber doch die Geschichte eines Schocks, den ich angesichts eines neu angebrachten Täfelchens dort durchmachte, eines Täfelchens, das Pilger und Touristen die Geschichte dieser Treppe erzählt. Früher stand da zu lesen, als Aufforderung zu Andacht und würdevollem Betragen: Dies ist der heiligste Ort der Christenheit. Diese Treppe beging der Messias mehrmals an seinem letzten Tag und die Blutstropfen, die unter dem Glas zu erkennen sind, verlor Er nach den Verletzungen, die Er durch die Geißelungen erlitt. Dann wurden die wundersamen Wege beschrieben, die die Treppe nahm, um in Rom zu landen, und es folgte die Aufforderung, diese Treppe nur auf den Knien rutschend zu erklimmen, wobei es angezeigt sei, auf jeder Stufe zu verweilen und einige Ave Marias zu sprechen. Heute steht auf diesem Täfelchen: Von dieser Treppe wurde behauptet, daß usw. Nichts mehr von heiligstem Ort der Christenheit, grammatikalisch ist der ganze Text eine reine Feier des Konjunktivs und des Imperfekts. Immer noch rutschen die Gläubigen hoch und sprechen ihre Gebete – und das Täfelchen verhöhnt sie. Nicht radikale Aufklärer sind es, die sagen, ihr seid doch bescheuert, wenn ihr glaubt, daß dies die Treppe ist, auf der Jesus Christus usw., sondern die Kirche – oder ihre für solche Beschriftungen zuständige Verwaltung – sagt: wenn ihr so bescheuert seid und dies glaubt, so rutscht ruhig weiter. Ich finde das skandalös. Der Skandal ist nicht, ist es nicht und war es zu keiner Zeit, daß Gläubige Reliquien anbeten, die das Andenken garantieren sollen, sondern daß Gläubige angehalten werden, Reliquien anzubeten, die durch eine solche Beschriftung entwürdigt sind, und keinerlei Andenken mehr zu tragen im Stande. (Damit im übrigen verwandelt sich die katholische Kirche objektiv in eine Sekte zurück.) Offenkundig sollte man nicht nur die Reliquien behutsam wählen, sondern auch ihre Beschriftung.

In der so zum Paradox gewordenen Heiligen Treppe zu Rom zeigt sich ein äußerster Mangel an Geschichte. Verzeihen Sie mir die Formulierung: sie ist zum Denkmal verkommen.

Doch vielleicht wäre dies ihre würdigste aufklärerische Bestimmung: ein Denkmal, ein Mahnmal, daß Menschen je so etwas glaubten. Aber dann müßte ausgeschlossen sein, daß es seine aufklärerische Schockwirkung daraus bezieht, daß Gläubige – betend, kniend, rutschend – sie zur kostenlosen Performance machen. Aber selbst wenn man diese Entwürdigung ausschlösse – Sie spüren in dieser Verwandlung einer Kultstätte in ein Denkmal einen heillosen Riß.

Selbstverständlich ist ein Teil dieses Risses einer Erschütterung zu danken, ohne die wir kaum zu leben, auf jeden Fall nicht zu denken vermochten: die gnadenlose Glaubensforderung erzitterte unter einem Schuß barmherziger Skepsis. Aber Sie spüren – vielleicht ist die Heilige Treppe wirklich ein glückliches Beispiel – gerade an dieser Verwandlung auch einen Riß der Geschichte, einen Riß der Möglichkeit des Andenkens selbst. Diese Blutstropfen – ich könnte Ihnen jetzt einen Exkurs über die kannibalistischen Züge unserer Religionen halten, aber ich versage ihn mir, weil sein möglicher Unterhaltungswert allzu geschmäcklerisch fundiert wäre – waren – jetzt zwingt mich die heilige römische Kirche zum Imperfekt –, also diese Blutstropfen waren vergegenwärtigungsmächtig. Sie evozierten ein Gefühl bei jedem schlicht durch die Behauptung ihrer Existenz, ein Gefühl, für das ansonsten eine geschichtsphilosophische Überlegung vom Range eines Walter Benjamin nötig ist: Denken wir uns einen Mann, der mit fünfzig einen Sohn zeugt, der mit fünfzig einen Sohn zeugt, der mit fünfzig einen Sohn zeugt, so läßt sich die Geschichte post christum mortem in weniger als vierzig Lebensgeschichten erzählen. Das heißt historische Nähe schaffen, ein Zaubertrick sicherlich – aber das hieße historisch pietas, und dafür brauchen Sie Geschichten, Geschichten der Menschen, also Zeichen, und diese Zeichen bedürfen der behutsamen Wahl, der unablässigen Pflege und der Interpretation. Denn das Andenken, das Geschichte macht, interpretiert sie – ist nicht Dogma, es sei denn zum Preis des Schicksals der Heiligen Treppe zu Rom.

Dialoge beleben die Prosa – behaupten manche, Geschichten beleben einen Vortrag über Wörter – glaube ich. Auch ein Glaubensbekenntnis. Aber wenn man schon Weltgeschichte als Wortgeschichte treibt – so denn auch Geschichten. Also: vor einigen Jahren ging ich spät, spät nach einem römischen Essen noch ein wenig spazieren. Es war nicht Nacht. Es war Kuhnacht. (Erlauben Sie mir eine privatetymologische Bemerkung: Kuhnacht ist es in Schwaben, wenn man über Kühe stolpert.) Also, es war stockfinster und mir gelang, was nur selten gelingt, ich verirrte mich. As it should be! Plötzlich stolperte ich, schrie auf, laut, weil ich glaubte, mir mindestens einen Zeh gebrochen zu haben. Ich war über eine antike Säule gestolpert, die da rumlag – rumlag! – und die seit zweitausend Jahren niemand aufgeräumt hatte. Mein zärtliches Verhältnis zu meinem nicht gebrochenen Zeh verhinderte nicht, daß ich sofort zärtliche Gefühle für den Stein des Anstoßes hegte. Die Säule lag neben anderen Stümpfen, die rund um das Teatro di Marcello verteilt sind. Natürlich lichtete sich schmerzhaft aufgeschreckt schnell die Schwärze der Nacht und es war ein leichtes, den Ort zu identifizieren. Ich erinnerte den Stich Piranesis aus den Vedute di Roma und konnte ihn auch sogleich zu Rate ziehen. Sogleich heißt, am anderen Morgen, weil der Hotelbesitzer ein Piranesisenthusiast ist und das Gesamtwerk ständig vorrätig hat. (Er muß viel nachkaufen, weil man das Hotel ungern ohne einen Piranesi verläßt.) Auf dem Stich sieht man die Nutzungen durch die Jahrtausende. Ein Steinbruch, ein antikes Theater, in das Maisonnetten, Häuser, Wohnungen wie Nester geklebt sind, in dem Markt gehalten wurde, Messen zelebriert und in dessen ruinösen Bögen gehandelt und gewandelt wurde. Immer noch wurde es genutzt und die antiken Bögen beherbergten Autogaragen, Werkstätten und es roch nach Öl. (Ganz wie in den S-Bahn-Bögen der Stadt Berlin.) Vielleicht habe ich mir das alles nur eingebildet, aber ich schwöre: es war vormittags, es war hell und ich war guter Laune. Nie zuvor war mir die Antike so präsent, nie zuvor ahnte ich ähnlich präzis, was die phantastische Gleichzeitigkeit der Geschichte für Rom als wahrhaft Ewige Stadt bedeutet. Und zum ersten Mal – glaube ich – hatte ich wirklich Freud verstanden. Freud, der die Schichtungen des Unbewußten anschaulich zu machen suchte in den Schichtungen, den sichtbaren Schichtungen, der Geschichte der Stadt Rom.

Im Sommer 1988 machte das Teatro di Marcello einen neuen, einen gewohnten Eindruck. Eingerüstet, unter grünen Plastikbahnen dem Blick entzogen, umgeben von einem hohen Metallzaun konnte keiner mehr über Antike stolpern, und wenn es denn dereinst restauriert und geschützt sein wird, dann ist es ein hübsches Denkmal antiker Baukunst, von den Touristen vernachlässigt als kleines Pendant zum Colosseo.

Als ich 1967 nach Berlin kam, war ich verzaubert von dieser Stadt. Ich mag sie immer noch. Aber damals war ich verzaubert von dieser Stadt, weil mir ihr immer noch kriegsruinöser Zustand zu bedeuten schien, daß diese Stadt bereit sei, mit der fürchterlichen Geschichte zu leben, die mit ihrem Namen verbunden sein wird – so hoffe ich – bis ans Ende der Zeiten. In Westdeutschland war längst die Normalität des Nachkriegs eingekehrt, und an die Stelle der zerstörten Innenstädte waren Varianten von Kleinstadt-Las Vegas plus deutscher Gemütlichkeit getreten. Der ruinös zersetzte Kurfürstendamm schien zu symbolisieren, daß diese Stadt ihre Schuld und ihre Geschichte auszuhalten und vielleicht durchzuarbeiten bereit sei. Diese Stadt – so wie sie war, als ich sie sah – war ein intelligentes Denkmal über das Verbrechen. Und das machte sie lebensfähig und liebenswürdig. Natürlich folgte das keiner Intention, sondern resultierte aus mangelnder Prosperität. Mir schien, als rechtfertige allein ihre Zerstörtheit ihr Leben. Und dann wurde diese Rechtfertigung zerstört, und dann flüchtete sich mein Blick in die Viertel, in die die Prosperität nicht drang, und während die Innenstadt ein weiteres Mal geschleift wurde, weil ihre Narben mit Schminke grell überdeckt, da begann der Denkmalschutz zu blühen und die Stadt wurde abgerissen. Selbstverständlich hat nicht der Denkmalschutz die Stadt abgerissen, aber den Abriß gestoppt haben die Hausbesetzer. (Ihr eigener Vandalismus konnte sie von dieser guten Tat nicht abhalten.)

Ich habe Ihnen einen sehr konservativen, bewahrenden Vortrag gehalten. Die These war schlicht: entschieden für Pflege, so denn behutsam gewählt wird, entschieden für Pflege, so denn das Band der Geschichte nicht gerissen ist. Und entschieden für Vernachlässigen, für das Negligé, das aus dem negligere kommt, wenn die Bänder strapaziert sind, oder die Überdehnung, dauerhaft ideologisch sichergestellt, fehldiagnostiziert ist, und man den entzündeten Meniskus einreibt zur Legitimation, den gesunden Knöchel zu amputieren.

Natürlich hätte ich Ihnen einen weniger konservativen Vortrag halten können. Hätte fragen können, woher wir denn wissen, daß es richtig war, Berlin nicht der Behandlung Karthagos zu unterziehen, Salz in die gepflügten Furchen zu streuen, auf daß dies Unheil nie mehr aus diesem Boden wachse, oder auch hätte ich an den melancholischsten Satz der Antike erinnern können: warum die Polis nicht sterben darf wie ein Mensch, der der Vergeltung der Götter durch seinen Tod zuvorkommt, oder ich hätte Sie mit Susan Sontag fragen können, ob wir wirklich Europa als zoologischen Garten für Geschichte uns träumen.

Aber ich glaube, ich hätte dann letztlich über Dinge gesprochen, die mir nicht ernst sind. Das wollte ich mir, Ihnen und dieser Stadt nicht antun.

(Der Text gibt den Vortrag wieder, den der Verfasser im Rahmen der Vortragsveranstaltung Denkmalpflege – Denkmalschutz *in Berlin Anfang Februar 1989 gehalten hat.)*

Inhalt

~~48~~
25–

Gesetzt aus der Korpus Baskerville-Antiqua von Harald Weller in der Maschinensetzerei Peter von Maikowski. Reprographische Arbeiten ausgeführt bei Duplex, gedruckt bei Hellmich und gebunden bei Lüderitz & Bauer. Alle in Berlin.